JN273186

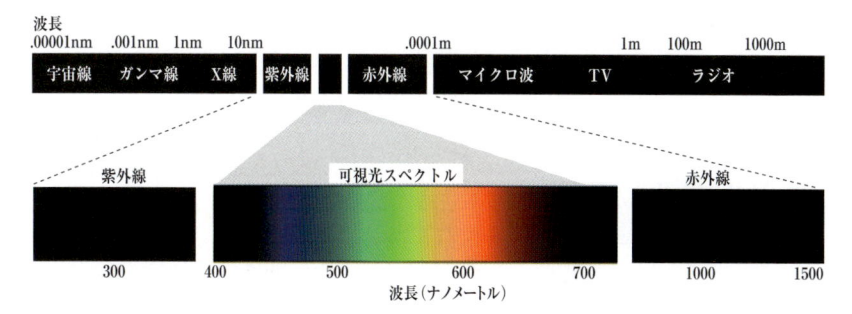

口絵1　電磁波スペクトルと可視光線
（出典：鹿取廣人・杉本敏夫（編），1996『心理学』東京大学出版会）

口絵2　マンセル色立体（資料提供・日本色研事業（株））
垂直軸は明度，水平軸は彩度の変化を表す。

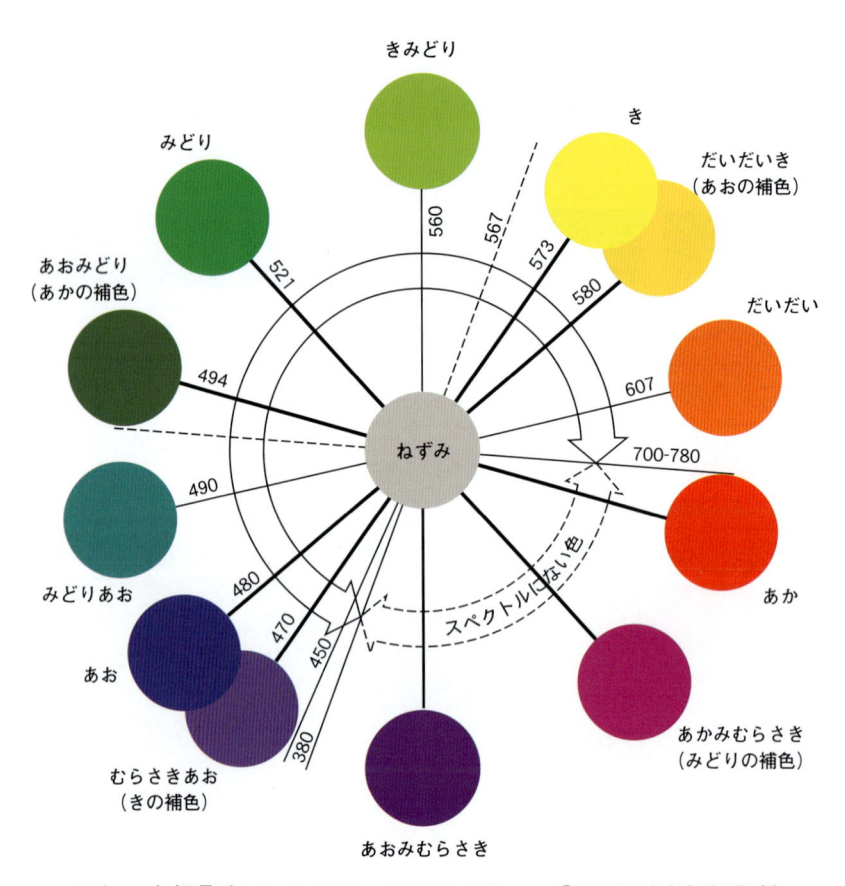

口絵3　色相環　（出典：鹿取廣人・杉本敏夫（編），1996『心理学』東京大学出版会）

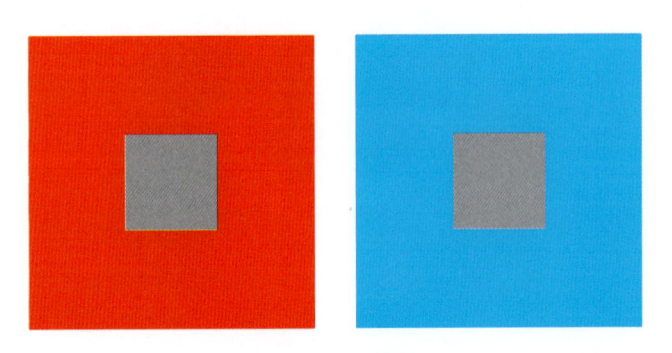

口絵4　色の対比
（出典：大山正，1994『色彩心理学入門——ニュートンとゲーテの流れを追って』中央公論社）

心理学

鈴木 常元　茅原　正
谷口 泰富　永田 陽子
有光 興記　間島 英俊
茨木 博子　八巻　秀
小野 浩一 ……… 編

新曜社

まえがき

　本書『心理学』は，高校を卒業し，大学に入学したばかりの大学 1・2 年生を，主な対象として編まれた教科書である。心理学をこれまで勉強したことのない初学者にも，しっかりとした心理学の知識を身につけてほしいという願いを込めて刊行した次第である。

　心理学への関心が高まって久しいが，ここ 20・30 年の間にも心理学を取り巻く環境は大きく様変わりしてきた。特に，臨床心理学への関心の高まりは，想像を超えるものがあった。また，その間，大学教育にも大きな変化があった。それは，高等教育のみならず初等教育，中等教育をも含む大きな変容であった。教育界全体のカリキュラムの変更に加え，大学におけるファカルティ・ディベロップメントの取り組みなどから，「わかりやすい授業」がこれまで以上に求められるようになった。

　このような状況の中で，「学生の興味関心の強い臨床心理学の内容を含んでいること」「わかりやすい内容になっていること」，これらの条件は昨今の心理学教科書にはあたりまえのように求められていると思う。その一方で，大学で教壇に立つ者の多くから「基礎的な分野もおろそかにしたくない」「内容のレベルは下げたくない」という思いを聞くこともある。

　本書は上記の点で同じような考えを持った大学教育に携わるスタッフが集い，作成された。目次を見ていただければおわかりの通り，取り上げたトピックは非常にオーソドックスなもので，心理学の歴史に始まり，知覚・生理などの基礎分野から社会・臨床などの応用分野まで心理学の分野を一通り網羅している。近年の教科書にしては，学生にとっては取っつきづらい分野も含まれているという印象を持たれるかもしれない。この点を補うために，執筆にあたっては，どの分野にも興味や関心を持ってもらい，平易に理解してもらえるよう図や表などの視覚的補助を多めにした。また受講生のさらなる興味が引き出せるよういくつかのトピックを設け，発展的学習を望む受講生のためには参考図書欄を用意した。本書が，教壇に立たれる方，受講生の方々にとって少しで役に立てば幸いである。

最後ではあるが，新曜社の塩浦暲社長には，企画の段階からお世話になった。全体の構成や表現の細部に関しても数多くのご指摘をいただき，おかげで，全体のバランスもよくなり，わかりやすいものに仕上がったように思う。記して深く感謝の意を表したい。

編集代表　鈴木常元

目次

まえがき　i

1章　心理学の定義と歴史　1

1節　心理学とは　2
- 1-1　心の学問　2
- 1-2　「こころ」とは何か　3
- 1-3　「こころ」の探究　6
- 1-4　科学としての心理学　8

2節　心理学の歴史　11
- 2-1　心理学の誕生の背景　11
- 2-2　心理学の独立と19世紀末期の心理学　14
- 2-3　20世紀の心理学と新しい心理学　15

2章　神経系　21

1節　中枢神経系　22
- 1-1　大脳半球の機能　22
- 1-2　大脳皮質の活動と意識　24
- 1-3　大脳辺縁系　26
- 1-4　間脳とその機能　26
- 1-5　下位脳幹（中脳・橋・延髄）および小脳の機能　27
- 1-6　人間における生と死と脳活動　27

2節　末梢神経系　31
- 2-1　末梢神経系の各部名称　31
- 2-2　末梢神経の機能　31
- 2-3　心理学における自律神経系活動の測定　35

3章　情動・動機づけ　39

1節　情動の諸理論　40
- 1-1　情動の種類　40
- 1-2　情動を喚起する刺激の知覚と情動の表出　40
- 1-3　心（情動）とからだの関係　41

2節　動機づけ　　　　　　　　　　　　　　　47
　　　　2-1　欲　　求　　　　　　　　　　　　47
　　　　2-2　フラストレーション　　　　　　　48
　　　　2-3　欲求のコントロール　　　　　　　52

4章　行動・学習　　　　　　　　　　　　　　55
　　1節　学習と行動　　　　　　　　　　　　　　56
　　　　1-1　学習とは　　　　　　　　　　　　56
　　　　1-2　行動の種類　　　　　　　　　　　56
　　2節　反射的行動の学習　　　　　　　　　　　61
　　　　2-1　パブロフの条件反射　　　　　　　61
　　　　2-2　情動反応の条件づけ　　　　　　　62
　　　　2-3　レスポンデント条件づけの消去　　63
　　　　2-4　レスポンデント条件づけの諸現象　64
　　　　2-5　日常生活で見られるレスポンデント条件づけ　65
　　3節　自発的な行動の学習　　　　　　　　　　67
　　　　3-1　効果の法則　　　　　　　　　　　67
　　　　3-2　オペラント条件づけ――強化と弱化　68
　　　　3-3　行動形成　　　　　　　　　　　　68
　　　　3-4　逃避，回避，弱化　　　　　　　　69
　　　　3-5　行動の維持と消去　　　　　　　　70
　　　　3-6　般化と弁別　　　　　　　　　　　71
　　4節　さまざまな学習のかたち　　　　　　　　76
　　　　4-1　見本合わせ課題　　　　　　　　　76
　　　　4-2　観察学習　　　　　　　　　　　　77
　　　　4-3　潜在学習　　　　　　　　　　　　77
　　　　4-4　運動学習　　　　　　　　　　　　78

5章　知覚・認知　　　　　　　　　　　　　　81
　　1節　感覚と知覚　　　　　　　　　　　　　　82
　　　　1-1　感　　覚　　　　　　　　　　　　82
　　　　1-2　視覚情報の流れ　　　　　　　　　83
　　　　1-3　色の知覚　　　　　　　　　　　　85
　　　　1-4　形の知覚　　　　　　　　　　　　85
　　　　1-5　運動の知覚　　　　　　　　　　　87
　　　　1-6　奥行きの知覚　　　　　　　　　　87
　　2節　オブジェクトの認知　　　　　　　　　　92
　　　　2-1　パターンの認知　　　　　　　　　92
　　　　2-2　物体の認知　　　　　　　　　　　92

		2-3 顔の認知	93

- 3節 注　　意　　95
  - 3-1 能動的注意と受動的注意　95
  - 3-2 注意の空間的特性　95
  - 3-3 注意の時間的特性　96
  - 3-4 注意を向けられなかった対象　98
- 4節 記　　憶　　100
  - 4-1 記憶の過程　100
  - 4-2 短期記憶・ワーキングメモリ　101
  - 4-3 長期記憶　102
  - 4-4 日常の記憶　103
  - 4-5 忘　　却　104
- 5節 思　　考　　107
  - 5-1 思考の種類　107
  - 5-2 推　　論　107
  - 5-3 概　　念　108
  - 5-4 問題解決　109
  - 5-5 知　　識　110
- 6節 言　　語　　111
  - 6-1 言語の理論　111
  - 6-2 言語と文化　111
  - 6-3 言語の障害　113

6章　発　　達　　115

- 1節 胎児期・乳児期の発達　116
  - 1-1 胎児期　116
  - 1-2 新生児期　119
  - 1-3 乳児期　119
- 2節 幼児期・児童期の発達　123
  - 2-1 幼児期・児童期の年齢区分とその特徴　123
  - 2-2 幼児期　123
  - 2-3 児童期　130
- 3節 青年期の発達　134
  - 3-1 外見上の変化　134
  - 3-2 男性・女性のありかたに対する考え方の芽生え　136
  - 3-3 物事に対する考え方やとらえ方への深まり　136
  - 3-4 青年を取り巻く人間関係の変化　139
  - 3-5 自己のとらえ方の変化（アイデンティティの確立）　141
- 4節 中年期・老年期の発達　146
  - 4-1 中年期　146

        4-2　老年期　　　　　　　　　　　　148

7章　対人関係・社会　　　　　　　　　　155
　　1節　社会的認知　　　　　　　　　　156
　　　　1-1　印象形成　　　　　　　　　156
　　　　1-2　社会的推論　　　　　　　　158
　　　　1-3　態　　度　　　　　　　　　159
　　2節　自　　己　　　　　　　　　　　163
　　　　2-1　自己認知　　　　　　　　　163
　　　　2-2　自己評価　　　　　　　　　165
　　　　2-3　自己呈示　　　　　　　　　168
　　3節　人間関係　　　　　　　　　　　172
　　　　3-1　対人行動　　　　　　　　　172
　　　　3-2　恋愛関係と友人関係　　　　175
　　　　3-3　ストレスと対処　　　　　　177
　　4節　集　　団　　　　　　　　　　　180
　　　　4-1　集団の心理　　　　　　　　180
　　　　4-2　社会的影響　　　　　　　　181
　　　　4-3　リーダーシップ　　　　　　184

8章　パーソナリティ・知能　　　　　　187
　　1節　パーソナリティ　　　　　　　　188
　　　　1-1　パーソナリティとは何か　　188
　　　　1-2　パーソナリティ理論　　　　189
　　2節　パーソナリティ理解の方法　　　196
　　　　2-1　「パーソナリティ理解」とは　196
　　　　2-2　心理学的視点からのパーソナリティ理解　197
　　　　2-3　心理アセスメント　　　　　197
　　　　2-4　性格検査　　　　　　　　　199
　　　　2-5　心理アセスメント結果のまとめ方　201
　　3節　知能の意義と測定　　　　　　　205
　　　　3-1　知能の意義　　　　　　　　205
　　　　3-2　知能の研究　　　　　　　　206
　　　　3-3　知能検査　　　　　　　　　208

9章　臨床・実践　　　　　　　　　　　213
　　1節　心理臨床実践とは　　　　　　　214
　　　　1-1　心理臨床実践のための心理学とは　214

　　　　1-2　心理臨床家とはどのような人か──その資格について　215
　　　　1-3　心理臨床家はどんな現場で何をしているのか　216
　　　　1-4　心理臨床実践のこれから　219
　　2節　個人への介入技法　223
　　　　2-1　カウンセリングとは　223
　　　　2-2　カウンセリングでの関係　223
　　　　2-3　カウンセリングの方法　224
　　3節　家族・集団への介入技法　230
　　　　3-1　家族療法　230
　　　　3-2　グループ・アプローチ　234

【コラム】

1　禅の公案「達磨安心（だるまあんじん）」　10
2　仏教心理学　20
3　犯罪者の脳　30
4　自律訓練法　54
5　迷信行動とオペラント条件づけ　75
6　錯視・錯覚　90
7　青年期の職業選択とアイデンティティの確立　145
8　自己意識的感情　171
9　見立てとテスト・バッテリー　204
10　問題行動　222
11　エンカウンター・グループ　238

索引　239

装幀＝吉名　昌（はんぺんデザイン）

1章 心理学の定義と歴史

　若い人の心理学に対する期待は大きい。しかし，学問としての心理学の実体はほとんど知られていない。大学で学ぶ心理学とはどういうものなのだろうか。まず，心理学とは何か，その定義と歴史から始めてみよう。

　1章は，「1節　心理学とは」，「2節　心理学の歴史」の2節から成る。1節では，心理学は文字どおり，心－こころの学問であるが，それでは，心とは何か，ということが問題である。古代から，人々が関心をもって問い続けてきた「心」について，人々の見方，感じ方，考え方など，その歴史を概観する。さらに，心臓，脳，新皮質，脳幹，それとも別のどこか，というように，さまざまな観点から探究される「心の座」について考え，理解を深めたい。そして，「科学」としての現代心理学がもつ種々の問題について，新たな視点から見つめ，考えたい。

　2節では，独立した学問としての心理学の歴史を取り上げる。「心理学の誕生の背景」では，心の存在，連合心理学，理性主義，感覚・知覚，精神物理学，反応時間，などの項目について学ぶ。次いで，「心理学の独立と19世紀末期の心理学」について，心理学の独立，ヨーロッパの心理学，アメリカの心理学，記憶，進化論，等の問題を考える。最後に，「20世紀の心理学と新しい心理学」として，精神分析学，ゲシュタルト心理学，行動主義，認知心理学，を取り上げ，これらにより「心の科学」の基本的な理解を図る。

1節　心理学とは

　人間はいつも、自分や他人の「心」について思い、考えてきた。世の中には「心理」という言葉があふれている。新聞、雑誌、書籍、放送、通信、インターネットなど、人間が存在し、互いに関係するところすべてに、「心理学」が関与する。心理学は、人の関わるあらゆる出来事を対象とする、といってもいいだろう。

　高校までの授業科目にないということもあって、心理学は大学でも人気があり、受講生も多く、若い人の期待は大きい。「心理学」というひとつの科学があって、そこでは人間の心を明らかにするといわれる。また、「心理学を学べば人の心がわかるようになる」と期待する。あるいは、心理学を学ぶことによって、今まで気づかなかった「未知の自分を発見したり、自分にある不満を解決できるのではないか」と考える人もいる。しかし、「心」は誰しもの関心事であり、「人間は誰でも心理学者」たりうる、この学問には課題も多い。

　近年、若い人の間に見られる、実学的な「心理学ブーム」は、アカデミックな心理学ではなく、現在、大学で教えられている心理学とは、ほとんど関係がない。つまり、世の中一般の人たちがもっている心理学観と、学問としての心理学との間には大きなギャップがあり、これから心理学を学ぼうと考えている人が、真剣に取り組めば取り組むほど、こうした問題に直面することになる。心理学とはいったい何なのか。

1-1　心の学問

　心理学は、文字どおり、心の理（ことわり）を説く、心の学問である。Psychology（英）、Psychologie（仏、独）という語は、ギリシア語の psyche（プシケ、心、魂）と logos（理、論理、言葉または学）との合成語であり、これを最初に用いたのは、16 世紀末のゴクレニウスとカスマンであった。これより先に、ドイツの宗教改革者メランヒトンが、Psukhe（心）＋ logos（理、学）→ Psychologia と用いたのが最初とする説もある。また、この Psychologia（心理学）という名称を、本の題として正式に、初めて取り入れたのは、18 世紀前半

のヴォルフであった。

　日本語の「心理学」という語は，1878年（明治11年）に西周が，ヘヴンの『Mental Philosophy』(1869)を『心理学』と訳したのが最初である。西は，「学問とは物事の「理」（ことわり）を知ることである。理には「物理」と「心理」の2つがあり，両者を混同してはならない」と述べているが，この時点ではまだ，Psychology（ピシコロジー）の訳語として，「性理学」を当てていた。

　結局，心理学は文字どおり，「こころ（心）の学問」ということになるが，それでは，「こころ」とはいったい，何なのか，それは実体をもつものなのだろうか。この問題は，昔から哲学や宗教，文学をはじめ，さまざまな学問分野で論じられてきた，万人共通の関心事であり，永遠のテーマのひとつである。

1-2 「こころ」とは何か

　「こころ」ほどわからないものはない。「こころ」は，見ることも，聞くことも，触ることもできない。にもかかわらず，人間はみな，自分には「こころ」があり，それが他人の「こころ」とは異なることを疑わない。また，「こころ」を生ずる源は何であるのか，どこにあるのか，ということもよくわからない。しかし，自分に「こころ」があるからこそ，人間は，ものを考え，喜び，怒り，哀しみ，楽しむことができるのである。

　このような正体不明の「こころ」については，いろいろの側面からの意味づけや，とらえ方がある。たとえば，(1) 知識・感情・意志の総体。(2) 思慮，おもわく。(3) 気持，心持。(4) 思いやり，なさけ。(5) 情趣を解する感性。(6) 望み，こころざし。(7) 特別な考え，裏切り，晴れない心持，など，人間の精神作用を表すもの。あるいは比喩的に表すものとして，(1) おもむき，風情。(2) 事情。(3) 趣向，くふう。(4) 意味。(5) わけ。(6) 内容（歌論用語）。その他，(1) 心臓，胸，むなさき。(2) 物の中心。など，「こころ」の諸側面がさまざまに表出されている（『広辞苑』）。

　とらえどころのない，「心とは何か」という問題に対して，もとより心を説く仏教では，心は，それを求めようとして，対象的客観的に考えても，とらえられるものではない（心不可得）。心は機能的に，作用として在るのであって，実体としては「無」である（無心）。人間はさまざまな「心」をつくり，自己のつくった「心」に束縛される。ところが，元来，実体としての「心」は存在しないのであるから，自己の心に束縛されることはない，という。また，「三界唯心」「即心是仏」は，山河大地，日月星辰，あらゆる事物の存在は，心の縁起，

現成であり，本来の心の姿，すなわち，仏そのものにほかならない，というものである。このように，仏教は「心」本来の根源的在りようや，その調整について，探究し実践を重ねてきた。「心」には，いろいろの側面があるが，どの側面の「心」を対象にするかによって，その学問の内容，性格，研究法にも違いが生じてくる。

「心理学は長い過去と短い歴史をもっている」（エビングハウス）といわれる。近代心理学が19世紀中頃に成立して，「科学」としての心理学が始まった。しかし，人々は原始時代から，興味，関心，知恵をもって深く考え続けてきたのであり，「長い過去」とは，人類誕生からの「心理学以前」ともいえる。

達磨（だるま）と慧可（えか）の問答，「心不可得」は，心は実体に非ずして，その働きにあることを教えるものであった。しかし，心の実体観は現在，われわれの常識にも生きているし，歴史的にも，さまざまな，心の実体観が展開されてきた。

未開，あるいは原始社会における「こころ」は，原始宗教と深く結びついていた。人間は，死んで物質としての肉体が消滅しても，非物質的な存在の「こころ」は霊魂として生き残る，と信じたのである。

自然界の事物現象や動植物には「こころ」が宿り，死後も魂が輪廻転生するという，物心未分の精霊崇拝（アニミズム）は，原始宗教に共通する特長である。

古代における霊魂は，"息"と密接な関係にあり，肉体に生気を与えるもの，または生命そのものと考えられた。ギリシア語，ラテン語，英語，ドイツ語等において，語源的に，「こころ」すなわち「霊」「魂」は，風や呼吸，息吹を意味し，生命そのものを表している。

ドイツ語のSeel（心），英語のsoul（魂）は「嵐」を意味するが，語源的にギリシア語のailos（動く，キラキラする）という語と一致し，それは"生命の力"を表している。また，ドイツ語のGeist，英語のghost（霊魂）は，「空気」に連なる。"アニミズム"の出処となったラテン語のanimus（精神），anima（魂）は，ギリシア語のanemos，pneumaと同様に，風－精神という意味をもち，ラテン語，古ドイツ語のspiritusは，息－精神の関係を表している。ヒラヒラと舞う蝶の意味を併せ持つ，ギリシア語のpsyche（精神，魂，こころ）は「息」を語源とし，その類縁語には，psycho（息を吐く），psychos（涼しい），psychros（寒い），psysa（ふいご）などがある。

このように，ギリシア語，ラテン語において，「こころ」に対する命名は，「動く空気」「冷たい霊息」と関連しており，古代の人が「こころ」を目に見えぬ気体とし，呼吸は生命だと考えたことがわかる。しかし，「こころ」を構成

する元素は「空気」(アナクシメネス)に限らず,「火」(ヘラクレイトス),「火のような丸い微小元素」(デモクリトス),「特別の心的要素」(アナクサゴラス),「非物質的な心」(プラトン)などが考えられた。

原始社会,未開社会等,古代人の「こころ」に関する物心未分の観念は,彼らの神話・伝説・習慣などに現れている。地水火風,山川草木,動物,植物,生命の目印である火や焔,名前,影など,「こころ」の解釈もさまざまであった。血流,脈拍,心臓など,消滅する身体に「こころ」が宿ると考える人々も多い。とりわけ,「こころ」・心臓・生命を同一視し,「こころ」の座を,誰もが知って実感できる心臓に求めるのは当然のことである。

古代のインドの人々は,認識機能(マナス)をもつ「こころ」が心臓のくぼみに住まうと考えた。善良,落着きの源である「脳」,快楽苦痛,情動の源である「胸」,無知・本能の源である「腹」の3つの性向が,火,空気,土水の量的配分との組み合わせによって,種々の個人的気質が生まれると考えた。

古代の中国人は,「心」を生理的に理解していた。「心」という文字は,心臓の形を描いた象形文字であり,心-シン(シム)という言葉は,泌,浸,滲などと同系であり,「血液を細かい血管にしみわたらせる」意味をもつといわれている。「息」という字は「自(はな </B>)+心臓」であり,心臓の動きにつれ,いきが鼻を通して出入するものと考えられた。また,「思」という字は,「囟(あたま)+心(心臓)」で,幼児の頭(○)の泉門,囟門,俗にいうオドリ,ヒヨメキ(×)が,おもうことによって,ひくひくすることを表したものである(『漢字源』)。

古代の中国やインドでは,心臓,胸部,腹部に「こころ」が宿ると考えられたが,日本でも「きも」,肚(はら),つまり胸腹部に「こころ」が宿ると考えられていた。切腹は「こころ」の宿る腹部を切り,亡きものにする自殺の手段であった。実際,「こころ」と呼吸とを同一視する人々も多い。グリーンランド島の人々は,影と呼吸とを「こころ」と見なし,マレーの人々は,「こころ」が鼻から出入するという。古代の人々にとって,呼吸-魂-心は,まさに生命であった。また,坐禅や瞑想は身心の安定をも

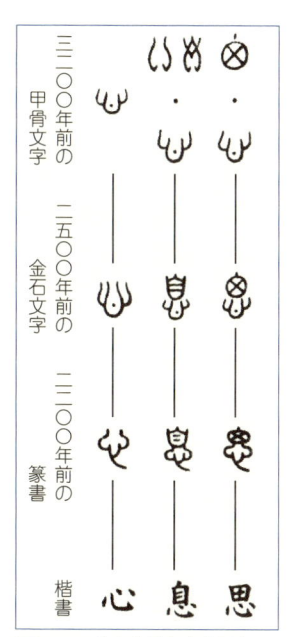

図1-1 「心」「息」「思」の象形文字 (『漢字源』による)

たらすという。禅やヨガでは，調身－調息－調心が，古来，説かれ実践されている。

1-3　「こころ」の探究

「こころ」に対する理論的説明は，インド仏教思想やギリシア哲学に，「心の哲学（Philosophy of mind）」として受け継がれ，時代とともに変遷して現代の心理学に至る。西洋医学においても，「こころ」の座に関して，約6000年前のエジプト王朝時代の心臓説，約4000年前のバビロニア王国時代の肝臓説など，種々の学説があるが，明確に「こころ」の座を脳に求めたのは，ギリシア時代の「医学の父」，ヒポクラテスである。彼は，「人は脳あるがゆえに思考し，見聞し，美醜を知り，善悪を判断し，快不快を覚える」と述べている。その後，プラトンは，心と身体を別なものとしてとらえ，脳と脊髄に「こころ」が宿るとし，次のように述べている。「『神の精神』は脳に宿り，『人間の精神』の情熱を生み出す動物的魂は胸髄に，食欲のもとである植物的魂は腹髄に宿る」。

プラトンの弟子であるアリストテレスは，"世界最古の心理学者"であり，『精神論 De Anima』を著した。彼は，心は身体（質料）に対する形相，という意味での実体であり，生物の本質と考えた。精神の働きを，栄養，感覚，想像，運動，思考の5つに分け，「こころ」すなわち精神を植物的，動物的，理性的という3層的構造をもつものとした。「自然科学的精神」に富んだアリストテレスは，心を肉体活動の原理として心身を一元的にとらえたが，「こころ」の座を心臓に求め，脳を無視した。

ローマ文明の時代，ヒポクラテスの考えを受け継いだガレノスは，脳には脳室が3つあり，前の脳室には，「感覚・想像をつかさどる精神の気」，中央の脳室には，「思考と理性を支配する精神の気」が，後の脳室には，「記憶と運動に関わる精神の気」が宿ると説いた。このような脳室局在説は，その後17世紀に至るまで人々に支持された。

中世（12～13世紀）は，アリストテレス心理学が盛んであったが，キリスト教の影響により，心身二元論をとるものが多かった。トマス・アクィナスの「能力心理学」は，アリストテレスを受け継いだもので，その能力とは（1）植物，（2）感覚，（3）思考，（4）欲求，（5）運動の5つであり，（1）の植物はさらに栄養，成長，生殖に3分され，（2）の感覚は，外部感覚（五感）と内部感覚（一般感覚，想像，評価，記憶）とに2分された。このような能力重視の考え方は，後のヴォルフや，知情意3分説のテーテンスに受け継がれた。

「われ思う，故にわれあり（Cogito ergo sum）」と唱えて有名な，近世哲学の祖デカルトは，プラトンの心身二元論を復活し，心と身体との交流が，脳室中央にある内分泌腺の松果体で起こる，と考えた。松果体にある動物エネルギーの「精気」は神経管を通じて，身体に運動や情動を起こすことができるという。意識する「心」は，「もの」のようにひ̇ろ̇が̇り̇をもたないといい，身体を時計にたとえた機械論者デカルトの心理学における生理的説明は，アリストテレスを源とするヴントの生理心理学や，主観的意識の心理学，あるいは客観的行動主義などの"先駆け"ともいえる。

　18世紀になると，「こころ」の脳室局在論に対する疑問がもたれるようになり，脳室に宿る霊気よりも，脳の実質それ自体に関心が向けられた。1796年，ウィーンの医師ガルは，大脳皮質を27領域に分け，それぞれに異なった「こころ」が局在するという「骨相学」を発表した。その後，1860-70年代になると，フランスの脳外科医ブローカや，ドイツの神経学者ウェルニッケにより，言葉を話す働きが，大脳皮質の左脳半球で営まれることが明らかになった。同じ頃，イギリスのジャクソンも，種々の筋肉に運動を生ぜしめる部位が，大脳皮質に局在することを報告している。1870年，ドイツの生理学者，フリッチュとヒッチヒは，イヌの実験から，運動の中枢が，大脳皮質の限られた部位にあることを明らかにした。その後，人間の大脳皮質の機能局在について，より厳密な実験が行われるようになり，1950年代，カナダの脳外科学者ペンフィールドは，身体の種々の部位が受け取る，脳組織の機能関与の割合を図示した"脳地図"を表した。1970年代初頭，アメリカの神経科学者スペリーは，脳梁切断患者に対する実験から，左右の大脳半球の機能差（左半球優位）を明らかにした。これに関して，角田（1978）は，日本人の音に対する"心"や感じ方が，西欧人とは異なって右脳的であり，それは後天的なものであると発表している。

　このような大脳皮質研究に対し，脳幹など，脳の深層内部の働きに注目する研究も現れた。ブローカと同時代のドイツの生理学者ゴルツは，皮質を全部除去したイヌの行動を観察し，脳の深部も「こころ」の働きに大きな役割を果たしていると報告した。以後，脳幹の研究は急速に進展し，スイスの脳生理学者ヘスらは，視床や視床下部にも「こころ」の座を探究した。また，1949年アメリカの脳生理学者マグーンは，脳幹網様体が，脳の覚醒状態を調節していると発表した。しかし現実に，脳幹そのものには豊かな「こころ」を生み出す機能は未だ認められていない。人間らしい生き方は，まず脳幹によって生きること，「生命」が保障され，情動や本能に関わる古い皮質，すなわち，旧皮質と

1章　心理学の定義と歴史

古皮質からなる，深層の大脳辺縁系によって，「たくましく生きていく」ことが規定される。さらに，表層の大脳皮質，すなわち新皮質によって，「よりよく生きていく」現象が生み出されることになる。

この新しい皮質後部の領域は，外界からの情報を取り込み，感覚，知覚，判断，記憶，思考など，知的精神機能が営まれるのに対して，前頭葉に相当する皮質前部の領域は，取り込んだ知識情報に基づき，何かをしようと意欲し，計画を立て，創造しようと，言葉や態度をもって表出する，高度な精神機能が営まれている。人間の脳の特徴は，新しい皮質，とりわけ前頭葉における発達が著しい点にある。

「こころ」の探究において，フロイトは，「こころ」の世界が，表層にある**意識**の世界，深層にある**無意識**の世界，および両者の中間にある**前意識**の世界から成るといい，初めて無意識の概念を取り入れた。そして，原始的な衝動または本能から成り立ち，意識に上らない**エス（イド）**，エスと現実社会との中間に位置し，各衝動の勝手な要求を調整する**自我**，社会的価値や理想などを「こころ」の内部に受け入れ，自己の行動の善悪を判断する**超自我**という3つの部分から，「こころ」が構成されていると主張した（本章2節参照）。

この"無意識"の深層心理については，紀元3～4世紀頃に現れた仏教の唯識学派により，綿密なる理論が展開されている。唯識とは，個人にとっての諸存在が，唯八種の識（眼・耳・鼻・舌・身・意・末那・阿頼耶）によってのみ成り立つという。識とは心であり，五感と意識は表層識，自我執着心である末那識と，情報を蓄え，すべてを生み出す可能態の阿頼耶識は深層識である。このようなフロイトや唯識の深層心理観は，必ずしも科学的，実証的とはいえないが，「人間の心の理解」という点では，後世，さまざまな分野に，広く大きな影響を与えたといえよう。

1-4　科学としての心理学

「心理学」という言葉そのものは，16世紀末に登場しているが，「科学的心理学」の成立は19世紀中頃である。19世紀は，さまざまな科学や技術が発達し，心理学も，この時期に哲学から分かれ，独自の科学として出発した。初期の心理学は，物理学や生理学など，自然科学とのつながりが深い。フェヒナーの精神物理学は，物理的世界と心理学的世界との対応を「数量化」して表すものであり，この数量化が「客観的科学」と考えられた。心理学は，こころの学問といわれるが，現代心理学は，実は「こころ」より以上に，人間の行動を対

象にする。アカデミックな研究は，科学的手法をもって，一定の刺激，条件に対する人間の反応を測定し，統計的な処理をする「行動の科学」であり，そこには，人間の全体をまるごと捉えようとする姿勢が希薄である。

現代の科学的心理学は，「心理学」以前の，人間の「こころ」に対する関心，すなわち，エビングハウスのいう「長い過去」を切り捨ててきたところに成り立っている。心理学は，時代とともに細分化され，専門化している。人間の神経系統や脳機能は非常に複雑で，「こころ」と密接な関係にあることが明らかになっても，「こころ」そのものを自然科学的に解明するのは未だ難しい。今，われわれは，一側面から「こころ」の本態を科学的に探るだけでなく，人間らしい，本来の素朴な「こころ」と「からだ」について，新たな視点から改めて見直すことも必要なのではないだろうか。

【参考書】

- 藤永保（編）（1981）『講座　現代の心理学Ⅰ　心とは何か』小学館
　　心そのものについて，心理学者が正面から取りくんだ数少ない入門書。
- 大原健士郎（編）（1972）『こころ　現代のエスプリ　59巻』至文堂
　　「こころ」について，学際的専門家による17の論文集。1972年刊で古いが，内容としては幅広く充実しており，「こころ」の理解に役立つ。
- 山下恒男（2004）『日本人の「心」と心理学の問題』現代書館
　　日本人の「心」と，「科学としての心理学」がもつ，さまざまな問題点をとり上げている。

【文献】

マグーン，W. H.／時実利彦（訳）（1960）『脳のはたらき ── その研究の歴史と現状』朝倉書店

ペンフィールド，W.／塚田裕三・山川宏（訳）（1977）『脳と心の正体』文化放送開発センター出版部

スペリー，R. W.／須田勇・足立千鶴子（訳）（1985）『融合する心と脳 ── 科学と価値観の優先順位』誠信書房

角田忠信（1978）『日本人の脳 ── 脳の働きと東西の文化』大修館書店

コラム1 禅の公案「達磨安心(だるまあんじん)」

『無門関』第四十一則

達磨大師の「面壁九年」は，よく知られているが，この話は，その間に起こった二祖（慧可(えか)大師）との問答であり，有名な公案の一つである。

本則
達磨面壁す，二祖，雪に立ち，臂を断って云く，弟子，心未だ安んぜず，乞う師，安心せしめたまえ。
磨云く，心を持(も)ち来たれ，汝が為に安んぜん。
祖云く，心をもとむるに了(つ)いに不可得なり。
磨云く，汝が為に安心せしめ，竟(おわ)んぬ。

達磨は少林寺に留まり，日々，面壁の坐禅をしていた。そこへ，後に，二祖慧可となる修行中の神光がやってきた。彼は儒教や道教に通じた教養人であった。命がけの覚悟で神光は，大雪降る中に長く立ち，自ら左臂を切断し，達磨に差し出し，こう言った。

二祖「弟子の私は，心が未だ不安であります。先生，どうか私を"安心"させてください。」
達磨「では，その"心"を持ってきなさい。安心させてあげよう。」
二祖「"心"を探し求めましたが，とうとう見つかりませんでした。」
達磨「そーら，もう，ちゃんと安心させたぞ。」

ここで慧可は「以心伝心」，ハッとして大悟したという。
この公案のテーマは「安心(あんじん)」である。一切の迷いから解放された自由の心を「安心」といい，心の"実体"を悟るところに，この公案の狙いがある。慧可は「心不可得」の一言を「無心」で言ったのである。その「無心」こそ心の実体，心そのもの，なのであり，言葉そのもの，それ自体が「心」であると悟ったのである。「心不可得」が「心」であれば，それは同時に「心可得」も同じことで，「心不可得」それ自体がもとより「心可得」であったと気づいたのである。
こうして慧可は，「心の実体」を悟り，本当の「安心」を了得したのである。

2節　心理学の歴史

2-1　心理学の誕生の背景

　独立した学問としての心理学が成立したのはドイツの心理学者ヴントが心理学のゼミナールを開講した1879年とされているが，哲学としての心理学的考察は，古代ギリシア時代より行われてきた。現在の実験科学としての心理学とは大きく異なるものであったが，多くの哲学者の心理学的な考察が，現代の心理学に影響を与えてきた。肉体と魂とは不可分であるとする心身一元論と，肉体に魂が宿っているが別々の存在であるとする心身二元論の論争や，生まれもっている先天的なものを重視する生得説と，出生後の環境など後天的なものを重視する経験説との論争も，古代ギリシア時代から行われてきた。

　中世では，心は神との関係性の中でとらえていたが，近世に入ると，心そのものを考察しようとする態度が再び生じるようになった。近世から，思弁的・形而上学的なアプローチからしだいに実証的な研究へと移行していった。現在の心理学に影響を与えた経験を重視する連合心理学の組織的研究が行われ，また，生理学の発展があり，感覚・知覚の研究も大きな成果を示した。そして，精神を実験によって研究する精神物理学の誕生が，科学としての心理学が成立するのに影響を与えた。

(1) 心の存在

　いくつかの観念は生得的であるとするデカルトは，すべてのことを疑い，確実なものだけを思考の対象とする方法をとっていた。「われ思う，故にわれあり」という有名な言葉が意味するのは，あらゆるものの存在を疑うことができるが，心を疑ったとしても，心を疑うのは心である，つまり疑うほど心の存在は明確になるとして，心の存在をその自明性から証明したものである。これにより，後の研究で意識そのものを対象にすることが行われるようになった。また，デカルトは心身二元論の立場で，肉体は機械であり，脳にある松果体で心と相互作用するとした。

(2) 連合心理学

イギリスでは，後天的な経験が知識の源泉であるとする経験主義に基づいた**連合心理学**が誕生した。すでに古代ギリシア時代にプラトンが観念連想を説き，またアリストテレスは感覚を五感に分類して，感覚を通して受ける経験を重視していたが，その関連を初めて組織的に研究したのが連合心理学である。連合心理学では，感覚を通しての経験が意識を形成しているとし，観念の連合によってより複雑な意識的体験が生じるとする連合の原理を解明した。つまり，心的過程は，関連する別のことを思い出すといった連鎖であるとした。また，元素や分子による化合物の過程と同じようにとらえており，心的化学と呼ばれる要素主義的観点により研究した。

この経験というアプローチが，哲学から心理学が独立するのに大きく寄与した。ホッブスは，連合主義の基礎を築き，感覚と観念，観念と観念とが連合することで意識の流れを解明しようと試みた。また，ロックは，人は生まれたときはまったく経験をしていない状態であることから，「白紙（タブラ・ラサ）」であると比喩的に表現した。他にもバークリー，ヒューム，ハートリー，ミル親子，ベイン，スペンサーなどが，あらゆる観点から連合心理学の研究を行っていた。

(3) 理性主義

経験主義が感覚を通しての経験のみ対象とし生得的なものを完全に排したのに対して，感覚を受け取る主体である心は生得的なものであるとする立場が**理性主義**である。経験主義が受動的に感覚を受け取るのに対して，心の能動性を主張した。カントは，経験によらない超越的な従来の形而上学を，信仰に基づく道徳や倫理などにおいては重視していた。しかし，学問という観点からは，経験によらない学問は，数学と自然科学でしか成立しえないとした。つまり，経験によらない従来の形而上学は学問としては限界があるとした。その結果，カントは経験と理性とを融合した新しい形而上学を唱えるようになったが，経験主義による心理学を認めたわけではない。経験主義は心を物質と同じように科学として扱おうとしたが，カントは心と物質は異なるもので，心を科学的にとらえることはできないとして，心理学は経験による科学ではなく形而上学であるとした。たとえば，カントは，連合心理学のバークリーが空間知覚を視覚と触覚との連合による経験ととらえていたのに対して，空間知覚を先天的直観ととらえた。

(4) 感覚・知覚

　このように感覚・知覚の研究が盛んとなったことが，心理学の成立に寄与することとなる。ニュートンは，太陽光を 7 色に分け，色覚の研究を行った。また，物理的存在としての光線と，それをとらえる**感覚**とを区別して扱った。ミューラーは，たとえば視覚経験と聴覚経験が異なるように，感覚経験の違いである**モダリティ**は，刺激の違いではなく，それを受ける感覚神経の違いであるとする「特殊神経エネルギー説」をとなえた。ヘルムホルツは，モダリティの違いからさらに感覚の質の違いにまで言及した。視覚における色の認識原理を説明したヤング＝ヘルムホルツの 3 色説と，聴覚における音の認識原理を説明した共鳴説が代表的なものである。また，**知覚**は神経の興奮であって，対象そのものをとらえているわけではなく，対象の存在を推論しているようなものであるという無意識的推論を説いた。

(5) 精神物理学

　精神物理学は，精神と物理との関係を数学的にとらえようと試みた学問である。心の解明に科学的手法が取り入れられ，実験心理学の発達に大きな影響を与えた。フェヒナーは，物理的刺激とそれを受ける感覚との関係を，実験により解明しようと試み，$R = k \log S$ という**フェヒナーの法則**を見出した。フェヒナーの法則は，主観的感覚（R）は，物理的刺激（S）の強度の対数に比例して変化することを示している（k は定数）。たとえば，電球が 1 個から 2 個，3 個，4 個と増加していった場合，物理的刺激の増加量は一定（電球 1 個分ずつ）であるが，それを受ける感覚の増加量は一定ではなく，小さくなっていくということである。

　フェヒナーが『精神物理学原論』を出版した 1860 年は，心理学にとって重要な年となった。このフェヒナーの研究に影響を与えたのは，同質の 2 つの刺激間の強度を異ならせた際，その強度が異なると知覚できる最小差である**弁別閾**の研究を行ったウェーバーである。スティーブンスは，フェヒナーを引き継いでいたが，より直接的に感覚量を測定するマグニチュード推定法を用いて研究を行った。**マグニチュード推定法**は，標準となる刺激の強度を 10 として，比較する刺激の強度を数字で答えさせる方法である。フェヒナーの法則は，感覚の増加量が刺激の増加量よりも大きくなる刺激や，感覚の増加量と刺激の増加量がほぼ一致する刺激など，刺激やそれを受ける感覚次元によっては適用できなかったが，スティーブンスは感覚（刺激）の種類により異なる指数を用いることでべき関数に当てはまり，横軸を刺激強度の対数，縦軸を感覚の大きさの対数として座標に表すと刺激と感覚との関係が一次関数（直線）で示されること

を見い出した（$R=kS^a$）。これは，**スティーブンスの法則**と呼ばれるようになる。

（6）反応時間

刺激を受けてから反応するまでの時間を研究したドンデルスは，単純な精神課題の反応時間を，複雑な精神課題にかかる**反応時間**から減算することで，その時間の差が複雑な課題に対する心的過程の時間であるとする減算法を発明した。この減算法は，次に述べるヴントの実験心理学でも使われるようになる。

2-2　心理学の独立と19世紀末期の心理学

19世紀末になると，実験的手法による精神作用の研究が行われるようになり，ヴントがライプチヒ大学に世界最初の心理学実験室を開設した。そして，心理学のゼミナールが開講された1879年に，学問としての心理学が哲学から独立することとなった。また，ヴントの心理学以外でも，現在の心理学に影響を与えた研究が多く行われた時代でもあった。

（1）心理学の独立

ヴントは，それまでの心理学的哲学や生理学を体系化して，心理学は形而上学ではなく**経験科学**であるとし，科学と同様に実証するための実験によるアプローチを行った。ヴントの心理学は，経験できる「意識」だけを研究対象とし，意識を経験できるのは個人内のみであることから，方法は**内観**（自己観察）により行われた。研究課題として，複雑な意識過程である心的複合体を分析し最小単位である心的要素（感覚と単純感情）を発見すること，心的要素の結合（統覚）の様式を証明すること，その結合の法則を研究することであった。これは連合心理学における心的化学と同じようにとらえており，**要素主義・構成主義**の心理学だった。また，研究対象や研究方法から，意識主義・内容心理学・内観心理学とも呼ばれた。

（2）ヨーロッパの心理学

ヴントが意識の内容を研究対象としたのに対して，ブレンターノは内容ではなく意識の作用が重要であるとして，対象への心の志向性を重視した。これは，**作用心理学**と呼ばれた。この作用心理学は，**ゲシュタルト心理学**に影響を与えた。

(3) アメリカの心理学

ヴントが意識を固定的にとらえ，人間に普遍的なものとして，個人個人に特有のパーソナリティとは切り離して分析したのに対して，アメリカではジェームズが意識は連続していて絶えず変化するものであるととらえ，パーソナリティの一部であるとした。そして，目的や手段といった意識の機能を重視しており，後の**機能主義**につながっていった。そして，**行動主義**に影響を与えることとなった。

(4) 記憶

エビングハウスは，記憶の実験的研究を行った。無意味綴りの系列を記憶する際，学習完成までの反復回数や時間，再学習の反復回数や時間，最初の学習と再学習との比較による節約率などを実験的に研究し，記憶の保持・忘却の過程を明確にした。また，忘却しても記憶の痕跡があることを示したことから，意識されない潜在記憶の研究にもつながった。

(5) 進化論

環境の変化に適応する自然淘汰による連続的な進化を説いたダーウィンの進化論により，人間も進化の影響を受けているという連続性の観点が心理学に導入され，比較心理学や発達心理学，そして行動主義に影響を与えた。動物を用いた研究が行われるようになったが，当初その方法は観察と解釈による逸話法が用いられた。観察者の主観的解釈，そしてヒトと同様に解釈する擬人化が行われ，動物の知能を過大評価していた。そのような擬人化による解釈に警鐘を鳴らしたモーガンは，「低次の能力で解釈できるものは，高次の能力で解釈してはならない」とする**モーガンの公準**を提唱した。

2-3　20世紀の心理学と新しい心理学

心理学がヴントにより哲学から独立したが，20世紀に入ると，それまでの伝統的な要素主義的観点や，研究手法や研究対象に対する批判から，精神分析学，ゲシュタルト心理学，行動主義の3つの心理学が誕生した。また，科学技術の発展により，人間の心的活動の研究に新たなアプローチが試みられるようになり，認知心理学などの新しい心理学が誕生した。

(1) 精神分析学

ヴントが意識を心理学の対象としたのに対して，無意識を重視したのが**精神分析学**である。精神科医だったフロイトは，神経症患者の治療において，催眠によって**無意識**に抑圧されている経験を解放することで治療が行えたことから，意識ではなく無意識が重要であるとした。そして，意識は心のごくわずかでしかなく氷山の一角のようなもので，心の大部分は無意識であるとした。しかし，催眠による治療では問題点も見られたことから，フロイトは意識による抑制にとらわれることなく，どんなことでも語る**自由連想法**を用いるようになった。このように，無意識に抑圧された経験を解放することで治療する方法を，カタルシス療法という。

無意識に着目したフロイトは，精神は意識－前意識－無意識の３つの層からなり，その構造として超自我－自我－エス（イド）の３つを想定した。それは**心的装置**と呼ばれるものである（図8-1，190ページ参照）。そして，性的動機のエネルギーである**リビドー**と，道徳的な超自我と本能的な欲求のエスとの葛藤により生じる不安定な状態から自我を守るために無意識的な働きをする**防衛機制**が重要であるとした。初期はリビドーを重視していたが，後年は生の本能であるエロスと死の本能であるタナトスを重視するようになった。精神分析学は，精神医学や臨床心理学，発達心理学などに影響を与えた。

(2) ゲシュタルト心理学

ヴントなど以前から続いていた要素主義的心理学に対して，その限界と全体観の重要性を示したのが**ゲシュタルト心理学**である。現象を分析せずあるがままにとらえようとする実験現象学の流れを受けて，ウェルトハイマーにより創始された。ウェルトハイマーが，知覚において要素では存在しない見かけ上の運動が知覚されること，つまり**仮現運動**を実験的に証明したことに始まる。たとえば，静止画の連続的提示により，実際に運動しているように感じるアニメなどが仮現運動である。

ゲシュタルト心理学では，全体としての構造特性こそが重要であるとし，要素主義とは逆に，部分は全体に規定されているとした。たとえば，三角形の大きさや色が変わっても（図形の移調），全体の構造特性に基づいて三角形であると知覚される。このような移調は，対象から与えられる刺激作用が変化しても，見かけ上は同じであると感じる知覚の恒常性にもつながる。たとえば，同一人物が近い距離にいる場合と，遠い距離にいる場合とでは，網膜上では大きさが異なっているが，知覚ではその人の大きさは変化していないと感じることであ

る。また，知覚の成立において注意の対象となる図が同時に複数存在する場では，図がまとまって知覚される体制化が生じることを示し，全体特性として簡潔にまとまる傾向を**プレグナンツの法則**と呼んだ。他にも，ケーラーは，チンパンジーがエサをとるための問題解決に道具を用いたことから，場の全体構造の再体制化を行うこと，つまり**洞察**をすることを示した。このゲシュタルト心理学は，認知心理学など多岐にわたって心理学に影響を与えた。

(3) 行動主義

ヴントは科学的心理学を成立させたが，意識を対象とし内観による私的データによるものだった。それに対してワトソンは，心理学は自然科学であり，間接経験できる行動を対象とし客観的観察による公共データを用いるべきだと主張して，**行動主義**という立場を明確にした。ワトソンが心理学の目的としたのは，行動の予測とコントロールである。それは，刺激 S (stimulus) と反応 R (response) の関係性である S-R の法則を明らかにすることであった。そしてどのような行動であっても，ワトソンはこの S-R の連鎖により説明できるとした。その結果，観察対象とならない意識は排除されることとなり，意識なき心理学とも呼ばれるようになった。また，後天的な学習が重要であり，乳児をどのような人間にでも育てることができるとして，環境主義を唱えた。さらに，末梢神経の反応である筋運動を重視したことから，末梢主義でもあった。

(4) 新行動主義

物理学では直接観察できないものでもその存在は認め，具体的に扱うための操作によってその存在となる概念を客観的にとらえようとするが，これを**操作主義**という。ワトソンは，観察できない内的要因を排除したが，内的要因を操作的に定義した理論的概念によって導入したのが**新行動主義**である。新行動主義では S-O-R の図式が示され，その生活体 O (organism) が内的要因である。そして，行動の予測と説明を重要視した。

トールマンは，ゲシュタルト心理学の影響を受け認知的色彩の強い理論を展開した。生活体の行動は末梢反応のような微視的行動ではなく，目的的で全体的な巨視的行動であるとした。つまり，S-R といった一対の単純な関係ないしその連鎖ではなく，行動を起こす前に環境の全体像である認知地図を構成し，刺激を受けるたびに，それを手がかりとして，その認知地図に当てはめ，期待や仮説によって目的に向かった行動をするということである。このように，全体像を作り上げたのちに，その中でどのような行動をすれば目的を達成できる

のかを予期して行動するとして,「サイン・ゲシュタルト」を唱えた。また,学習は報酬があると発現するが,報酬がなくても認知的には学習をしているとする**潜在学習**を唱え,報酬は学習成立の条件ではなく動機づけであるとした。

ハルは,O を認知ではなく,習慣強度や動因であるとした。そして,S-O-R を数量化することに努め,数式によって行動の解明を行った。また,現象を科学的に説明する手続きとして,「仮説演繹法」を導入した。スキナーは,新行動主義に分類されているが,ワトソンの行動主義を受け継いだ。ただし行動は,先行する刺激ではなく,行動の結果によって規定されるとした。そして,刺激への条件反応ではない自発的行動を対象として,**オペラント学習**の研究を行った。

(5) 認知心理学

意識が行動主義により排除された後,新行動主義では内的要因が導入されたが,刺激と反応の媒介変数として導入されたにとどまった。つまり,意識の存在は認めたが,そのメカニズムまでは言及しなかった。しかし,単なる内的変数としてではなく,意識の内的過程を研究しようとする流れが再び生じるようになる。また,自然科学においてサイバネティクスや通信理論,そしてコンピュータといった技術が発展したことにより,ブラックボックスのようなものであった人間の意識が,情報処理理論やコンピュータなどによってモデル化し検証すること,つまり人間の「刺激−心的過程−反応」を,コンピュータの「入力−情報処理−出力」に当てはめることで,類推的に意識の研究ができるようになり,新しい心理学の分野として**認知心理学**が誕生した。また,人間の心的過程に対するコンピュータ・モデルの再現性や共通性を探求する人工知能の研究も誕生する。さらに,その後の脳神経科学の発展により,コンピュータによるモデルから,実際に脳の活動を研究対象にするようになる。現在では,脳の血中ヘモグロビンを測定するfMRI(機能的磁気共鳴画像)やNIRS(近赤外線分光法)などの脳にダメージを与えない非侵襲的な方法で,脳機能のイメージングが行われている。

【参考書】

- 梅本堯夫・大山正(編)(1994)『心理学史への招待』サイエンス社
  心理学史を一通り網羅しており,非常に読みやすく,理解しやすい内容となっている。心理学史の入門書として最適である。
- サトウタツヤ・高砂美樹(2003)『流れを読む心理学史 ── 世界と日本の心理

学』有斐閣アルマ
　従来の心理学史とは異なった観点からアプローチしていて，学術参考書にとどまらず，読み物としてもおもしろい内容になっている。

【文献】

今田　恵（1962）『心理学史』岩波書店
大山　正（2010）『心理学史』サイエンス社
サトウタツヤ・高砂美樹 (2003)『流れを読む心理学史 ── 世界と日本の心理学』有斐閣アルマ
末永俊郎（編）（1971）『歴史と動向(講座心理学1)』東京大学出版会
末永俊郎（編）(2005)『心理学群像1・2』アカデミア出版
梅本堯夫・大山　正（編）（1994）『心理学史への招待』サイエンス社

コラム 2　仏教心理学

　仏教は，瞑想・内観により，自らの「心」を細かく分析し，あるがままに見つめることで，安心を得ることから始まった。ブッダの死後，その教えに対する解釈・注釈を整理したアビダルマ仏教や，7-8世紀に起こった大乗仏教の代表的学派である瑜伽行唯識学派における心の分析は，「仏教心理学」と呼ばれるようになった。

　一方，心理学も内観により，自らの「心（意識）」を分析することから始まった。日本の初代心理学者元良勇次郎は，鎌倉の円覚寺での参禅，内観体験を『参禅日誌』として著した。これは，心理学者による世界初の仏教心理学の研究報告であるとみられる。元良と同日程で参禅した夏目漱石は，『門』，『夢十夜』など，複数の作品で「禅」を扱っている。

　その後，自らの「心（意識）」の分析には公共性がないため，心理学の対象は「意識」から，目に見える「行動」へと移り，科学としての心理学が定着していった。1960年代には，坐禅時の心身の状態（調身・調息・調心）について生理的指標を用いて調べる禅の医学的心理学的研究が始まった。修業を積んだ禅僧では，α（アルファ）波という安静閉眼時の脳波が，目を閉じない坐禅中に出現し，多くの場合に呼吸数が減少し，基礎代謝が20％下がり，重心動揺が減っていた。すなわち坐禅は，心のリラックスをもたらし，かつ，睡眠時よりもエネルギーを効率よく使い，自律神経系の活動レベルを上げ，健康状態を保つことがわかった。また，坐禅中は時間経過が早く感じられる傾向にあり，雑念がなく心が澄み切った，無念無想，非思量と呼ばれる状態である可能性が示された。こういった禅瞑想への科学的アプローチは，現代の「仏教心理学」と呼ぶことができる。

　心理学は，「行動」を主たる対象とした後，1970年代頃から，各個人の物の見方・捉え方である「認知」という言葉をキーワードに，再び「心」に肉迫するようになった。心理療法の一つである認知行動療法の最先端では，仏教の瞑想法である「マインドフルネス」（今ここでの自分の感覚・感情への気づき）が用いられ，うつの再発防止に高い効果を示している。

　以上のように古来の仏教における心の分析や，現代における禅やマインドフルネスへの科学的アプローチ，仏教思想・技法を心理療法に活かす試みに加えて，近年，仏教各宗派における心理面での社会的貢献・支援や啓発活動のように，「仏教」と「心理学・心理療法」との交流運動を，広い意味での「仏教心理学」と呼ぶようになり，期待が高まっている。

2章 神経系

　心理学は人間や動物の行動を解明する学問であると定義されている。ここでいう行動には，声を出したり，話したり，手や足を動かしたりするような巨視的な行動から，いろいろと考えたり感じたりするような微視的な行動までが含まれている。一方，行動を，生体の働きという面から見ると，手足を動かしたり，話したりするような意図的な行動もあれば，消化や吸収，あるいは循環などの無意図的な行動もある。しかし，目に見える行動であっても目に見えない行動であっても，また，意識的な行動であっても無意識的な行動であっても，これらの行動の背景にあるのはすべて神経系の活動である。さらに，意図的な行動とは区別されるいろいろな反射も，同様に神経系の活動に支配されている。すなわち，人間や動物の行動はすべて神経系の活動に基づいているのである。

　なお，ここでいう神経系とは，目や耳あるいは皮膚などの感覚受容器に生じた興奮を処理・統合して，情報を骨格筋などの効果器に伝える働きを有する器官のことである。そして，このような働きの中心となる部分が中枢神経系で，この中枢神経系と末梢の受容器や効果器と連絡を行う部分が末梢神経系と呼ばれている。

1節　中枢神経系

脊椎動物の**中枢神経系**は**脳**と**脊髄**からなり，脳はさらに**大脳半球**（終脳あるいは大脳ともいう）と，**間脳，中脳，橋，延髄**そして**小脳**に分けられる。なお，間脳，中脳，橋，延髄は**脳幹**と呼ばれ，さらに，中脳，橋，延髄は構造的にも機能的にも1つの連続体と考えられることから**下位脳幹**と呼ばれることもある。また，大脳半球の内側部の広い部分は**大脳辺縁系**と呼ばれている。

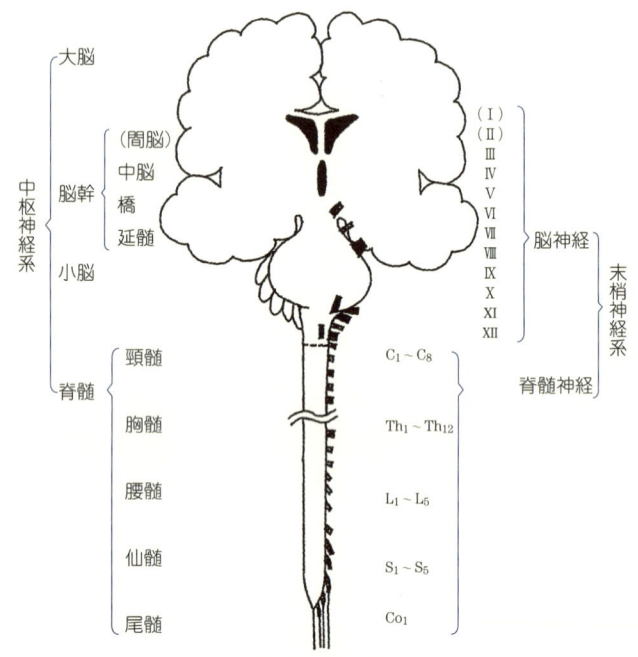

図2-1　中枢神経系と末梢神経系　（馬場, 2009, p.19）

1-1　大脳半球の機能

大脳半球の表面には皺や亀裂が見られるが，この皺が脳溝で盛り上がった部

分は脳回(のうかい)と呼ばれている。この多くの脳溝や脳回のために，大脳半球の実際の表面積は外部から見えている面積の約3倍といわれている。特に大きな亀裂は大脳溝と呼ばれ，この溝をもとに大脳半球は**前頭葉，頭頂葉，側頭葉，後頭葉**の4つの領域に分けられる。そして，この4領域にはそれぞれ特有の機能があることも知られている。たとえば，前頭葉には運動，言語，判断力，創造などの機能，頭頂葉には身体位置の空間的認識などの機能，側頭葉には聴覚や記憶の機能，後頭葉には視覚と眼球運動の機能が存在している。

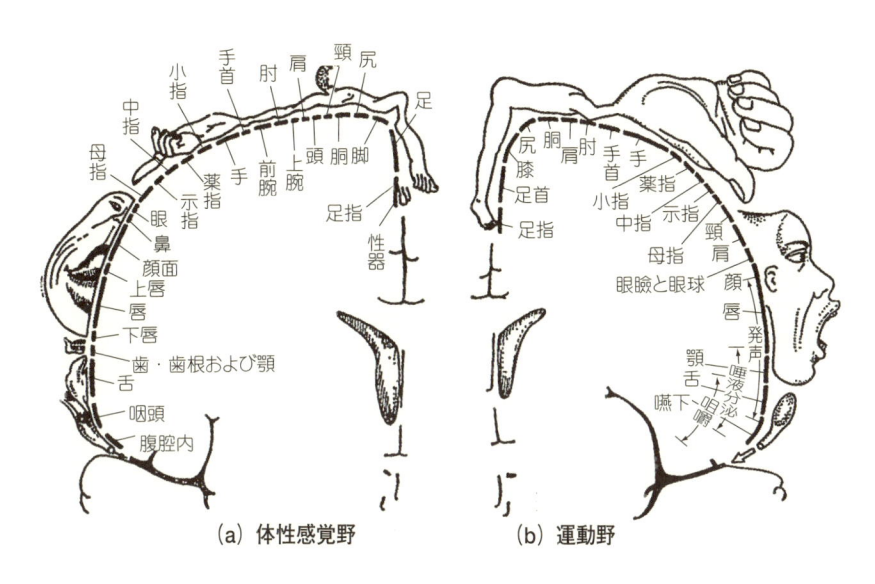

(a) 体性感覚野 **(b) 運動野**

図 2-2　ヒトの皮質体性感覚野と運動野の機能局在 (ペンフィールド)

一方，大脳半球の内部構造を調べると，その表層部は灰白質で深部は白質の2層の構造をしている。灰白質の部分が大脳皮質で，白質の部分は大脳髄質と呼ばれ，大脳皮質と脳幹や脊髄などを連絡する組織体である。大脳皮質の主な機能は，情報の収集・分析・統合，運動機能発動である。20世紀の初頭，ブロードマンは大脳皮質の細胞構築をもとに，哺乳動物の大脳皮質を52の領域に区分し，それぞれに1野から52野の番号を付した。これがブロードマン領野（ブロードマン脳地図）と呼ばれ，多くの機能が大脳皮質に局在していることを示している。たとえば，大脳皮質の前頭葉にあるブローカ野（ブロードマン脳地図における44野）が損傷を受けると，話は理解できるが，発語が困難になり，側頭葉と頭頂葉が接する部分にあるウェルニッケ野（ブロードマン脳地図に

おける22野）が損傷を受けると，流暢に話すことはできるが，話を理解することができなくなる（構音障害・失語症：5章6節参照）（図2-3）。

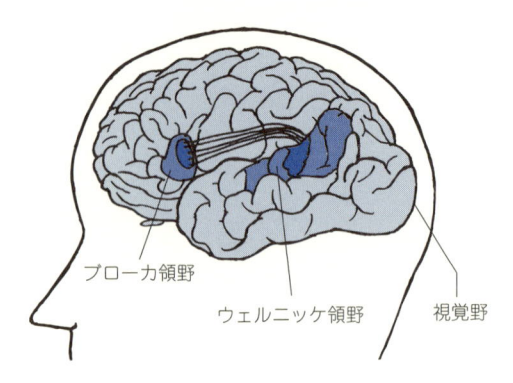

図2-3　ブローカ領野とウェルニッケ領野

1-2　大脳皮質の活動と意識

　人間の大脳皮質には約140億個の**神経細胞**（ニューロン）が存在すると考えられている。1個の神経細胞が刺激されると活動電位が発生し，それが他の細胞に伝達されたり，あるいは，1個の神経細胞が複数の細胞から刺激を受けたりすることにより，情報の処理や情報の伝達が行われている。この大脳皮質における神経細胞の電気活動は μV（マイクロボルト：$1\mu V$ は100万分の1V）という単位で表されるような非常に微弱な電気活動であるが，これを増幅して記録したものが**脳波**（脳電図）である。脳波を初めて記録したのはカートンであるが，この脳波はウサギやサルの皮質から直接記録されたものである。一方，人間における脳波を初めて記録したのはベルガーである。脳波は周波数の違いから，δ（デルタ）波，θ（シータ）波，α（アルファ）波，β（ベータ）波，γ（ガンマ）波に分類され，大脳生理学的にはそれぞれの脳波パターンが大脳皮質の活動水準（意識水準・覚醒水準）と密接に対応することが明らかにされている。

　しかし，脳波パターンと意識水準・覚醒水準との関係は必ずしも一義的ではなく，今日では例外も発見されている。禅やヨガ瞑想時に観察される α 波や，注意集中が必要な暗算中に θ 波が観察されることがある。逆に，人間が熟睡しているときに，眼球が急に速く動きだし，目覚めているときの脳波パターンである β 波や γ 波が観察されることがある。これは**レム睡眠**と呼ばれ，このときに夢を見ていることが多いといわれている。さらに，脳波を指標とした研究か

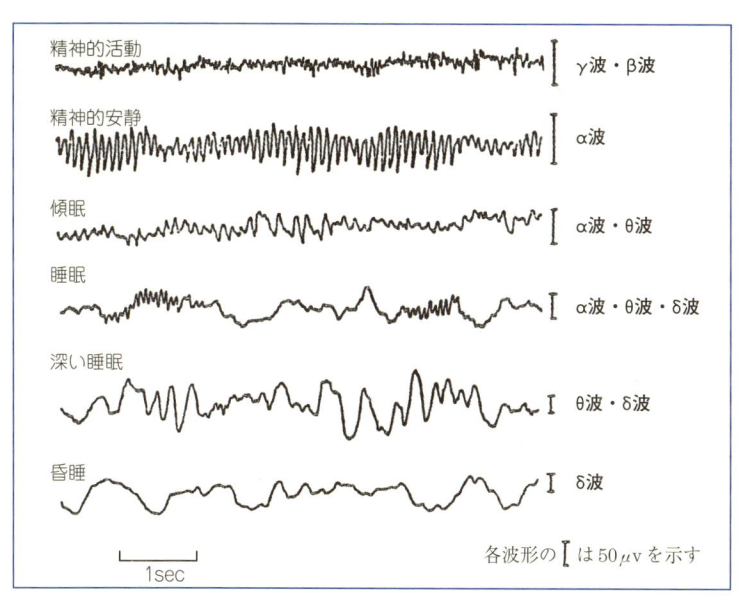

図2-4　脳波パターンと意識水準

ら，人間の大脳の左半球と右半球ではその働きに違いがあることもわかっており，これを**大脳半球の機能的左右差**（ラテラリティ）という。

　人間の脳が損傷することにより話すことができなくなったり，話の内容が理解できなくなるような現象が生起するとは，すでに古代ギリシア時代には知られていた。しかし，脳の機能の二重性に初めて気づいたのはダックスである。ダックスは，失語症が生じている患者40人の脳を調べた結果，右脳が損傷している患者は1名だけで，他は左脳に損傷が認められた。ダックスの発見はその後，ブローカにより確認され，言語に関しては左半球が極めて重要な役割を果たしていることがわかったのである。現在では，論理的思考は左脳が優位で空間知覚は右脳が優位であるとか，さらには，左脳は理性脳，右脳は感情脳というように表現されることもある。しかし，ラテラリティは，ある機能に関してどちらの半球がより強く活性化されるかというものであり，脳機能のすべてが左右で完全に独立しているわけではない。特定の機能に関して優位であった半球が損傷を受けると，それまでは劣位であった半球の脳の活性化が高まるということも明らかにされている。

1-3 大脳辺縁系

大脳半球の内側部の帯状回や中隔野，視床，視床下部，扁桃核，海馬などを含む広い部分は**大脳辺縁系**と呼ばれている。

大脳辺縁系は**視床下部**と密接な連絡があり，生命維持に欠かせない自律神経系の活動を調整している。すなわち，視床下部が内部環境の変化や生理的欲求を感受すると，その情報が大脳辺縁系に伝達され，欲求を充足するための行動が引き起こされる仕組みになっている。また，大脳辺縁系は記憶と深い関係があり，特に，**海馬**は側頭葉とともに，新しい情報の記憶化（記銘）に重要な役割を果たしている。

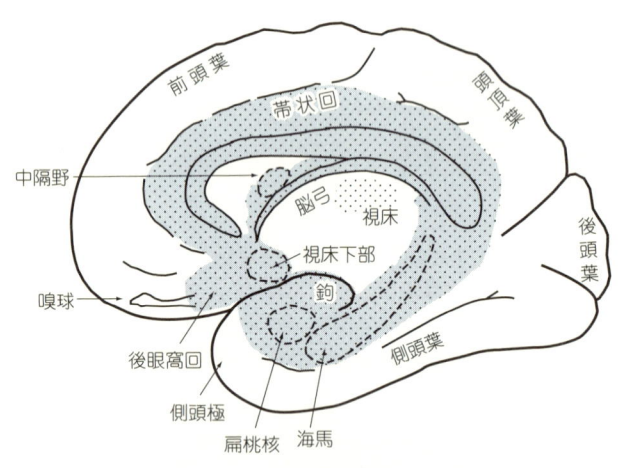

図 2-5　大脳辺縁系（八木，1974）

1-4 間脳とその機能

間脳は脳の内部にあり，視床，視床上部，視床後部と視床下部および第三脳室を含み，下方は中脳につながっている。間脳は，知覚情報の中継基地ともいわれ，特に，視床は，嗅覚を除く体内・体外からの知覚情報を分析し，大脳皮質に局在するそれぞれの知覚領野に信号を伝達する働きをもっている。視床下部は視床よりさらに下方に位置し，そこには生体の植物性機能に関連する多くの神経核が存在する。視床下部は自律神経系およびホルモン分泌の中枢であり，体温調節や物質代謝などの活動を調整している。さらに，視床下部は脳の一般

的活動水準の維持に関して極めて重要な働きを有している。つまり，内臓からの刺激を受けた視床下部は，大脳辺縁系に信号を送り，その結果脳全体の活性化が起こり目が覚めるのである。たとえば，血糖値がある基準より低下すると，視床下部にある摂食中枢が刺激され，生命維持のために，夜寝ていても空腹で目が覚めたりするのはこの仕組みによるものである。

1-5　下位脳幹（中脳・橋・延髄）および小脳の機能

中脳は間脳の内側に位置し，小脳と大脳半球や脊髄を結ぶ伝導路となっている。中脳の主要な機能としては，動いている対象を追跡するときに起こる円滑追跡眼球運動や，注視の方向が変化するときに起こる急速眼球運動などの制御が挙げられる。

橋は中脳の下部に位置し，ここには，表情筋を支配する顔面神経運動の中枢が存在している。また，**延髄**は橋と脊髄の間に位置しているが，ここには多くの神経核があり生命維持に不可欠な反射機構が成立している。特に，中脳から橋および延髄にかけては葉脈状の組織体が広く分布している。これが**脳幹網様体**と呼ばれ，この中に心臓血管運動中枢や呼吸運動中枢が存在している。また，脳幹網様体は視床下部と同様に，大脳の一般的な活動水準（目覚め）の維持に重要な役割を果たしている。すなわち，視床下部が内臓からのいろいろな信号を受けて大脳辺縁系を刺激するのに対し，脳幹網様体は視覚刺激，聴覚刺激，嗅覚刺激などの体性感覚刺激を受けて新皮質を刺激する。夜中にトイレに行きたくなって目が覚めるのは前者の例であり，一方，音にびっくりして目が覚めたりするのはこの脳幹網様体が関連する目覚めである。

小脳は大脳半球の後下部にあり，小脳脚といわれる部分で脳幹部と接している。小脳は，大脳皮質や前庭神経核あるいは脊髄などと神経連絡があり，筋の働きを調整し姿勢を保持したり，協応動作を可能にしたり，あるいは身体が円滑に動けるような役割を果たしている。

1-6　人間における生と死と脳活動

これまで日本における人間の「死」の判定には，「自発呼吸の停止」「心拍動の停止」「瞳孔散大・対光反射の喪失」という3つの兆候が満たされることが必要であるとされてきた。しかし，近年では医療技術の進歩により，「脳死」状態にもかかわらず「心拍動が認められる」というような状況が生起し，移植

医療とも相まって人間の「死」の定義が問題となってきた。たとえば，心臓の移植にはドナーの死後直ちに摘出された心臓が必要であり，そのためにも，生命維持装置を装着した状態で摘出が行われることが多い。これは心臓が動いている状態での臓器の摘出であり，「心拍動の停止」が「死」の条件であれば，これは「生きている人」からの臓器の摘出であり，明らかな違法行為である。

このような問題を解決するためには，「脳死」を人間の死とする必要があり，日本では1997年に「臓器の移植に関する法律」が制定され，「脳死」を人間の死とすることが正式に決定された。人間が生きているということは，大脳，脳幹（間脳・中脳・橋・延髄），小脳が正常に機能している状態をいう。一方，大脳，脳幹，小脳のどの部分が機能を失っているかにより，「植物状態」「脳幹死」「脳死（全脳死）」に分類される。「植物状態」とは，脳幹全体あるいは一部の機能が残存しているが，大脳全体あるいは一部の機能が失われ意識のない状態をいう。多くの場合自力で呼吸しており，まれに回復することがある。

なお，「脳死」状態では「脳幹死」と「全脳死」の2つの状態が区別されている。「脳幹死」とは，大脳はまだ機能を失っていないが，やがて機能を失い「全脳死」に至る状態をいう。「全脳死」とは，「自力で呼吸できない」「人工呼吸装置を装着しても通常は数日内に心臓が停止する」などの全脳（大脳・脳幹・小脳）の機能の不可逆的な停止状態であり，一般には「全脳死」を「脳死」とすることが多い。なお，臓器移植を前提とした「脳死」の判定基準は国により多少異なるが，日本では，大人の場合，(1) 深いこん睡状態，(2) 瞳孔の散大と固定，(3) 平坦な脳波（最低でも30分間），(4) 自発呼吸の停止，(5) 脳幹反射の消失が確認された後，さらに6時間経過しても変化が認められないこと，が条件となっている。

【参考書】

- 安部博史・野中博意・古川聡（2012）『脳から始めるこころの理解 —— その時，脳では何が起きているのか』福村出版
  本書では，心理臨床との関連から，脳研究の現状が15のトピックスを取り上げて紹介されている。
- 宮田洋・藤澤清・柿木昇治（編）（1985）『生理心理学』朝倉書店
  本書は，主として生理心理学的な測定についての入門的解説書である。
- 宮田洋（監修）（1999）『新生理心理学　1巻』北大路書房
  本書は，生理心理学の基礎について論じた専門書である。
- 宮田洋（監修）（1997）『新生理心理学　2巻』北大路書房
  本書は，心理学の各研究領域で生理心理学的研究法を活用することについて

の専門的解説書である。

【文献】

馬場元毅（2009）『絵で見る脳と神経』医学書院

クロスマン, A. R. & ニアリー, D.（1955）／野村　嵯・水野　昇（訳）（2002）『神経解剖カラーテキスト』医学書院

大橋博司・濱中淑彦（編著）（1985）『Broca 中枢の謎 —— 言語機能局在をめぐる失語研究の軌跡』金剛出版

杉下守弘（1983）『右脳と左脳の対話』青土社

八木　冕（監修）（1974）『生理学的心理学』東京大学出版会

コラム 3 犯罪者の脳

　1966年8月1日，アメリカのテキサス大学オースティン校の時計塔に閉じこもった男が銃を乱射し，死者15名，負傷者31名を出すという大惨事が発生した。これは「テキサスタワー乱射事件」と呼ばれ，アメリカの歴史に残る無差別乱射事件のひとつである。男は間もなく警察官に射殺されたが，人々がさらに驚いたのは，犯人がチャールズ・ジョセフ・ホイットマンというテキサス大学の大学院生であったことである。その後，本人の遺書に従って遺体は解剖されたが，その結果，ホイットマンの視床下部付近には大きな腫瘍があったことが判明した。この腫瘍により負の感情中枢である扁桃体が圧迫され，事件の発生に至ったという解釈もなされている。

　このように，犯罪者の脳にしばしば形態学的異常が見られることはかなり以前から知られていた。福島（2000）も，最近のMRIによる診断で犯罪者の脳にクモ膜のう胞が認められたり，さらに，「重大殺人の被告」の場合は，約60％に脳の形態学的異常が認められたと述べている。また，モフィットは，常習犯罪者には脳に微細な損傷があり，それが反社会性の一因であるとしている（大渕，2006）。

　脳と犯罪の関連については，このような脳の形態学的異常性のみならず，脳波の側面からも指摘されている。特に，攻撃的な特徴をもったサイコパス（精神病質）の人の脳波に，未熟な脳波パターンが認められたという多くの報告がある。たとえば，女性教師を刺殺した13歳の少年を鑑定した小田（2002）は，この少年の脳波に異常な徐波パターンが連続して認められたと述べている。また，傷害事件の被疑者の精神鑑定を行った辻（2008）も，脳波検査の結果，この被疑者の脳波に全体的な機能低下が慢性的に生じていたことを認めている。一方，越智（2007）は，「このような生物学的障害があるにも拘わらず犯罪と無縁の人も多いので，それを犯罪原因として断定することは避けるべきである」と警告している。

【文献】
福島章（2000）『子どもの脳があぶない』PHP新書
越智啓太（2007）『犯罪心理学』朝倉書店
大渕憲一（2006）『犯罪心理学』培風館
小田晋（2002）『少年と犯罪』青土社
辻恵介（2008）『犯罪心理学を学ぶための精神鑑定事例集』青山社

2節　末梢神経系

　中枢神経系が頭蓋腔と脊柱管内に存在する神経細胞の集まりであるのに対して，**末梢神経系**は頭蓋骨と脊柱の外に分布する神経線維の束である。この神経線維の束は身体の末端のすみずみに至るまで分布しており，司令塔である中枢神経系に各部の情報を入出力させることによって，身体の恒常性維持や的確な運動を可能とさせている。

2-1　末梢神経系の各部名称

　前節で述べたように，中枢神経系は脳と脊髄のことを指す。一方，末梢神経は脳と脊髄から伸びて身体全体に広がるすべての神経系のことをいう。末梢神経系は**脳神経**と**脊髄神経**から構成されており，これらは中枢神経である脳と脊髄のどちらから神経線維が伸びているかによって大別されるものである（前節の図2-1参照）。脳神経は脳から出入りする左右12対の神経線維のことであり，頭蓋骨の孔を通って主に頭部や顔面部に分布する。一方，脊髄神経は脊髄から出入りする左右31対の神経のことで，椎骨の椎間孔ごとに左右1本ずつ出て体幹や体肢に分布する。このように，末梢神経系は分布する部位をもとに細分化され，たとえば"顔面神経"や"坐骨神経"のような解剖学的な名称がそれぞれにつけられている。

2-2　末梢神経の機能

　前述のとおり末梢神経はそれぞれの部位で名称がついているが，実際にはその神経束の中に感覚神経（求心性神経）や運動神経（遠心性神経），自律神経や体性神経といった機能的に異なる神経線維が含まれている（図2-6）。

(1) 感覚神経と運動神経
　末梢神経系と中枢神経系の情報伝達には2つの経路が存在する（図2-7）。一方は末梢（受容器）で生じた興奮や情報の入力を中枢神経系に伝える求心性の

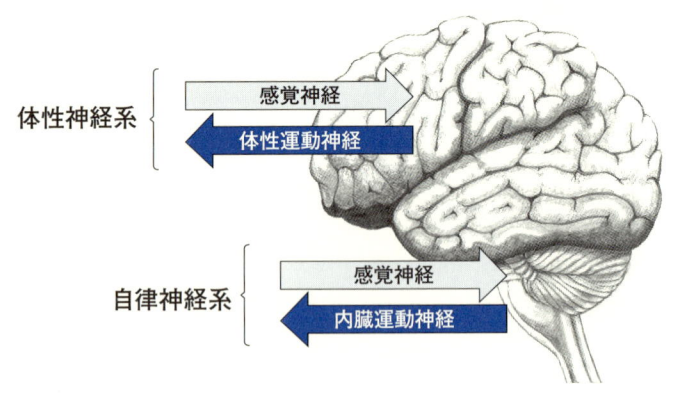

図 2-6　神経系の機能区分

経路で，他方は中枢神経系で処理・統合された情報の出力を末梢（効果器）に伝達する遠心性の経路である。この両経路での情報伝達は目的も違えば，扱う情報や神経を構成する細胞の機能も異なってくる。前者の経路をもつ神経は，主に体肢や内臓の感覚情報を取り入れることから感覚神経と呼ばれる。一方，後者は体肢や内臓に運動の指令を出すことから運動神経と呼ばれる。たとえば，あなたが何かとても熱いものに触れたとき，その"熱い"といった感覚情報を末梢（皮膚）から中枢神経系へ伝えるのが感覚神経の役目である。そして，中枢神経系においてその情報が処理された結果"熱いものから手を離す"といった運動の指令が出る。この指令を中枢から末梢（骨格筋）へ届けるのが運動神経の役目である。

(a) 感覚神経

感覚神経では特殊感覚，体性感覚，内臓感覚の情報が入力される（図 2-7）。特殊感覚とは視覚，聴覚，味覚，嗅覚，平衡感覚のことで，これらの感覚器はすべて頭部に対応している。体性感覚は身体の表面や深部にある受容器の興奮によって生じる感覚のことで，表在感覚（皮膚や粘膜の触覚，圧覚，痛覚，温度覚といった皮膚感覚）と深部感覚（筋，腱，骨膜，関節などの運動感覚）に分けられている。内臓感覚は，内臓に由来する感覚のことで，具体的には空腹感，満腹感，口渇感，尿意，便意，悪心，内臓痛などがある。

(b) 運動神経

たとえば，交通事故や脳障害などで，寝たきりになった人のことを"植物人

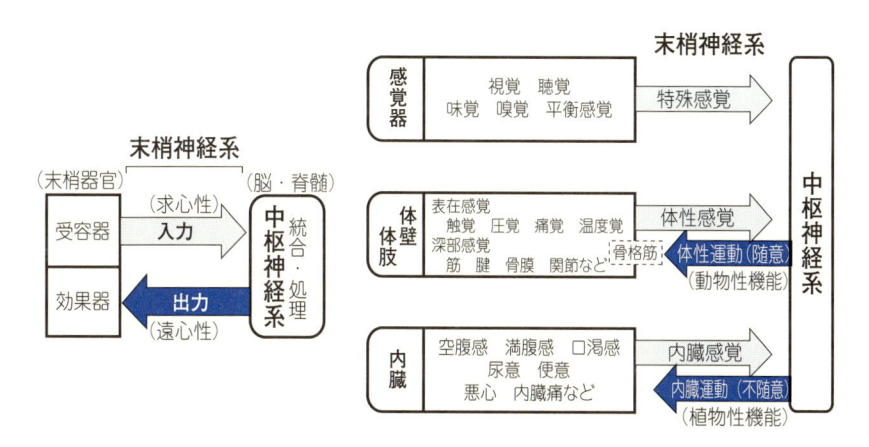

図 2-7　神経系の伝達経路（河田・稲瀬, 2004 より改変）

間"と呼ぶことがある。これは前節で取り上げられる"脳死"状態とは異なり，一部の脳の機能は停止しているものの，脳幹の活動は続いている状態（最低限の生体調整のみがなされている状態）を指している。つまり，この場合の"植物"という表現は，"植物のように動かない"ということではなく，"動物性機能が停止"し，植物性機能のみが働いている状態を表すものである。このように，われわれの運動機能には植物性機能と動物性機能というものがある（図 2-7）。

　植物性機能とは，血液循環，呼吸，消化，内分泌，生殖など，動物界だけではなく植物界にも存在する機能のことである。これは生命維持に最低限必要な生体調節であり，主に自己の意思に基づかない不随意運動を促す。これは脳幹や脊髄といった意識を伴わない下位中枢から内蔵諸器官へ働きかけられるものである。一方，手足を動かしたり声を出したりという日常われわれが自己の意思に基づき行う随意運動は，動物性機能にあたる。このような随意運動は身体随所にある骨格筋への働きかけによって行われる。なお，動物性機能とは発育と成長などに関わる動物界だけに存在する機能のことであり，随意運動のみならず，前述の感覚やこれら神経系の活動も含まれる。

(2) 体性神経と自律神経

　動物性機能を有した感覚神経と運動神経の総称を**体性神経**という。これは体肢と中枢を連絡し，骨格筋を支配して主に随意運動を行うものである。一方，植物性機能を有した感覚神経と運動神経の総称を**自律神経**という。これは内臓と中枢を連絡し，内臓や血管の平滑筋，腺，心筋などを支配して主に不随意運

動を行うものである。

(a) 体性神経

　骨格筋を支配した体性神経系の運動のほとんどは随意的，意図的に生じる。しかし，すべての行動が必ずしもこれにあたるわけではないようである。たとえば，前述の例のように"熱いものに触れ，とっさに手を遠ざける"といった場合には，情報が意識に上ることなく（大脳皮質など上位中枢を介することなく），入力から出力までが遂行されていると思われる。つまり，不随意な骨格筋の運動である。なお，これは脳幹や脊髄などの下位中枢に存在する神経回路が用いられる運動であり，このような運動は**反射**と呼ばれる。ちなみに，学習心理学におけるパブロフがイヌを用いた実験で有名な**条件反射**は，先述の場合とは異なり，条件刺激の情報は大脳に送られている。条件反射とは，複数回の経験によって，そこに新たな神経回路が形成されるために不随意な行動が学習されることである。

(b) 自律神経

　自律神経系は**交感神経**と**副交感神経**の2系統からなり，各臓器はこれら2つの神経系の2重支配を受けている（図2-8）。なお，これらは外部環境に対する反応としての広範な身体部位の反応を招くことから，「共に感ずる」という「交感」が冠される。一般に交感神経系は興奮，副交感神経系は抑制の働きをもっている。各臓器に対する交感神経と副交感神経の作用はお互いに拮抗することが特徴で，これにより生体内の均衡を保つ作用（ホメオスタシス）が担われている。なお，いずれの神経系も視床下部（間脳の一部）へと連絡しており，ここで両者の統合が行われる。

　交感神経系の基本的な役割は緊急時に身体機能を総動員することであり，これを異化作用（生体物質を分解してエネルギーを消費すること）という。たとえば，恐怖を感じたときに生じる身体的変化は，瞳孔拡大，精神性発汗（手のひら・脇・おでこ），心拍数の増加，血圧の上昇，呼吸の促進などが挙げられ，これらは交感神経系の作用として生じる。このような身体環境の変化は緊急状況に対する適応としてとらえられている。これについてキャノンは「闘争または逃走」と表現しており，これらの反応に備えて身体資源が供給されるのである。

　対して，副交感神経系の基本的な役割は，身体資源を蓄え維持する同化作用（生体物質を合成してエネルギーを蓄積すること）である。副交感神経系は休息時や睡眠時といった精神的あるいは肉体的安静時に優位となる。これにより瞳孔

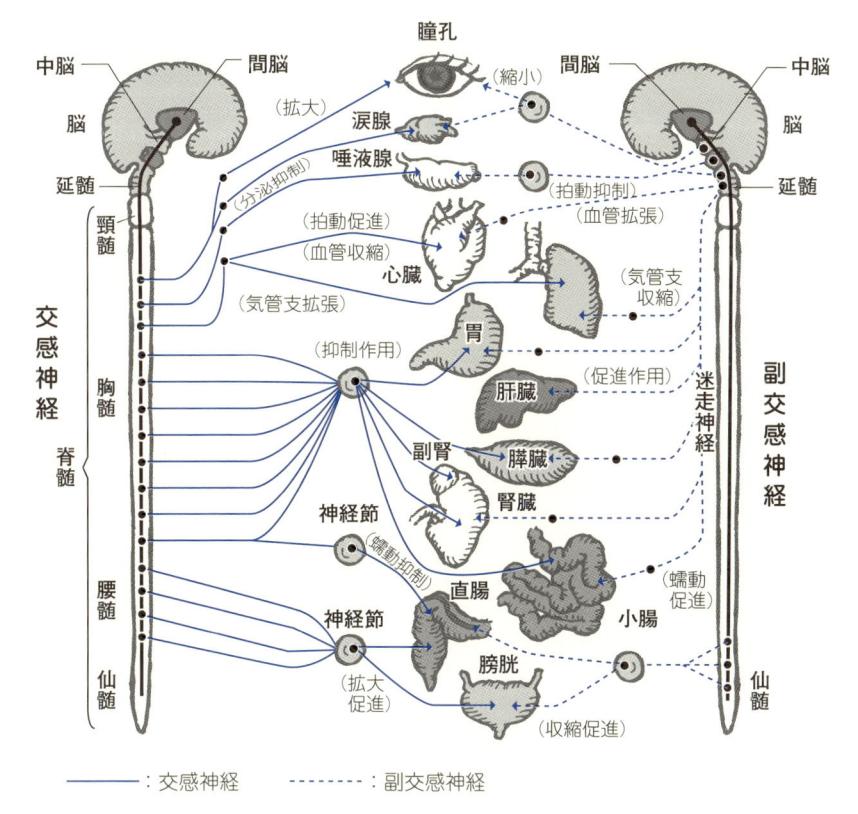

図2-8 自律神経系のしくみ (青木, 1985より改変)

収縮，心拍数の減少，血圧の低下，呼吸の抑制など，交感神経とは反対の身体変化が生じるのである．

2-3 心理学における自律神経系活動の測定

(1) 自律神経系反応と心の理解

ヒトの精神機能を実現しているのは**中枢神経系**の活動によるものであり，さらに，その活動には末梢器官との情報伝達をする**末梢神経系**の働きが不可欠である．そのため，心理学ではヒトの心を推測する方法として，中枢活動の出力結果である末梢器官の変化（行動）の測定がされてきた．なかでも自律神経系に支配された末梢の生理的反応は，本人のコントロールが比較的困難な反応である．たとえば，ヒトが意識的にウソをついた場合，ばれるのではないかと

「心臓がはやがねのようにうつ」のを意識したり，うまくだませたのかと「手に汗を覚える」といったものである。このように，ウソをつく行動には何らかの生理的変化が伴い，これらの変化を容易に隠すことができないのは確かなようである。

この自律神経系活動の測定が社会的に使用される一例として，日本の犯罪捜査場面には記憶の再認（以前見たことがあるか否か）を応用した虚偽検出検査がある。これは精神性発汗に基づいた皮膚電気反応，心拍・脈拍・血圧といった心臓血管運動，呼吸，筋の緊張など，複数の生理的測定を活用することから**ポリグラフ検査**とも呼ばれている（図2-9）。

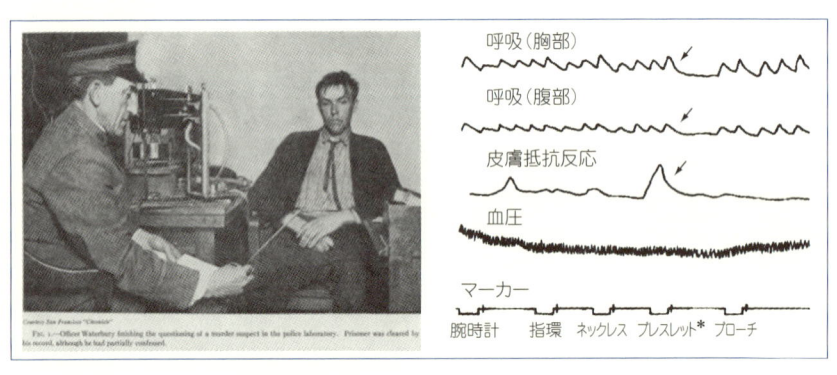

図2-9 ポリグラフ検査の様子（左；Larson, 1932，右；Kleiner, 2002 より改変）

(2) 自律神経失調症

近年，何となく体調が悪い（「頭が重い」「イライラする」「よく眠れない」など）という自覚症状があるにもかかわらず，検査をしてもその症状を説明するに足る器質的疾患の裏付けがないといった，不定愁訴の件数が増加している。これらの症状には，呼吸器，循環器，消化器といった自律神経のコントロール下にある器官の不全が見られるのが主で，自律神経失調症と診断されることも多い。

自律神経系は交感神経と副交感神経という相反した作用の神経から成り立つが，この両神経のどちらか一方のみに偏って長期間活動させられると，失調を起こしてしまう。これは，生活リズムの乱れ，運動不足，過労や心理的ストレスを過度に受け続けることによって自律神経が偏って活動させられ，交感神経と副交感神経のバランスを保つ機能が乱れるためとされている。具体的な自覚症状には，頭痛，頭重，めまい，肩こり，動悸，息切れ，四肢のしびれ感，手

足の冷え，ほてり，震え，口渇，悪心，嘔吐，下痢，倦怠感，腹部膨満感，頻尿などが挙げられる。

　これらの治療は内科などの薬物療法が主体となるが，日常生活におけるケアでも十分に改善が見込まれる。たとえば，レクリエーション的な身体運動の効果が指摘される。適度な運動には，食欲の改善や，快い疲労が促され不眠から解放させる効果がある。さらに，十分な睡眠が得られることで，翌日も行動が活発なものとなる。このように，適度な運動には生活リズムを回復させ，生体バランス上好ましい状態へと導いてくれる作用（ノーマリゼーション）がある。また，運動は心の状態にも影響を与える。たとえば，心理的問題のある患者に治療的な意味で散歩や運動ゲーム，ダンスなどを行わせる試みが多くなされており，その十分な効果が報告されている。このため，自律神経失調症の治療として医師が軽度の運動を指導に加えることも少なくない。

【参考書】
- 福永篤志（2006）『図解雑学オールカラー　よくわかる脳のしくみ』ナツメ社
  神経系のみならず幅広い話題がわかりやすく解説されている。
- ニュートンムック（2006）『ここまで解明された脳と心のしくみ』newton press
  もう少し詳しく知りたい人にお勧めである。

【文献】
青木健（1985）『標準生理学Ⅱ』金原出版
藤林真美・梅田陽子・松本珠希・森谷敏夫　（2011）「運動トレーニングが心身の健康へ及ぼす影響」『心身医学』51, 336-344.
福永篤志（2006）『図解雑学　よくわかる脳のしくみ』ナツメ社
岩原信九郎（1981）『生理心理学』星和書店
河田光博・稲瀬正彦（2004）「神経系の概観」坂井建雄・河原克雅（編）『カラー図解人体の正常構造と機能Ⅷ　神経系（1）』日本医事新報社, pp.2-5.
喜多敏明・伊藤隆・嶋田豊・新谷卓弘・寺澤捷年　（1997）「不定愁訴に対する加味逍遙散の作用」『日本東洋醫學雑誌』48, 217-224.
Kleiner, M.（2002）*Handbook of polygraph testing*. London: Academic Press.
草野勝彦（1984）「運動とその障害」野西恵三（編）『心理学 ── 人間理解と援助的接近』北大路書房, pp.69-78.
Larson, J. A.（1932）*Lying and its detection*. New Jersey: Patterson Smith.
山田富美雄（1998）「生体反応の見取り図」宮田洋（監修）『新生理心理学1巻　生理心理学の基礎』北大路書房, pp.24-35.
山村武彦（2006）『ポリグラフ鑑定 ── 虚偽の精神生理学』誠信書房

3章 情動・動機づけ

　この章で扱われる「情動」と「動機づけ」という用語には，どちらも「動」という文字が含まれている。英語ではそれぞれ「emotion（情動）」，「motivation（動機づけ）」というが，これらにも「motion」や「motive」という「動き」に関わる言葉が含まれている。これらの用語が西欧で広く用いられるようになったのは，比較的新しく，19世紀くらいからである。これは中世のキリスト教的な世界観，つまり神中心の世界観から，ルネサンスによる人間中心の世界観へと移行したことと関わっている。人間中心の世界観では人間を動かす動因が人間の内部にあることとなり，その自分の内側にある行動の原因に関心がもたれるようになったのである。

　また情動は，古くは passion（パッション）あるいは pathos（パトス）と呼ばれたが，これらの用語は，情念という意味以外に，受動という意味をもっている。実際，感情が "I'm interested", "I'm surprised", 動機づけも "I'm motivated" などと英語では受動態的に表現される。これらは情動や動機づけが心理的には，受動的に体験されることと一致している。日本語でも「好きになってしまった」あるいは「やる気が出ない」というように，「私」による意志の働きでは制御できていないことを表す表現が用いられることが多い。情動や動機づけは自らの意志ではコントロールしづらいものであるということは，日常的な言語表現の中にも見て取ることができる。

1節　情動の諸理論

　生死に関わるような危機的場面に遭遇したとき，われわれは恐怖におののき，体の震えや激しい拍動を体験して，その場から逃れようとするだろう。ところが，遊園地でジェットコースターに乗ると恐怖で身がすくむ人がいる一方で，ドキドキしつつも恐怖よりむしろスリルを感じて楽しんでいる人もいる。では，状況に応じて体験される種々の情動はどのように生じるのだろうか。また，同じ状況でも異なる情動が生じるのはなぜだろうか。
　本節では，情動生起メカニズムについての代表的な理論を紹介し，上記の問題について説明する。

1-1　情動の種類

　われわれは，日々の生活の中で喜びや怒り，哀しみ，楽しみなどの**情動**を体験している。喜怒哀楽だけでなく，嫌悪や不安，驚きなど，情動は複数あり，研究者によってその数は一致していない。少ないものでは快‐不快の2種類，多いものでは，ダーウィンが37種類の情動を挙げている。快や不快は，生きる上で必要な基本的な欲求であり，ヒトに限らず，多くの動物においても認められるものである。一方，人前で失敗したときに感じる恥ずかしい気持ちなど，ヒトに固有の情動も存在する。

1-2　情動を喚起する刺激の知覚と情動の表出

　情動を喚起する対象（たとえばヘビ）には，注意が惹きつけられ，ついついその対象に目を移してしまうものである。情動を喚起する対象への注意は自動的に向けられているため，見ないようにしても意思とは無関係に対象を見てしまう。サルの天敵はヘビであり，咬まれれば生死の危険がある。われわれの注意が不快な刺激にとらわれてしまうのは，生きるために必要な機能を進化の過程で獲得してきた結果なのかもしれない。
　また，情動を体験したときには，それに対応した表情が表出される（図3-1）。

| 怒り | 恐怖 | 嫌悪 |
| 驚き | 喜び | 悲哀 |

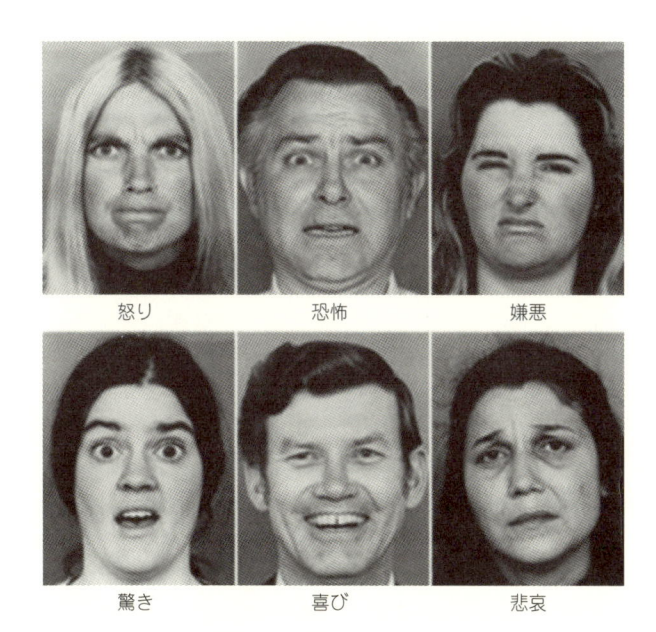

図3-1 エクマンらによる表情の分類 (エクマンとフリーセン／工藤力（訳），1987)

　生後間もなくは快や不快などを示す表情が表出されるが，その後の成長に伴って多種多様な表情が表出されるようになる。一方，心の状態を他者へ伝える表情は，同時に他者の心を推し量る手がかりでもある。生後6か月の乳児においても喜びと怒りの表情を見た際の脳活動に違いがあることがわかっており，情動を区別する機能はかなり早い段階から備わっているようである。

1-3　心（情動）とからだの関係

　情動を喚起する刺激を知覚すると情動を感じるだけでなく，頭に血が上る，顔面蒼白になるなどの身体的な変化を伴うことが多い。たとえば，突然クマが飛び出してきたら，恐怖を感じて心臓がバクバクし，その場から逃げだそうとするだろう。情動体験と身体的反応の関係についての一般認識は，外界で起きているさまざまな状況を知覚すると，悲しみや恐怖という心的反応が生じるというものである。そして，涙を流したり震えたりといった身体的な反応はこの心的反応の後に表出されると信じられている。すなわち，われわれは「悲しいから泣き」「恐ろしいから震える」と考えているのである（図3-2）。

クマに出会うと（情動刺激の知覚），恐怖を感じ（情動の体験），その結果，心臓がドキドキする（身体的反応の表出）

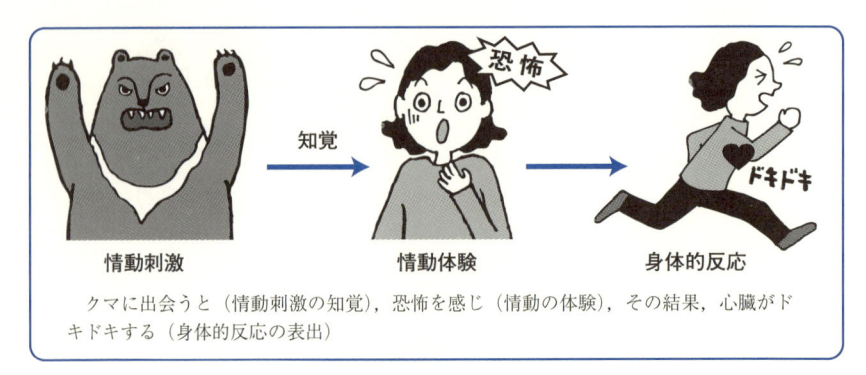

図 3-2　情動体験の一般的認識

(1) ジェームズ・ランゲ説

　ウィリアム・ジェームズ（1884）は，情動と身体的反応に関する一般的認識を覆す理論を発表した。ジェームズは，当時著しい発展を遂げていた生理学の知見をもとに，顕著な身体的反応が伴う強い情動がどのように生起するのかを内臓感覚の変化からとらえた。たとえば，山道でクマに遭遇した際には，体が震えるなどの身体的反応が情動に先行して生じ，その身体的反応を感知することによって恐怖の情動が後発的に生じるとジェームズは考えた。すなわち，情動を生じさせる原因は身体的反応であり，身体的反応なしに情動を体験することはないと主張したのである（図3-3）。この説から情動をとらえると，「恐ろしいからドキドキし」「悲しいから泣く」のではなく，「ドキドキするから恐ろしく」「泣くから悲しい」ということになる。この考えは，同様の発表を行ったカール・ランゲの名と合わせて，**ジェームズ・ランゲ説**と呼ばれている。

　ジェームズ・ランゲ説は，情動の一般的認識に対し，逆説的な理論を展開したことで注目を集め，その後の研究を大いに刺激した。

(2) ジェームズ・ランゲ説への反論

　涙を流して泣くから人は悲しい気持ちを抱く，というのがジェームズらの主張である。涙には，ごみが目に入ることによって出る反射性のものや，悲しい情動などを体験しているときに出る情動性のものがある。そのうち，情動性の涙は悲しいときだけでなく，感動や大笑いの際にも流れる。つまり，涙を流していても，時に嬉しさや楽しさを感じている場合があるのである。

　この点に着目したウォルター・キャノンは，ある身体的変化が特定の情動を惹起させるとは限らないと主張し，ジェームズ・ランゲ説への反論を展開した。

クマに出会うと（情動刺激の知覚），① 大脳皮質から内臓へ信号が送られ心臓がドキドキする（身体的反応の表出）。② 身体的反応が再び大脳皮質へフィードバックされ，恐怖を感じる（情動の体験）。

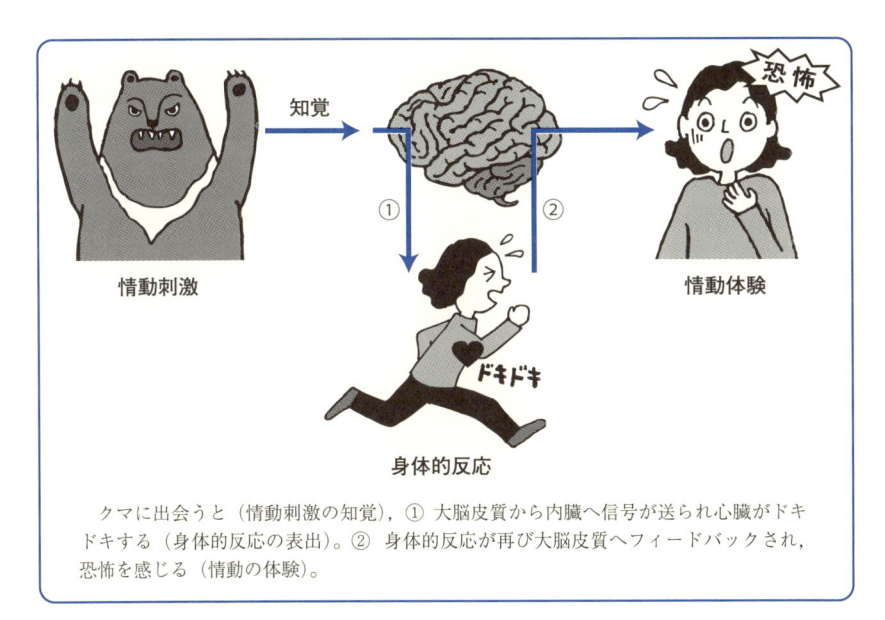

図 3-3　情動体験のメカニズム（ジェームズ・ランゲ説）

(3) キャノン・バード説

　また，キャノンは1928年にフィリップ・バードとともに，ネコの視床下部を切除すると情動反応が生起しないことを明らかにした。その知見から視床下部が情動の中枢であると考え，視床下部が情動体験と身体的反応を引き起こすという**キャノン・バード説**を発表した。この説によれば，恐れや怒りなどの情動を喚起する刺激が感覚器を通じて視床下部に送られると視床下部が賦活され，内臓と骨格筋に信号が送られる。それにより心拍数の増加や筋緊張など身体的反応が生じる。また，視床下部が送る信号は内臓や骨格筋と同時に大脳皮質へも送られ，恐れや怒りなどの情動が体験されるという，視床下部を介する2経路を仮定した理論であった（図3-4）。

(4) 顔面フィードバック仮説

　キャノンらがジェームズ・ランゲ説の問題点を指摘し，それに代わる新学説を発表したことにより，身体的反応と情動体験の関係については長らく顧みられなかった。ところが，トムキンス（1962）が表情筋の変化によって情動が体験されるという**顔面フィードバック仮説**を主張し，それを支持する報告がなされるようになると，ジェームズらの考えは見直されるようになった。

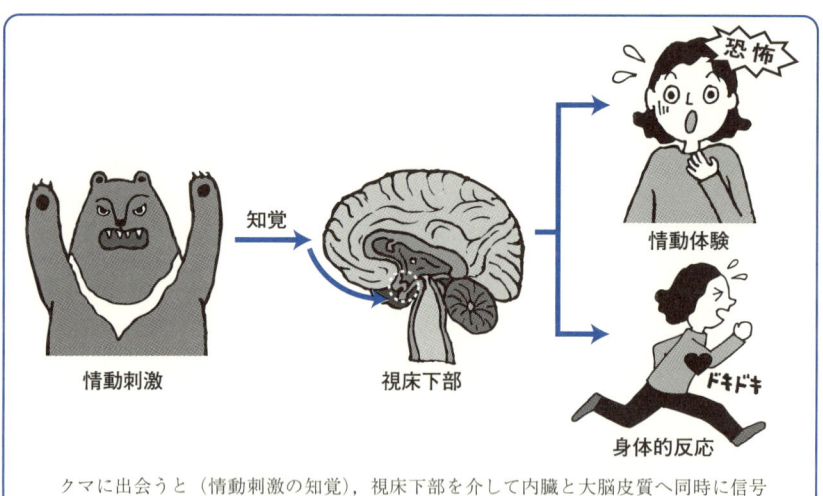

クマに出会うと（情動刺激の知覚），視床下部を介して内臓と大脳皮質へ同時に信号が送られ，心臓がドキドキする（身体的反応の表出）とともに，恐怖を感じる（情動の体験）。

図 3-4　情動体験のメカニズム（キャノン・バード説）

　たとえば，ストラックとマーチンとステッペル（1988）は，実験参加者にペンをくわえさせた状態で1コマの漫画を見せ，その漫画の滑稽さを評価させた。図 3-5 は実際のペンの保持方法を示したものであるが，唇でくわえた顔（左図）よりも歯でくわえた顔（右図）の方が笑顔の表情に見えないだろうか。ストラックらは，教示によって表情を変化させるのではなく，ペンの保持によって無意識的に表情を変化させるテクニックを用い，漫画に対しての滑稽さの評価が表情筋の違いによって異なるかを検討した。その結果，唇でくわえた参加者よりもペンを歯でくわえた参加者が漫画をより滑稽であると評価したのである。情動を強く喚起する場面でなくとも，表情筋の変化という身体的反応が中枢へフィードバックされ，その結果，情動がよりポジティブになることから，身体

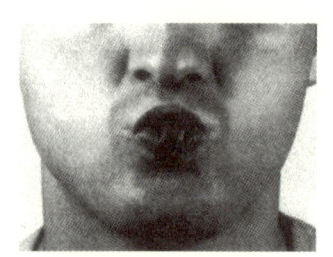

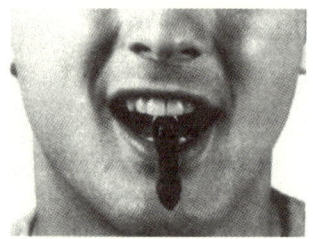

図 3-5　ペン・テクニック（Strack, Martin, & Stepper, 1988, Figure 1）

的反応は少なからず情動体験に影響をおよぼしていると考えられる。

(5) シャクターとシンガーの情動の2要因理論

シャクターとシンガー (1962) は，身体的反応が同じように生じていても異なる情動を体験するのは，身体的反応が生じた環境に対する認知が異なるからであるという**情動の2要因理論**を発表した。

シャクターらは，アドレナリン投与によって身体的反応を生じさせたのち，情動喚起場面を体験させる実験を行った。まず，実験参加者を投与される薬剤の薬効に関して「正しい教示を受ける」群と「偽りの教示を受ける」群，「教示なし」群に分けたのち，アドレナリンを投与した。なお，アドレナリンは，心拍の増加や血圧の上昇などの身体的変化を生じさせる物質である。その後，実験参加者の喜びを喚起する実験協力者と同室させ，退出後に情動の状態を実験参加者に評価させた。実験の結果，薬効についての説明が行われなかった群や誤った薬効を説明された群は，薬効についての正しい教示を受けた群よりも実験協力者が促した喜びの情動を体験していた（図3-6）。このことは，身体的反応を投薬の結果と考えるか，協力者による情動喚起の結果と考えるかといった認知の違いによって，情動の感じ方が異なることを示している。

また，ルドゥ (1998) は，環境の認知のみならず，身体的反応を喚起する刺激の強さが情動体験の様相に影響を及ぼすことを指摘している。それによれば，情動刺激を知覚すると認知的な評価が行われ，それにより情動が体験される。一方，緊急を要するような強い情動刺激を知覚した場合には，認知的評価が行われず，反射的に情動体験が生じるとされる。

これらの理論は，身体的な反応のみならず，環境に対する認知的評価が情動

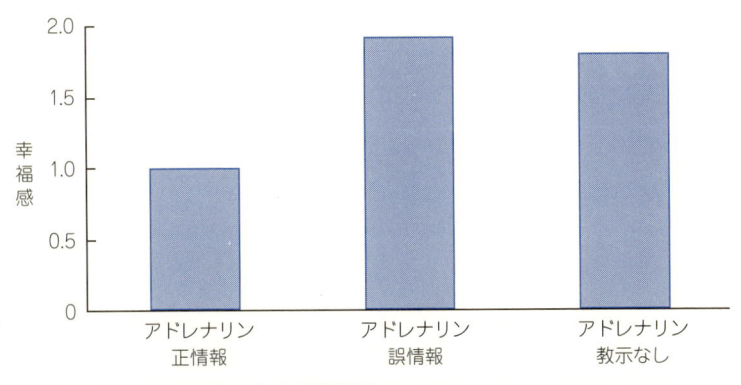

図3-6 シャクターらの実験結果 (Schachter & Singer, 1962, Table 2)

体験に関わる重要な要因であることを示している。

【参考書】

- 濱保久・鈴木直人・濱治世（2001）『感情心理学への招待 —— 感情・情緒へのアプローチ』サイエンス社
  本節で紹介したもの以外の情動理論についても紹介されている。
- 安田一郎（1993）『感情の心理学 —— 脳と情動』青土社
  ジェームズ・ランゲ説とキャノン・バート説については，こちらに詳しく説明されている。

【文献】

Cannon, W. B.（1927）The James-Lange theory of emotion: A critical examination and an alternative theory. *American Journal of Psychology, 39*, 106-124.

エクマン, P, フリーセン, W. V.（1975）／工藤　力（訳）（1987）『表情分析入門 —— 表情に隠された意味をさぐる』誠信書房

ジェームズ, W.（1884）／福田正治（訳）（2005）「情動とは何か」『研究紀要（富山医科薬科大学一般教育）』*33*, 27-41.

ルドゥ, J.（1998）／松本元・小幡邦彦・湯浅茂樹・川村光毅・石塚典生（訳）（2003）『エモーショナル・ブレイン —— 情動の脳科学』東京大学出版会

Schachter, S., & Singer, J. E.（1962）Cognitive, social, and physiological determinants of emotional state. *Psychological Review, 69*, 379-399.

Strack, F., Martin, L., & Stepper, S.（1988）Inhibiting and facilitating conditions of the human smile: A non-obtrusive test of the facial feedback hypothesis. *Journal of Personality and Social Psychology, 54*, 768-777.

Tomkins, S.（1962-63）*Affect, Imagery, and Consciousness: The positive affects.* Vol.1, & Vol. 2. New York: Springer.

2節　動機づけ

　動機づけ (motivation) という用語は心理学の専門用語である。「動機」(motive) という用語は一般にもよく用いられるが，その動詞「motivate (動機づける)」の名詞が「動機づけ」である。そして動機づけという概念は，行動を一定の方向に向けて生起させ，持続させる過程や機能の全般を指す。その際，人の内部にあって，人の行動を引き起こすものを**欲求**または**動因**という。一般的には行動は，内部の欲求があり，外部からその人の行動を誘発する要因，つまり**誘因**があるときに生じる。たとえば，「お腹が減っている」（欲求）時に，「おいしそうなラーメンの写真」（誘因）を掲げているお店を見て，実際にその店で「ラーメンを食べる」という行動が現れる。

2-1　欲　　求

(1) 一次的欲求と二次的欲求
　人の生存にとって，不可欠な生理的欲求を**一次的欲求**といい，これには摂食，飲水，睡眠，排泄，性的欲求などが含まれる。これとは別に，社会的欲求とも呼ばれる**二次的欲求**がある。これには，困難なことをやり遂げようとする達成欲求，他者との親密な関係を築こうとする親和欲求，安全を求める安全欲求，他者からの承認を求める承認欲求が含まれる。

(2) 欲求階層説
　マズロー (1954) は，人間の可能性や創造性，成長などに焦点を当てた人間性心理学の立場から，さまざまな欲求を体系化し，5 段階から成る**欲求階層説**を提唱した（図 3-7）。生理的欲求から承認の欲求までは欠乏動機であり，その欠乏が外部から充足されるのに対して，自己実現の欲求は自己の可能性を発揮しようとする成長動機である。彼の階層説では，低次の欲求が満足させられるとそれより高次の欲求が現れることになる。しかし，それぞれの欲求が 100 % 満たされることは難しく，一番下の生理的欲求から一番上の自己実現に向かって 85 %，75 %，50 %，40 %，10 % などとなるのが普通の人間である。現在

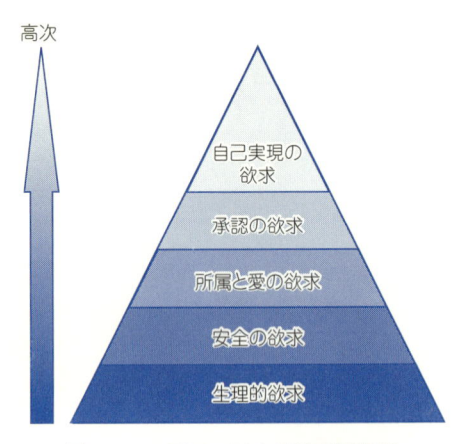

図3-7 マズローによる欲求階層説

まで，マズローの自己実現の概念は，カウンセリング，会社経営，教育の分野で取り上げられてきている。

2-2 フラストレーション

(1) フラストレーションとは
欲求が発生していながら，何らかの妨害要因によって阻止されたときの不快な状態を**フラストレーション**状態という。その原因としては以下の3つが挙げられる。

① **欠乏**：欲求を満足させる対象が存在しない状況。食料の欠乏した状態や知的・身体的ハンディキャップによって行動できない場合など。
② **喪失**：それまで存在していた欲求を満足させる対象を急に喪失した状況。親や友人との別れや病気・怪我で旅行に行けなくなった場合など。
③ **葛藤**あるいは**コンフリクト**：2つ以上の欲求が存在し，それらが相互に対立し両立しない状況。葛藤には (a) 接近－接近葛藤，(b) 回避－回避葛藤，(c) 接近－回避葛藤の3つのタイプがある（図3-8）。

(2) フラストレーション状況での反応
フラストレーション状況におかれた場合にはさまざまな反応が見られるが，よく知られているものとしては以下のものが挙げられる（篠田, 1976）。

A. 接近 ― 接近の葛藤
　2つの同じように魅力的な目標のうち，ひとつを選ばねばならない。

プラスの誘発性	← 人 →	プラスの誘発性
例：教員になりたい		例：弁護士になりたい

B. 回避 ― 回避の葛藤
　どちらも同じように回避したい目標のうち，いずれかを選ばねばならない。

マイナスの誘発性	→ 人 ←	マイナスの誘発性
例：勉強したくない		例：落第したくない

C. 接近 ― 回避の葛藤
　ひとつの目標が，魅力的であると同時に，回避したいものでもある。

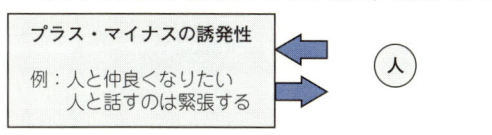

プラス・マイナスの誘発性	⇄ 人
例：人と仲良くなりたい　　人と話すのは緊張する	

図3-8　レヴィンによる葛藤の3類型

① フラストレーションの直接的原因あるいは無関係な対象に対する攻撃。
② 問題の解決には役立たない無意味な特定の行動が執拗に繰り返される異常固着。
③ 発達のより低い幼稚な行動様式が現れる退行。
④ 無関心・不活発・消極性などの無感動。
⑤ 現実の世界から空想の世界への逃避。

　このほか，強いフラストレーションあるいは持続的なフラストレーションにさらされた場合，メンタルヘルス上の問題や身体の健康を害するというようなことが起こりうる。
　フラストレーション状況での**攻撃性**を測定する心理テストとしては，ローゼンツァイク（1978）による **PF スタディ**があり（図3-9），空欄へ記された言語反応が「攻撃の方向」と「攻撃の型」の組み合わせからなる9つの反応に分類される（表3-1）。なお，ここでいう攻撃性とは，「主張性」のことであり，一般にいう「攻撃性」よりも幅広い意味を含んでいる。生存のために必要な生理的水準のものから，敵意や暴力までが含まれている。

図3-9 PFスタディ（参考図）

表3-1 PFスタディの反応分類とその例

		アグレッションの型		
		障害優位型	自我防衛型	要求固執型
アグレッションの方向	他責的	他責逡巡反応 欲求不満を起こさせた障害の指摘の強調にとどめる反応。	他罰反応 とがめや敵意が他者や物に直接向けられる反応。または、自分には責任がないとする反応。	他責固執反応 欲求不満の解決をはかるために他の人が何らかの行動をしてくれることを強く期待する反応。
		例：「残念。これじゃ、もう食べられないね」	例：「バカだなー！よそ見してるからこんなことになるんだよ」	例：「せっかくの僕の誕生日なんだから、もう一回買ってきてよ」
	自責的	自責逡巡反応 欲求不満を起こさせた障害の指摘は内にとどめる反応。失望や不満を抑え、表明しない。	自罰反応 自責・自己非難の形をとる反応。または、自分の非を認めても言い訳の形をとった反応。	自責固執反応 欲求不満の解決をはかるために自分自身の努力をしたり、罪滅ぼしを申し出たりする反応。
		例：「ダイエット中だから、かえってよかったよ」	例：「急かして買いに行かせちゃった僕が悪かったんだよ」	例：「お母さんのために僕がもう一回買いに行ってくるよ」
	無責的	無責逡巡反応 欲求不満を起こさせた障害の指摘は最小限にとどめられ、障害の存在を否定するような反応。	無罰反応 欲求不満を引き起こしたことに対する非難を全く回避し、欲求不満を起こさせた人物を許す反応。	無責固執反応 時の経過や普通に予期される事態が欲求不満の解決をもたらすという期待が表現される反応。
		例：「食べられるから大丈夫だよ」	例：「仕方ないよ。誰にだってこういうことはあるよ」	例：「またそのうち買ってこようよ」

(3) 防衛機制

フロイトが創始した精神分析では，フラストレーションや葛藤から自らを守る心の働きを**防衛機制**と呼んでおり，数多くの防衛機制をわれわれは働かせている（表3-2）。たとえば，不快な体験をしたとき，あるいは叶う望みのないことを心に抱いたときに，それをずっと心に思い浮かべているのは適応的とはいえない。通常はそのことをいつの間にか忘れてしまったり，気づいたときには他の活動に没頭していたりする。防衛機制の働かせ方によっては，心身の不調をきたすことがあり，より適応的な防衛機制を働かせることができるようにすることが，治療としての精神分析の目的のひとつである。しかしわれわれは「無意識的に」防衛機制を働かせているために，それは容易な作業ではない。

表 3-2　主な防衛機制（前田, 1985, 表7を改変）

種類	内容
抑圧	苦痛な感情や欲動、記憶を意識から閉め出す
退行	現在の状態より以前のより未熟な発達段階へ逆戻りする
反動形成	受け入れがたい衝動がある場合、それと正反対の態度を強調する
打ち消し	過去の思考や行為をそれに伴う罪悪感などのために打ち消す
取り込み	他者の特徴・属性を心の中で自分のものとする
同一視（同一化）	他者と同じように考え、感じ、振る舞う
投影（投射）	自分の中にある感情や願望を、他者が抱いているものと思う
否認	受け入れがたい現実を否定し、認めない
知性化	欲求や感情を直接表現するのを避け、知的な認識や考えでコントロールする
隔離	思考と感情との関係や思考と行動との関係を切り離す
合理化	自分のとった行動や態度に、論理的に一貫性のある動機をあてはめる
昇華	社会的に受け入れられない欲求や感情を、受け入れられるものへ変える
置き換え	欲求や感情を別の対象へと移し換える

(4) フラストレーション耐性

フラストレーションに耐えて適応的な行動を維持する能力を**フラストレーション耐性**といい，その規定因としては，知的能力の高さ，柔軟な態度，不安の高さなどが挙げられる。フラストレーション耐性を養っていくことも必要だが，そのためには以下の点が重要である（星野, 1975）。

① フラストレーションを適度に経験させる。
② しつけや訓練に一貫性をもたせる。
③ 基本的な欲求はなるべく阻害しない。
④ 発達段階に合わせて、徐々に大きなフラストレーションを経験させる。
⑤ フラストレーションを解決する技術や知識を習得させる。

2-3 欲求のコントロール

(1) 古今東西に見る欲求のコントロール

俗に人間には108つの煩悩があるといわれるが、仏教ではわれわれの心身を乱し悩ませる一切の妄念を断つことで悟りの境地に至ろうとする。ブッダの述べた言葉とされるものにも次のようなものがある ── 「御者が馬をよく馴らしたように、おのが感官を静め、高ぶりをすて、汚れのなくなった人 ── このような境地にある人を神々でさえも羨む」。古代ギリシアにおいてもストア学派の哲学者たちは、苦悩、恐怖、欲望、快楽を情念（パトス）と呼び、これらが根絶された状態をアパテイア（パトスがないことを意味する）と呼んだ。またフロイトは、性的本能をリビドーと呼び、このような欲動エネルギーの貯蔵庫をエス（イド）と呼んだ。このエスもまた馬にたとえられ、それはエネルギー源であると同時に統御しがたい奔馬のようなものとされた。そのため、精神分析療法の目的のひとつは、自我がエスを統御できるようにすることとなる。これらの事実から、古今東西、人間は自らの欲望や欲求に振り回され、その統御が非常に重要な課題であったことがわかる。

(2) 思春期青年期と欲求のコントロール

特に、思春期青年期は、**第二次性徴**以降の身体的変化に伴い欲求が増大するため、欲求のコントロールの難しい時期であるといわれている。食欲など、誰にでもある一次的な欲求にしてもそのコントロールは必ずしも容易ではない。食欲をコントロールできずに、過食に走り、肥満になることもあれば、過剰にコントロールしてしまって拒食症に至る場合もある。また性的欲求とどのようにつき合うかということも思春期青年期の重要な課題であるが、性的逸脱行動が見られたり、逆に性的欲求がないことにしてしまったり、あるいはこの両者の間を揺れ動くというようなことが生じてくる。

一次的欲求以外にも、二次的あるいは社会的欲求にもコントロールの難しさ

がある。たとえば，賞賛されたいという欲求が過剰になれば，現実とのズレからフラストレーションが引き起こされやすいであろうし，さらにフラストレーションに耐えられず対人的なトラブルを引き起こしてしまうこともある。このほか，やらなければならないはずのことに対してやる気が出ない**アパシー**も大学生のメンタルヘルス上の問題としてよく取り上げられる。学業や仕事など本業はできなくても趣味や遊びはできるという状態を呈することがあるのが青年期のアパシーの特徴のひとつである。なお，アパシーもまたパトスがないという意味であるが，こちらは感情がなくなった無感情を意味する点で，ストア派のアパテイアとは意味する内容が異なっている。

【参考書】

- ワイナー，B.／宮本美沙子・林保（監訳）（1989）『ヒューマン・モチベーション ── 動機づけの心理学』金子書房
  動機づけに関する古くからの研究全体を網羅した書籍。
- ゴーブル，F. G.／小口忠彦（訳）（1972）『マズローの心理学』産能大出版部
  マズローの動機づけに関する代表的な書籍。

【文献】

星野命（1975）「欲求とフラストレーション」藤永保・高野清純（編）『パーソナリティの発達』日本文化科学社，pp.68-98.

前田重治（1985）『図説　臨床精神分析学』誠信書房

マズロー, A. H.（1954）／小口忠彦（訳）（1987）『人間性の心理学 ── モチベーションとパーソナリティ』産能大出版部

ローゼンツァイク, S.（1978）／秦一士（訳）（2006）『攻撃行動と P-F スタディ』北大路書房

篠田彰（1976）「人間の欲求の発現形態」吉田正昭・祐宗省三（編）『動機づけ・情緒』有斐閣

コラム4　自律訓練法

　日常生活の中で，われわれはさまざまなストレスにさらされ，不安，恐怖，怒りの感情を抱いたり，それに伴う身体の緊張状態が生じたりする。このような状態が持続すると，心身の不調をきたすことがある。それを未然に防いだり，そこから回復したりするための方法として，さまざまなリラクセーション法が開発されてきた。ここでは，その中のひとつとしてドイツの神経精神医学者シュルツが催眠時の体験をもとに作り上げた自律訓練法を紹介する。

姿勢：(1) 背もたれのない椅子に座った姿勢，(2) 仰向けに横になった姿勢，(3) 安楽椅子に座った姿勢，などがある。
時間：1回につき1分～3分くらい。これを1日に2～3回行う。
手順：深呼吸をして身体の余分な力を抜き，楽な姿勢をつくって目を閉じる。この状態で，以下の言語公式を自己暗示的に自分の心の中で唱える。
言語公式：以下に公式を示すが2つ以上書かれている場合は，自分のフィーリングに合うものを選ぶ。
　　背景公式　「気持ちが落ち着いている」「気持ちがゆったりしている」
　　第一公式　「両腕両脚が重たい」「両腕両脚の力が抜けている」
　　第二公式　「両腕両脚が温かい」「両腕両脚がポカポカしている」
　　第三公式　「心臓が自然に規則正しく打っている」「心臓がゆったり打っている」「心臓が強く打っている」
　　第四公式　「楽に呼吸（いき）をしている」「呼吸がゆったりしている」
　　第五公式　「お腹が温かい」「お腹がポカポカしている」
　　第六公式　「額が心地よく涼しい」
公式の唱え方：まず第一公式から始め，その公式に含まれる内容が自然に生じてくるようになったら，第二公式をそれに付け加える。最終的には第一公式から第六公式まですべての公式を唱えることになる。また，背景公式は適宜間に挟む。たとえば，第二公式まで進んだ場合，「両腕両脚が重たい…両腕両脚が重たい…両腕両脚が重たい…気持ちが落ち着いている…両腕両脚が温かい…両腕両脚が温かい…両腕両脚が温かい…気持ちが落ち着いている…」。
覚醒：肘の曲げ伸ばしなど，身体をよく動かしてから目を開ける。

【参考書】
● 佐々木雄二（1976）『自律訓練法の実際』創元社

4章 行動・学習

　「行動・学習」は「意識」とともに心理学において古くから注目され，研究されてきた分野である。人や動物は，それぞれ属する種の生物学的な特徴を土台として，環境から必要な情報を取り入れ，そして環境に対して適切に行動し働きかけることによって環境に適応しているが，そのプロセスにおいて学習が重要な役割を果たしている。

　このような適応の過程においてみられる行動の様式は一様ではなく，動物に多く見られる比較的単純かつ定型的な行動から人における複雑で高度に組織化された行動に至るまで多種多様なものがある。さらにそれらの行動は，いつも同じ行動が繰り返されるのではなく，時や場所や状況に応じて柔軟に変化する。

　本章では人や動物の学習過程を4節に分けてみていく。1節では学習や行動の基本的知識を理解し，さらに生得的行動と習得的行動，また生体と環境との相互作用について学ぶ。学習過程は大きく2種類に分けられるが，2節では，そのひとつであり，パブロフの条件反射として知られている反射的行動の学習について学ぶ。

　3節ではもうひとつの学習過程である，自発的な行動の学習について取り扱う。この節でオペラント条件づけの原理を中心としたオペラント行動の学習について理解し，さらに4節においてその他のさまざまな学習のかたちについて学ぶ。

1節　学習と行動

1-1　学習とは

　心理学における**学習**とは「経験によって生じる比較的永続的な行動変容」のことをいう。「経験によって生じる」とは，同じ環境あるいは類似した環境に生体が繰り返しさらされることで生じる行動の変容を意味し，声変わりによって低い声で喋るようになるなどの成長や加齢に伴う変化は含まれない。また，「比較的永続的」とは疲労や薬物などによる一時的な行動変容は学習ではないことを意味する。つまり，パソコンの入力作業を繰り返し行うことでブラインドタッチができるようになるといった，練習や経験により生じる行動変容が心理学における学習である。

　われわれの日常行動の多くはこの学習により支えられており，人間理解を深める上で学習の知識は重要である。

1-2　行動の種類

　行動とは生体が環境の中で行うこと，つまり人間を含めた動物が環境との相互作用の中で，環境からの刺激に反応したり，また環境に働きかけることをいう。行動はその起源により，遺伝的に組み込まれている生得的行動と経験により獲得される習得的行動の2つに大別され，さらに反応の仕組みなどにより細かく分類される。

(1) 生得的行動

　生得的行動は走性，反射，本能行動の3つに分類される。**走性**とはある刺激に対して身体全体を単純移動する運動（例：昆虫の光に近づく習性）であり，**反射**とは特定の刺激に対する固定的な反応（例：光の強さに合わせて瞳孔が拡大，縮小する瞳孔反射）のことをいう。また，**本能行動**は走性や反射よりも複雑な運動パターンで，生存や繁殖のために行われる定型的な行動を指す。

この本能行動は，たとえばセグロカモメのヒナの求餌行動が親鳥のくちばしの赤い点によって生じる（図4-1）ように，特定の刺激特徴を備えた解発刺激により生じる。また，図4-1（c）のように解発刺激の特徴を有していれば自然の刺激と異なっていても本能行動は生起する（ティンバーゲン，1953）。人間を含めた動物の養育行動もまた，子どもがもつ丸顔で額が大きいという幼体図式

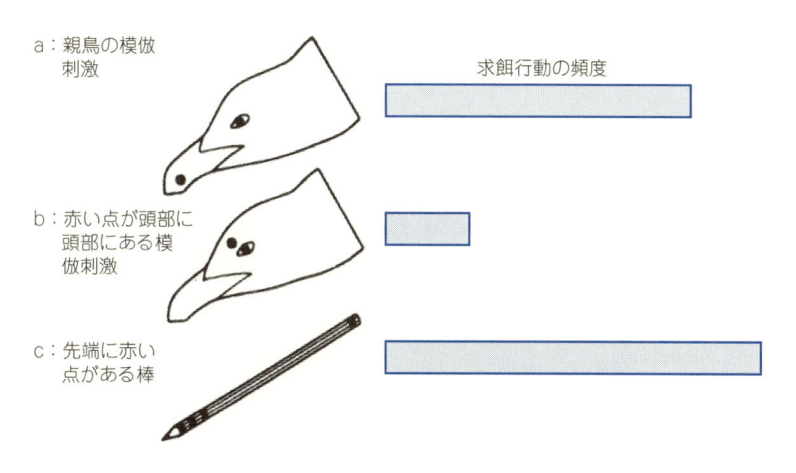

a：親鳥の模倣刺激

b：赤い点が頭部に頭部にある模倣刺激

c：先端に赤い点がある棒

図4-1　セグロカモメのヒナの求餌行動を生起させる解発刺激
（小川, 1989, p. 36　図2-3. 一部改変）

図4-2　養育行動を生起させる幼体図式（Lorenz, 1943）

(図4-2) を解発刺激とする本能行動ではないかと考えられている（ローレンツ，1943）。このように遺伝的に組み込まれている生得的な行動は明確でない場合が多いが，人間にも存在している。

これら生得的行動の中には，カモなど水鳥のヒナが孵化後に初めて見た動く物体に追従する**刷り込み**（図4-3）といった，一定の経験を必要とする特殊なものもある。この刷り込みは，生後のごくわずかな時期（**臨界期**）にしか成立せず，一度学習すると再学習できないという特徴がある。

図4-3　ローレンツの後を追従するガン（キャサリンほか／小須田（訳），2013より）

(2) 習得的行動

経験を通じて獲得される習得的行動はレスポンデント行動とオペラント行動の2つに大きく分類される（表4-1）。

レスポンデント行動は刺激により自動的に生じる反射的行動，つまり刺激により誘発される行動である。このレスポンデント行動には，特定の刺激により生得的に生じる行動と経験を通じて任意の刺激により誘発されるようになった学習性の行動がある。他方の**オペラント行動**は生体により自発され，行動後の環境変化によってその自発頻度が変化する行動である。このオペラント行動は，行動のきっかけとなる弁別刺激，行動，行動後の環境変化という3つの基本要素（三項随伴性）からなる。

日常生活においてはこの2種の行動は，それぞれ独立に生じているわけではなく，多くの場合併行して生じている。たとえば，ハイキングにでかけたとき

表4-1 レスポンデント行動とオペラント行動

	レスポンデント行動		オペラント行動
行動の起源	生得性・学習性		学習性
主たる器官	内臓諸器官		骨格筋
意識によるコントロール	不随意 （意識的にコントロールできない）		随意 （意識的にコントロールできる）
行動の記述	誘発される		生起頻度が変化する
原因	行動に先行する刺激		行動後の環境変化
日常例	〔生得性〕 梅干しが口に入ることで唾液が分泌する	〔学習性〕 梅干しという字を見て唾液が分泌する	蛇口をひねる
	強い風が吹き、目を閉じる	歯医者のドリルの音を聞いて怖がる	叱られたときに『ごめんなさい』という
	寒くて鳥肌がたつ	昔の曲を聴いて学生の頃を思い出す	見づらいのでメガネをかける
	鼻がむずむずしてくしゃみをする	有名メーカーの製品にいい印象をいだく	のび太くんがドラえもんに泣きつく

にスズメバチと遭遇したとしよう。このスズメバチという刺激により、レスポンデント行動として恐怖反応が生起すると同時に逃げるというオペラント行動が生起するだろう。

【参考書】
- ローレンツ, K./日高敏隆（訳）（1998）『ソロモンの指環 — 動物行動学入門』早川書房
  文庫でも出版されている読み物形式の動物行動学の入門書。
- 小野浩一（2005）『行動の基礎 — 豊かな人間理解のために』培風館
  行動の基本的な考えについて丁寧に解説された専門書。4章全般についての知識をより深めることができる。

【文献】
キャサリン, C. ほか（2012）/小須田健（訳）（2013）『心理学大図鑑』三省堂
Lorenz, K. (1943) Die angeborenen Formen möglicher Erfahrung. *Zeitschrift für Tierpsychologie, 5*, 235-409.

小川　隆（監）(1989)『行動心理ハンドブック』培風館
ティンバーゲン，N.（1953）／安部直哉・斎藤隆史（訳）(1975)『セグロカモメの世界』思索社

2節　反射的行動の学習

2-1　パブロフの条件反射

　梅干しを食べたことのある人の多くは，梅干しを見ただけで唾液を分泌する。この反応は経験を通じて獲得された**学習性レスポンデント行動**である。ではなぜ，梅干しを見るだけで反応が生起するようになったのであろうか。このような学習性レスポンデント行動は，パブロフ（図4-4）により発見された**条件反射**に基づく**古典的条件づけ**（発見者のパブロフの名をとり，パブロフ型条件づけとも呼ばれる）により形成される。この古典的条件づけは，近年では後述のオペラント条件づけとの対応から，**レスポンデント条件づけ**と呼ばれている。この古典的条件づけの典型的なパラダイムをパブロフの実験（1927）を通じてみてみよう。

　パブロフは外科的手術を施して唾液量を測定できるようにしたイヌを実験装置（図4-5 (a)）に固定し，メトロノームを鳴らしてエサを出すという，2つの刺激をペアにして提示する対提示を繰り返し行った（図4-5 (b)）。このとき，何も反応を引き起こさないメトロノーム音を中性刺激（NS: Neutral Stimulus），生得的な反応を誘発するエサを無条件刺激（US: Unconditioned Stimulus），エサにより誘発される唾液分泌を無条件反応（UR: Unconditioned Response）という。パブロフは対提示を何回か行った後にメトロノーム音を単独で提示した。するとイヌはメトロノーム音を聞いただけで唾液を分泌した。このように対提示を行うことで無条件反応と同様の反応を誘発するようになった刺激を条件刺激（CS: Conditioned Stimulus），条件刺激により生起する反応を条件反応（CR: Conditioned Response）という。このレスポンデント条件づけは中性刺激の後に無条件刺激を提示する

図4-4　I. P. パブロフ（キャサリンほか／小須田（訳），2013 より）

(a)

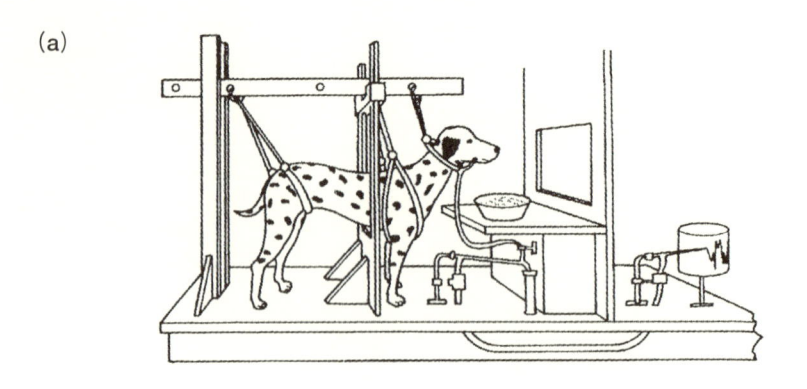

(b)

図 4-5 （a）パブロフが使用した実験装置と（b）典型的なレスポンデント条件づけのパラダイム（(a) ピアース／石田ほか（訳），1990）

場合，あるいは同時に提示する場合に成立するとされている。

2-2 情動反応の条件づけ

　ワトソンとレイナー（1920）は孤児院に収容されていたアルバートという赤ちゃんに対し，アルバートが白ネズミに触れたときに鋼鉄の棒をたたいて大きな音をたてるということを数回行った後，白ネズミを単独で提示した。するとアルバートはネズミを見た瞬間に恐怖反応を示し，さらにウサギやイヌなどに対しても同様の反応を示すようになった（図4-6）。このようにレスポンデント条件づけで獲得される行動には唾液分泌や瞬きなどの反応だけでなく，情動反

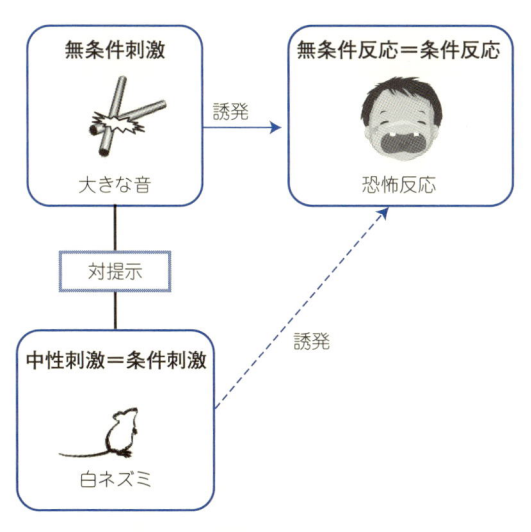

図4-6 ワトソンらの実施した実験のパラダイム (Watson & Rayner, 1920)

応も含まれる。

　情動反応の条件づけは日常生活でも広くみられ，福知山線の脱線事故の被害者が，事故後に電車に乗ると気分が悪くなるという事例も情動反応の条件づけが原因と考えられる。また，情動反応の条件づけはPTSD（心的外傷後ストレス障害；Posttraumatic stress disorder）の発症のメカニズムにも関連していることが示唆されている。

2-3　レスポンデント条件づけの消去

　先生に叱られた直後はその先生に会うたびに緊張したが，何度か会っているうちに緊張しなくなったという経験はないだろうか。これは先生（条件刺激）と恐怖反応を誘発した叱責（無条件刺激）の対提示がその後なく，先生が単独提示され続けた結果である。このように一度形成された条件反応は，条件刺激の単独提示を繰り返すことで消失する。この手続きを消去手続きといい，特定のレスポンデント行動が消失することを**消去**という。また消去後，一定期間経過した後に条件刺激を再度提示すると条件反応が復活する**自発的回復**が見られる。この自発的回復はさらに消去手続きを繰り返すことによって回復の程度が徐々に小さくなり，最終的に完全に消去される。

　条件反応は**拮抗条件づけ**という手続きを用いても消失させることができる。

パブロフはイヌを対象に次のような実験を行った（パブロフ，1927）。この実験では，電気ショック（無条件刺激）との対提示により恐怖反応を誘発するようになった音（条件刺激）をその後，今度はエサ（無条件刺激）と対提示をした。そして音を単独提示したところ，恐怖反応ではなく唾液分泌が生じた。このように条件刺激を新たな無条件刺激と対提示し，新しい条件づけを獲得させる手続きは拮抗条件づけと呼ばれ，恐怖症やPTSDの治療で用いられる系統的脱感作の基礎理論になっている（ウォルピ，1977）。

2-4　レスポンデント条件づけの諸現象

　イヌに対して丸い円図形とエサの対提示を繰り返し，条件づけを成立させたとする。その後，楕円を単独で提示すると円（条件刺激）と同様に条件反応が生じる。このように条件刺激と類似した刺激においても条件反応が生じる現象を**般化**といい，条件刺激との類似性が高いほど条件反応が強く出現する。ワトソンらの実験（1920）において，アルバートがイヌやウサギに対してネズミと同様の恐怖反応を示したのもこの般化のためである。

　では，円を提示するときはエサを伴わせ，楕円のときは伴わないという操作を繰り返した後，円と楕円をそれぞれ単独で提示するとどうなるであろうか。この場合，イヌは円に対してのみ唾液を分泌する。この現象は**弁別**と呼ばれ，一方の刺激に無条件刺激を伴わせ，他方の刺激を単独で提示する分化条件づけにより獲得される。この弁別についてパブロフはさらに興味深い報告をしている（パブロフ，1927）。パブロフは円と横縦比2：1の楕円の弁別をイヌに学習させた後，楕円の横縦比を徐々に円に近づけていった（図4-7）。そして楕円の横縦比が9：8となり，弁別が困難になるとイヌは吠えて暴れ，さらにこれまで弁別が可能であった円と楕円の弁別すらできなくなった。この現象はイヌの症状が人間の神経症に似ていたことから**実験神経症**と呼ばれている。

横縦比　　2：1　　3：2　　4：3　　9：8

図4-7　パブロフが実験で使用した楕円（CS-） (川村（訳），1975)

2-5 日常生活で見られるレスポンデント条件づけ

レスポンデント条件づけによって生じる行動変容は人物や物，食べ物に対する好みなどにも影響を与え，われわれ人間の日常生活と密接に関わっている。

(1) 味覚とレスポンデント条件づけ

牡蠣を食べた後に食あたりになり，牡蠣を食べられなくなったというのはよく聞く話である。これは牡蠣（条件刺激）と食あたりを引き起こすウィルスによる腹痛などの嫌悪刺激（無条件刺激）との対提示によって生じたレスポンデント条件づけの結果である。このようにレスポンデント条件づけによりある特定の味覚を嫌悪するようになることを**味覚嫌悪学習**という。味覚嫌悪学習は通常のレスポンデント条件づけと異なり，条件刺激提示からかなり遅れて嫌悪的出来事が出現した場合，あるいは対提示が1回のみの場合でも条件づけが成立し，そして消去されにくいという特徴を有している。

この味覚嫌悪学習は実際に，牧場における捕食動物による被害をなくすために利用されている。グスタフソンら（1976）は野外研究において，胃の不快感を誘発する薬品で汚染した肉を野性のコヨーテに食べさせたところ，捕食被害が大幅に減少したことを報告している。また，別の実験ではヒツジの汚染肉を食べたオオカミがヒツジを捕えた後一噛みするだけで止め，さらにヒツジに追い回されるようになったことが報告されている。

(2) 好みの変化とレスポンデント条件づけ

レスポンデント条件づけは，色などの中性的な刺激とゴキブリなどの情緒的な反応を引き起こす刺激の対提示を繰り返すことで，中性的な刺激への好みを変化させることができる。この現象を**評価条件づけ**という。この評価条件づけは通常のレスポンデント条件づけと異なり，たとえば，きれいな髪の毛の映像（無条件刺激）の後にシャンプーの名前（条件刺激）が出てくるような無条件刺激と条件刺激の順序が逆転して提示される場合でも成立するとされ，コマーシャルも評価条件づけの一種と考えられている。

(3) 免疫機能とレスポンデント条件づけ

レスポンデント条件づけを用いて免疫機能を高めることも試みられている。ソルバソンら（1988）はラットに対し，樟脳を嗅がせると同時にインターフェ

ロンを注射した。インターフェロンは，ウィルスや腫瘍を破壊するナチュラルキラー細胞を活性化する性質をもっている。その後，樟脳のみをラットに提示したところナチュラルキラー細胞が活性化したという。このことは，レスポンデント条件づけが医療の分野においても応用可能であることを示している。

【参考書】

- 今田寛（監修）／中島定彦（編集）（2003）『学習心理学における古典的条件づけの理論 —— パブロフから連合学習研究の最先端まで』培風館
  レスポンデント条件づけの諸理論について丁寧に解説し，多くの先行研究を紹介している専門書。
- 実森正子・中島定彦（2000）『学習の心理 —— 行動のメカニズムを探る』サイエンス社
  学習全般について幅広く書かれた初学者向けの専門書。

【文献】

キャサリン, C. ほか（2012）／小須田健（訳）（2013）『心理学大図鑑』三省堂

Gustavson, C. R., Kelly, D. J., Sweeney, M., & Garcia, J. (1976) Prey-lithium aversions: Coyotes and wolves. *Behavioral Biology, 17*, 61-72.

パブロフ, I. P.（1927）／川村 浩（訳）（1975）『大脳半球について —— 条件反射学（上・下）』岩波書店

ピアース, J. M.／石田雅人他（訳）（1990）『動物の認知学習心理学』北大路書房

Solvason, H. B., Ghanata, V. K., & Hiramoto, R. N. (1988) Conditioned augmentation of natural killer cell activity: Independence from nociceptive effects and dependence on interferon-β. *Journal of Immunology, 140*, 661-665.

Watson, J. B. & Rayner, R. (1920) Conditioned emotional reactions. *Journal of Experimental Psychology, 3*, 1-14.

ウォルピ, J.（1958）／金久卓也（訳）（1977）『逆制止による心理療法』誠信書房

3節　自発的な行動の学習

われわれは，毎日勉強や仕事，レジャーなどさまざまな行動をしている。それらの多くは，前節で触れた唾液分泌反射，驚愕反射のような行動ではなく，自発的・能動的な行動である。これらの自発的行動もまた，経験を通して多様に変化してゆく。

3-1　効果の法則

　自発的な行動の学習についての研究は，ソーンダイク（1898）にさかのぼることができる。彼は図4-8のような問題箱を作成し，ネコなど動物の知能についての研究を行った。まず，問題箱の外にエサを用意し，中に空腹のネコを入れ，問題箱から出てくるまでの時間を測定した。問題箱から出るためには，ペダルを押したり，扉の止め具を外したりする必要があった。最初，ネコは問題箱の中で暴れるだけでなかなか出られなかったが，たまたまペダルを押したりすることで外に出ることができた。このような**試行錯誤行動**を重ねることで，外に出るまでの時間が徐々に短くなった。この研究から，ある行動（たとえばペダル押し）によって好ましい刺激（エサ）が得られる場合，その行動は起こりやすくなるという結論を導き出し，これを**効果の法則**と呼んだ。

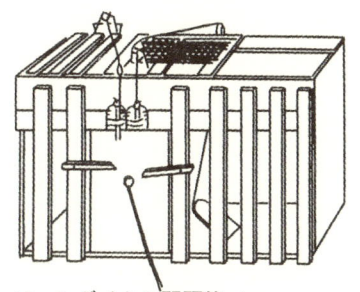

図4-8　ソーンダイクの問題箱（Thorndike, 1898 より）

図 4-9　B. F. スキナー　　図 4-10　ハト用の実験箱（駒澤大学心理学実験室）

3-2　オペラント条件づけ──強化と弱化

　ソーンダイクは，動物の知能を研究する中で効果の法則を発見したが，スキナー（図 4-9）は効果の法則を発展させ**オペラント条件づけ**を体系化した（小野，2005；スキナー，1953/2003 を参照）。またスキナーは，動物のオペラント行動を研究するために，スキナー箱と呼ばれる実験箱を作ったことでも知られている（図 4-10）。ハト用の実験箱の場合，その正面には，反応キーがあり，その下にフィーダー（給餌器）がある。実験者は，キーの色を変えたり，特定のタイミングでエサを提示したりすることができる。
　すでに述べたレスポンデント行動が行動に先行する刺激によって誘発されるのに対し，**オペラント行動**は行動の後に生じる環境変化によってその生起頻度が変化する行動である（1 節，表 4-1 参照）。
　オペラント行動の基本原理はオペラント条件づけであり，その核となる概念は，強化と弱化である。**強化**は行動の直後の環境変化によりその行動の頻度が増加することを指し，**弱化**は逆に行動の直後の環境変化によりその行動の頻度が減少することを指す。また環境変化は，大きく刺激の出現と刺激の消失の 2 つに分類される。これにより，強化と弱化は 4 つに区別される（表 4-2）。

3-3　行動形成

　行動形成（シェイピング）は正の強化を利用したものである。実験箱にハトやラットを入れても，すぐにキーをつついたり，レバーを押したりするわけではない。その行動を新たに獲得する訓練が必要となる。ハトにキーつつき行動

表 4-2　強化と弱化の分類

行動生起直後の環境変化＼その後の行動変化	刺激出現	刺激消失
行動増加	正の強化 例）ペダルを押すと外に出てエサを食べることができたので，ペダルを押すことが増えた	負の強化 例）頭が痛いときに，A社の鎮痛剤を飲んだら頭痛が消失したのでその薬をよく飲むようになった
行動減少	正の弱化 例）校舎に落書きをしたら，先生に叱られたので，落書きをしなくなった	負の弱化 例）授業中におしゃべりをすると減点されるので，おしゃべりをしなくなった

を学習させる場合，まずハトを空腹状態にし，フィーダーからエサを食べる練習をさせる。次に逐次接近法により行動形成を行う。逐次接近法とは，現在している行動の中から目標行動に似た行動を次々と強化し，徐々に目標行動に近づけていく行動形成の方法である。まずハトがキーに近づいたらエサを与える。その次に，くちばしをキーに近づけたらエサを与える。最終的にキーをつついたらエサを与える。逐次接近法は人間にも適用可能である（表4-3）。自転車に乗る練習をする場合には，「バランスをとりながらペダルを踏む行動」を目標行動として練習をする。表には，始めにペダルを外した上で比較的簡単な行動から始め，次にペダルをつけて徐々に目標行動に近づけてゆくシェイピングの過程が示されている。

表 4-3　自転車に乗るための4段階　（中島，2001より要約）

ペダルをはずし，両足がつくようにサドルを調整した自転車を用意
（1）前を向きながら足で地面を蹴って前進
（2）徐々に足を着く回数を減らす
（自転車にペダルをつける）
（3）地面を蹴って進み，進んでいるときに両足をペダルに置く（まだペダルを踏まない）
（4）進んでいるときにゆっくりペダルを踏む

3-4　逃避，回避，弱化

負の強化の代表的な行動は逃避行動と回避行動である。**逃避行動**は嫌悪的な出来事を消失させる行動，**回避行動**は嫌悪的な出来事を前もって回避する行動

である。いつも通る道沿いの家に放し飼いの大きなイヌがいたとする。あなたが通ると突然大きな声で吠え，近づいてくる。あなたは慌てて走ってその場から離れる（逃避行動）。このようなことが繰り返されると，イヌに遭わないように，多少遠回りでも別の道を通るようになる（回避行動）。逃避行動や回避行動によって，われわれは安心して生活を送ることができる。

　しかし，問題もある。あるときから，そのイヌは飼い主とともに引っ越していなくなったとしよう。それでもあなたは，別の道を通り続けるかもしれない。回避行動は，このようにその行動が不必要な場合でも生起するという特徴がある。別の道を通る程度であれば問題はないが，回避しすぎると，生活が不自由になることもある。

　また，行動を減少させる弱化には**正の弱化**と**負の弱化**がある。とりわけ嫌悪刺激を提示する正の弱化については副次的な作用に注意する必要がある。たとえば，教育場面で不適切な行動を叱る等の正の弱化が強すぎた場合，叱られた子どもの活動水準の低下，間違いを隠す，叱る人自体が嫌悪的になる等の問題が生じることが知られている。その一方で，負の弱化は，交通法規（罰金）やスポーツのルール（反則によって相手ボールになる）など，不適切な行動を減らすために活用されており，一般に正の弱化よりも副次的な問題は少ないとされている。

3-5　行動の維持と消去

　オペラント行動はその結果によって変化する。行動が1回生じるたびに毎回結果が得られる場合（連続強化）もあれば，行動が数回生じてからようやく結果が得られる場合もある（部分強化）。このような行動と結果の関係を**強化スケジュール**といい，行動パターンは強化スケジュールによって変化することが知られている。ここでは代表的な4つの部分強化スケジュールを挙げ（表4-4），それぞれの強化スケジュールの下での典型的な反応パターンを示した（図4-11）。

　消去手続きは行動を減少させる手続きである。実験箱のハトに対して，キーつつき反応の直後に提示していたエサを提示しないようにしたとする。この場合，ハトは徐々にキーつつき反応をやめる。このように，これまで強化されていた行動に対して，強化の提示を停止することを消去手続きという。そして，この手続きによって行動が消失することを**消去**と呼ぶ。一般に，消去手続きは弱化手続きよりも，反応が減少するまでに時間がかかる。また消去手続きが導

表 4-4　部分強化スケジュールのいろいろ

スケジュール	強化の方法	反応の特徴
固定比率強化	一定の反応ごとに強化	強化後の反応休止とその後の一定率反応
変動比率強化	不定の反応ごとに強化（平均するとある率になる）	高率で連続的な反応
固定間隔強化	前の強化から一定時間経過後の最初の反応を強化	強化直後の反応休止とその後の加速度的な反応率の上昇
変動間隔強化	前の強化から不定時間経過後の最初の反応を強化（平均するとある時間間隔になる）	高率で連続的な反応であるが変動比率強化に比べて頻度は低い

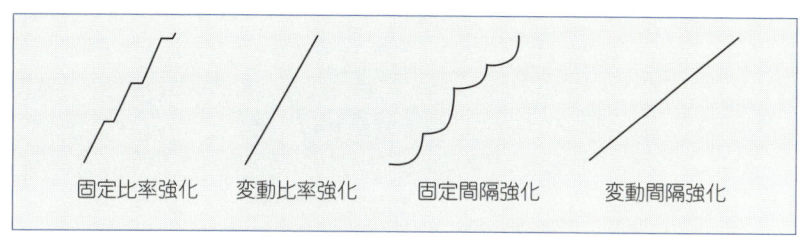

図 4-11　4つの部分強化スケジュールにおける反応パターン
横軸は時間経過，縦軸は累積反応数を示している。線が垂直に近ければ反応率が高く，線が水平に近ければ反応率が低い。

入された直後には一時的に反応の頻度・強度・変動性が増大する。

3-6　般化と弁別

　実験箱のハトに対して，特定の周波数の音が提示されているときはキーつつき反応を強化し，その音がないときは反応を強化しないという**弁別訓練**をする。これによりキーつつき反応は音（弁別刺激）があるときに生じるようになる。さらに，訓練時の音と類似した周波数の音が聞こえたときにも反応が生じるようになる。このように，反応が強化されたときに提示されていた刺激と類似した刺激の下でも反応が生起するようになることを**般化**という。般化の際に，刺激の類似性が低下する従って反応が減少する折れ線グラフの傾斜（図 4-12：弁別訓練後）を**般化勾配**という。弁別訓練は特定の弁別刺激に対してのみ反応し，

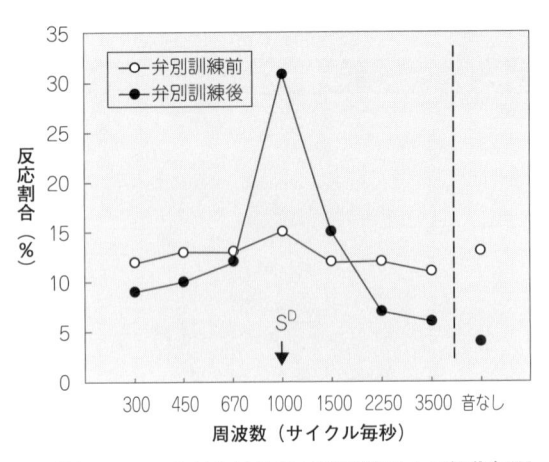

図 4-12 ハトにおける音の周波数による般化勾配
(Jenkins & Harrison, 1960 より一部改変)

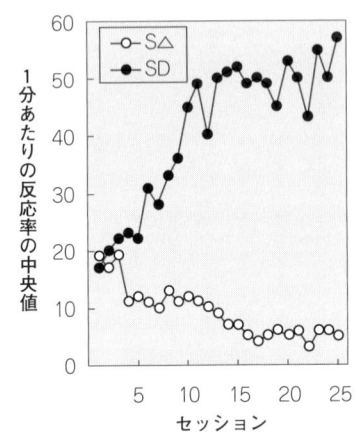

図 4-13 ラットにおけるランプの明暗の弁別学習
(Herrick et al., 1959 より一部改変)

他の刺激には反応しないという学習である（図 4-13）。われわれも日常生活において，時間・場所・状況などを弁別刺激として，複雑な環境に適応しているのである。

　弁別学習はまったく別の場面でも応用されている。たとえば，モザンビークにはかつての内戦で埋められた数多くの地雷がある。アフリカオニネズミを使って臭いを頼りに地雷を発見する訓練（火薬の臭いの弁別学習）が行われ，実際にそのネズミたちは地雷除去活動で活躍し，成果を上げている（ポウリングら，

図4-14　地雷除去をするアフリカオニネズミ　(©All rights reserved by HeroRATs)

2011)（図4-14）。

【参考書】
- 伊藤正人（2005）『行動と学習の心理学 ── 日常生活を理解する』昭和堂
  オペラント条件づけについて詳細に解説している。学習心理学の新しい研究の流れについても詳しく紹介している。
- 今田寛（1996）『学習の心理学』培風館
  コンパクトにまとめられた学習心理学の教科書である。オペラント条件づけ，レスポンデント条件づけ（この本では古典的条件づけと記載されている）の両者について解説している。

【文献】
Herrick, R. M., Myers, J. L., & Korotkin, A. L. (1959) Changes in S^D and in $S^Δ$ rates during the development of an operant discrimination. *Journal of Comparative and Physiological Psychology, 52* (3), 359-363.

Jenkins, H. M., & Harrison, R. H. (1960) Effect of discrimination training on auditory generalization. *Journal of Experimental Psychology, 59* (4), 246-253.

中島定彦（2001）「ひとりでもできる『自転車に乗る方法』」日本行動分析学会ニューズレター J-ABA ニューズ, 24.

小野浩一（2005）『行動の基礎』培風館

Poling, A., Weetjens, B., Cox, C., Beyene, N. W., Bach, H., & Sully, A.（2011）. Using trained pouched rats to detect land mines: Another victory for operant conditioning. *Journal of Applied Behavior Analysis, 44*（2）, 351-355.

スキナー, B. F.（1953）／河合伊六他（訳）（2003）『科学と人間行動』二瓶社

Thorndike, E. L.（1898）Animal intelligence: An experimental study of the associative processes in animals. *Psychological Monographs: General and Applied, 2*（4）, 1-109.

コラム 5　迷信行動とオペラント条件づけ

　われわれの生活の中には，「こうすると風邪をひかない」とか「こうすると上手にダイエットできる」などのさまざまな伝聞情報がある。客観的に見て合理的な根拠がある場合はよいが，その根拠が希薄である場合にそれらの情報に従う行動は時として「迷信行動」となる。

　迷信行動のあるものは，オペラント条件づけの手続きによって形成されることが知られている。オペラント条件づけの原理は，好ましい結果が伴うときその行動は増加し，嫌悪的な結果が伴うときは減少する，簡単にいうと，動物も人も「うまくいったことは繰り返す」ようになり，「うまくいかなかったことはやらなくなる」ということである。そうすると，たまたま行った意味のない行動であっても，それに偶然好ましい結果が伴うならばその行動は繰り返される，ということになる。

　オペラント条件づけの基礎を築いたスキナー（1948）はこれを次のような実験で実証した。空腹のハトを実験箱に入れて，その行動にかかわりなく15秒ごとにエサを出すようにしたところ，あるハトはエサが出る直前に頭を頻繁にもち上げ，また別のハトは実験箱の中を一回りするなどの特異な行動が現れた。この現象を観察したスキナーは，ハトは「あたかもその行動がエサ出現の原因である」かのように振る舞ったとしてそれを「迷信行動」と名づけ，人間の迷信行動もこれと同じメカニズムで形成されると考えた。

　その後，人間でも同じように迷信行動が成立することを示す実験が行われた（Ono, 1987）。その実験では実験室に大型のレバーが3台設置され，対象者の大学生は得点を稼ぐよう教示されたが，実は得点は30秒あるいは60秒ごとに反応にかかわりなく提示されるようになっていた。そのような実験の中である大学生は，3台のレバーを特定の順番で引く，また，別の学生は1つのレバーを素早く4, 5回引いた後点が入るまで手元に引いた状態で待つ，また，ある学生はレバーを引かずにスリッパで天井を触るなどの特異な行動をするようになった。

迷信行動の実験装置

【文献】

Ono, K.（1987）Superstitious behavior in humans. *Journal of the Experimental Analysis of Behavior, 47*, 261-271.

Skinner, B. F.（1948）"Superstition" in the pigeon. *Journal of Experimental Psychology, 38*, 168-172.

4節　さまざまな学習のかたち

4-1　見本合わせ課題

われわれは，複雑な刺激間の関係について学習するが，その場合，**見本合わせ課題**が用いられることが多い。見本合わせ課題では，見本刺激1つと比較刺激が複数提示され，そして，見本刺激と対応した比較刺激を選んだときに強化される。

見本合わせ課題は，大きく2種類に分類される（図4-15）。1つ目は同一見本合わせである。見本刺激と同じ刺激が比較刺激に含まれており，その同じ刺激を選ぶと強化される課題である。バナナの絵（見本刺激）を見せて，バナナの絵とイチゴの絵のカードのうち，バナナのカードを選ばせることで，同じものを選ぶことを教えることができる。2つ目は恣意的見本合わせである。バナナ

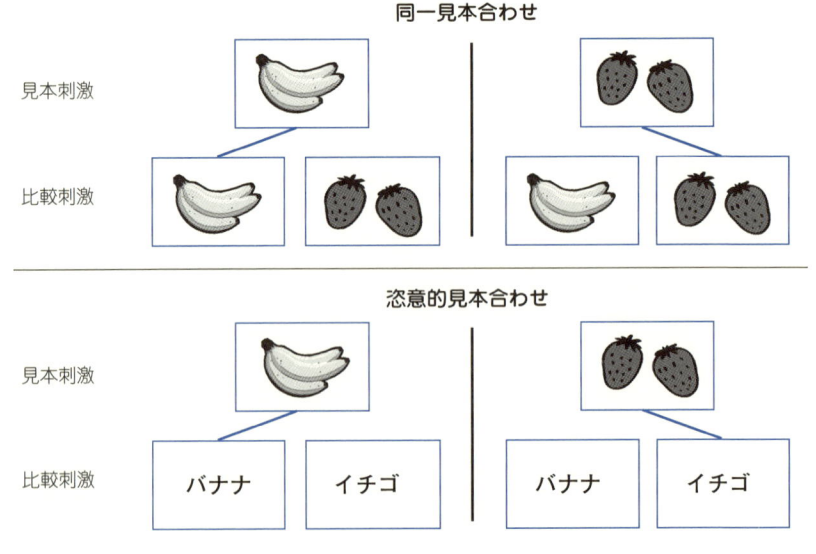

図 4-15　同一見本合わせと恣意的見本合わせ

の絵を見せて「バナナ」と書かれたカードを選ばせる場合のように，見本刺激と比較刺激の間に物理的な関係がない場合がこれにあたる。また，「バナナ」という音声を聞いてバナナの絵を選ばせる場合も同様である。こうして，バナナに関連した刺激間の関係を学ぶことで，「バナナ」というものを理解する。このように見本合わせ課題は，言語の学習と深く結びついており，そのため，失語症の治療や発達に障害をもった子どもたちの言葉の学習に利用されている。

4-2 観察学習

われわれは自らの経験を通して学習をするだけでなく，他者を見ることで学習する場合もある。子どもは，兄弟がストーブに触ってやけどをするのを見てストーブに近づかなくなったり，周囲の人の発音を模倣することによって言葉を学んだりする。宮崎県石波海岸の沖合にある幸島のニホンザルは，イモ洗いを他のサルの真似をして学んだ（図4-16）。このような他者の行動を介した学習を**観察学習**と呼ぶ。われわれは，社会的に好ましい行動を他者から学ぶ。たとえば企業の従業員は職場の中で観察学習を通して，言葉の使い方や仕事の内容を覚えてゆく。その一方で，反社会的な行動も他者から学んでしまうことがある。テレビ等のメディアにおいて暴力シーンが問題となるのは，そのためである。

図4-16　ニホンザルのイモ洗い（写真：吉田洋）

4-3 潜在学習

古典的な実験のひとつに，ラットを使った迷路学習がある。ゴールにエサを置いて訓練するとスタート地点からゴールにたどりつくまでの間違いが徐々に少なくなる。その一方，訓練の途中まではゴールにエサを置かずに行い，その

後エサを置いて訓練した場合，それまでは減らなかった間違いの回数がエサを置き始めた直後に急激に減少した（トールマンとホンズィク，1930）。このことから，ゴールにエサを置かなかったときにもラットは何らかの学習をしていたことが考えられる。その意味で，この現象は**潜在学習**と呼ばれている（今田，1996を参照）。

4-4 運動学習

運動学習とは，練習や経験と結びついた学習過程であり，比較的永続的な動作能力の変化を指す（シュミットとリイ，2011）。一般に，スポーツや日常生活動作等の運動行動は練習によって上達する（練習の法則）。そして同じ量の練習をするときは，ある程度の長さの休憩をとりながら分割して行った場合（**分散練習**）の方が，小刻みな休憩や休憩をとらずにまとめて行う場合（**集中練習**）よりも効果的である。このことから休憩それ自体に重要な役割があることがわかる。

また，運動学習では外的な**フィードバック**が重要である。フィードバックには，体の動きを撮影したビデオ映像などを用いる**パフォーマンスについての知識**と，蹴ったボールが枠の中に入ったかどうかという**結果についての知識**の2種類があり，いずれも運動技能学習において重要な要因となっている。

成人の運動技能学習は，以下の3つの段階を経て上達してゆく。最初は認知段階であり，「何をすべきか」を学ぶ。基本的に動作は不安定である。教示，モデルの提示，外的なフィードバックが最も効果的な段階である。次は定着段階であり，「どのように行うべきか」を学ぶ。体で覚えてゆく段階であり，比較的長い期間を必要とする。最後は自律段階であり，効率的な動きをするようになり，動作が自動的になってゆく。

ある2つの運動技能のうち一方を練習することで，もう一方に何らかの影響が認められる場合，それを**転移**と呼ぶ。その効果には2種類あり，スキーの練習によってスケートの技術が上達した場合は正の転移であり，逆にスケートに悪影響が出た場合は負の転移である。

【参考書】
- メイザー，J. E.／磯博行・坂上貴之・川合伸幸（訳）（2008）『メイザーの学習と行動』日本語版第3版，二瓶社
   生得的な行動，反射的行動の学習，自発的行動の学習，運動学習等を網羅し

ている。日本語で読める本格的な教科書である。
- 杉原隆（2003）『運動指導の心理学 ── 運動学習とモチベーションからの接近』大修館書店
  運動指導の観点から書かれた運動学習の教科書である。

【文献】

今田　寛（1996）『学習の心理学』培風館

Schmidt, R. A., & Lee, T.（2011）*Motor control and learning: A behavioral emphasis*（5th ed.）, Human Kinetics.

Tolman, E. C., & Honzik, C. H.（1930）Introduction and removal of reward, and maze performance in rats. *University of California Publications in Psychology, 4*, 241-256.

5章 知覚・認知

　世界にコンピュータが出現してから，人間の生活は大きく変わった。心理学においても，「人間を一種の情報処理システムと見なす」という，これまでの心理学にはまったくなかった極めて新しい発想が生まれ，**認知心理学**が誕生した。生体に与えるさまざまな刺激は「入力」にたとえられ，その結果の行動は「出力」にたとえられる。すなわち，認知心理学は，情報の入力から出力まで，生体の内部で行われている一連の情報処理を通して，人間・動物・機械がさまざまな物体や事象を認知する過程を研究する分野である。具体的には，知覚認知の過程，言語理解の過程，問題解決の過程など，人間が日常行っている知的活動の過程を取り扱っている。

　この章では，知的情報処理過程の低次レベルと考えられている「感覚・知覚」から，「注意」と「記憶」を経て，高次レベルの「思考・言語」までの人間の知的活動について概観する。「1節　感覚と知覚」では視覚システムを中心に，色，形，運動，奥行きの知覚について，「2節　オブジェクトの認知」ではパターン，物体，顔の認知について，「3節　注意」では視覚的注意について，「4節　記憶」では短期記憶，長期記憶，ワーキングメモリ，日常的記憶について，「5節　思考」では推論，概念，問題解決と知識について，「6節　言語」では言語の理論，文化について概説する。

1節　感覚と知覚

1-1　感　覚

　われわれは日常,「見る」「聞く」などにより外部から情報を得る。「痛み」「痒み」など生体内部からの情報も得ている。この役割を担っているのが**感覚**である。一般的に人間の感覚には, 視覚, 聴覚, 嗅覚, 味覚, 皮膚感覚, 自己受容感覚, 平衡感覚, 内臓感覚の8系統がある。感覚の種類とそれに対応した感覚の体験内容を**感覚モダリティ（様相）**という。

　各感覚系には刺激を受け取る受容器がある。各受容器にはそれぞれ受け取ることのできる最適な刺激の範囲があり, それを**適刺激**という。たとえば, イヌなどの動物が人間よりも遠くの小さな音が聞こえるのは, イヌの聴覚に関する適刺激の範囲が人間のものより大きいからである。また,「見えた」「見えない」の境目, すなわち感覚を生じるのに必要な最小の刺激強度のことを**刺激閾**という。一方, 色の違いなど2つの刺激の強さや性質の区別を感じる最小の刺激差を**弁別閾**という。

　適刺激であっても, 刺激を持続的に提示することにより, 感覚的体験の強度, 質, 明瞭さなどが変化することを**順応**という。たとえば, 明るい場所から急に暗い部屋に入ったとき, 最初はほとんど何も見えないが, しばらくすると徐々に周りの様子が見えてくる。逆に, 暗い場所から明るい場所に移ったとき, 瞬間的にまぶしくて見えないが, 間もなく周りの様子が見えてくる。前者は「暗順応」, 後者は「明順応」と呼ばれる。

　一方, 刺激を取り去ったにもかかわらず, 刺激の感覚が残る現象を**残効**という。たとえば,「緑色の丸」を1分間凝視した後に白い用紙を見てほしい。赤または緑色の丸の像が見えるはずである。この現象を「色残効」という。また, 一定方向に動く対象をしばらく見た後静止した対象を見ると, この静止対象が順応時とは逆方向に動いて見える（図5-1）。この現象を「運動残効」という。

　また, 同じ鉛筆でも, 1m離れた場所から見た場合と, 手元で見た場合では, 網膜に映る鉛筆の像の大きさは異なる。それにもかかわらず, われわれはその

図 5-1 運動残効を生起させる渦巻き模様
(リンゼイ&ノーマン／中溝ほか (訳), 1983)

渦巻きを時計回りに回転させ凝視する。30秒後に回転を止めると、反時計回りの運動が知覚される。

鉛筆が同じ大きさであると感じる。このように、観察条件が変わり、網膜上の像が変化するにもかかわらず、対象のさまざまな特徴が安定して保たれて知覚される現象を**恒常性**という。大きさの恒常性、形の恒常性、色の恒常性などがある。

1-2 視覚情報の流れ

人間の場合、環境情報の80％以上は視覚系から獲得している。視覚系の感覚器官は眼球である（図5-2）。われわれが視覚刺激として受け取った光は、角

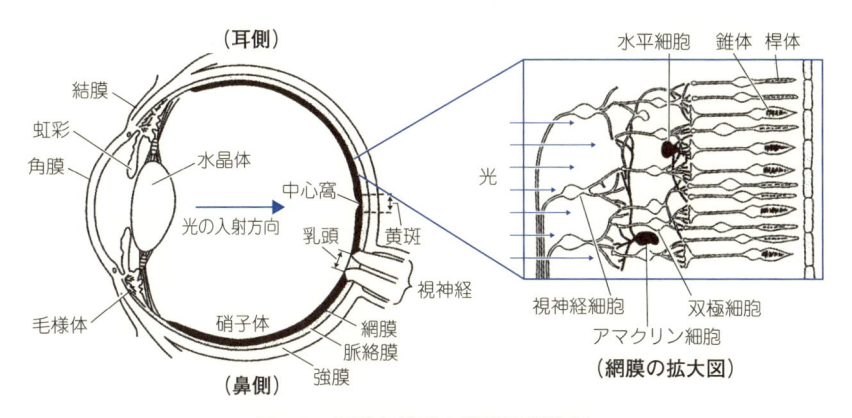

図 5-2 眼球の構造と網膜の細胞層
(鹿取・杉本・鳥居, 2013)

膜から水晶体，硝子体を経て網膜の中心窩（直径約0.33mmの部位）に照射される。

網膜には**錐体**と**桿体**という細胞がある（図5-2）。錐体は中心窩付近に集中し，赤錐体，青錐体，緑錐体の3種類があり，色の識別機能を担っている。明るい場所で物を見るときに活動する。一方，桿体は網膜の周辺部に多く分布し，1種類のみで，暗い場所で物を見るときに活動する。われわれが暗い場所で色を感じないのは桿体の働きのためである。また，夜行性の動物は主に桿体のみが網膜に存在する。

網膜上の脳への開口部にあたるのが乳頭である。乳頭では視覚像が欠落しているため，乳頭は**盲点**と呼ばれている。われわれは日常，盲点にあたる部位の光景が視覚的に欠落していることにまったく気づかない。それは脳が欠損している部分の情報を，その周辺にある光景全体の情報から埋め合わせを行い，その欠損を知覚的に補完しているからである（図5-3）。

乳頭から脳に伝わった情報は，主に3つの経路で処理されることが明らかになってきた。飛んでくる物体に目を向けるなど位置の確認に関連する経路，物体の認識やそれに伴う言語や感情などに関連する経路，物体に手を伸ばしたり，障害物を避けるなどの意識的な行動に関わる経路である。これらの経路が交互に関連することによって，われわれは見ている光景から，周囲の状況を認識し，状況に応じて行動することが可能になるのである。

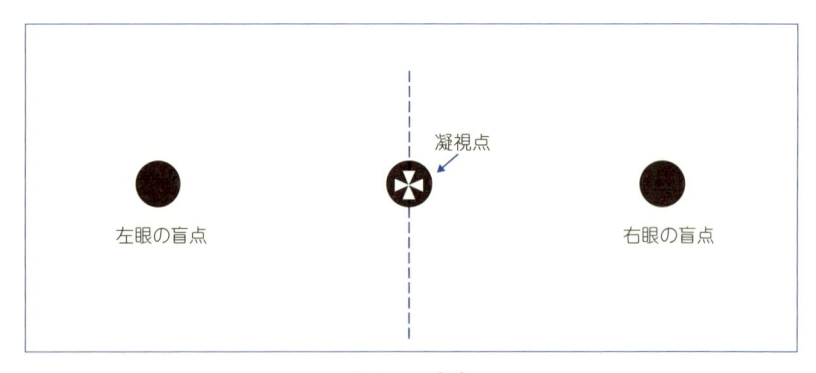

図5-3 盲点
（リンゼイ&ノーマン／中溝ほか（訳），1983）

本を顔と水平に，眼から20cmのところに掲げる。右眼を閉じて，左眼で凝視点を注視する。本との距離と角度を調整すると，左の黒丸が消失する。左眼の盲点に対応する場所となる。盲点部分で黒丸が欠落するのは，知覚的補完により，白い背景に埋め合わされたためである。

1-3 色の知覚

われわれが視覚刺激として受け取る**光**は物理的に「**強度**」と「**波長**」によって表される。強度は明るさを，波長は色相を決定する。人間が感じ取ることができる光は電磁波約 380nm（紫）〜 700nm（赤）の範囲の波長である（口絵 1）。

色には，色の種類を表す**色相**，明るさを表す**明度**，鮮やかさを表す**彩度**の 3 つの属性がある。3 つの属性により，色の特定が可能となる（口絵 2）。人間の場合，3 種類の錐体が赤（黄）・青・緑に対応する波長に反応する。3 種類の錐体から発する信号の強さが脳に伝達され，さまざまな色が認識される。すなわち，色は光自体についているものではなく，網膜でとらえた光を脳に伝達し，処理することにより生み出される感覚であり，そのときに初めて，われわれは色として認識するのである。

色を，赤・橙・黄・緑・青・藍・紫の順に円形に並べたものを**色相環**という（口絵 3）。この色相環で反対側にある色同士を**補色**関係にあるといい，その 2 つの色を混ぜ合わせると灰色に見える。また，補色関係にある色同士を並べると，相互に鮮やかさが増す。これを**色の対比**という（口絵 4）。

1-4 形の知覚

日常，視覚系は常にまとまりや規則性を見出そうとしている。見ている光景の中に，このような秩序を作り出そうとする働きを**知覚的体制化**という。

ルビンの杯と呼ばれる図 − 地反転図形では，白い部分に注目すると，黒い部分は背景となり，白い杯が前面に浮き上がり知覚される（ルビン，1921: 図 5-4）。

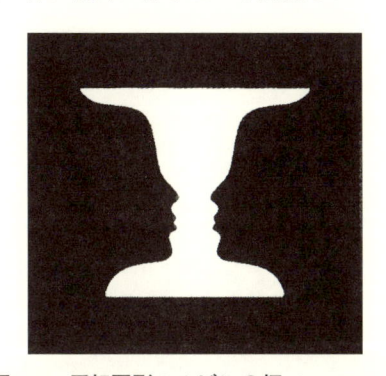

図 5-4 反転図形：ルビンの杯 (Rubin, 1921)

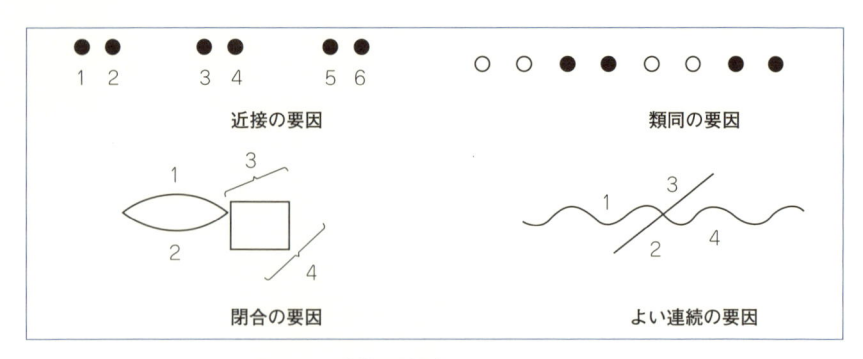

図5-5　群化の法則（Wertheimer, 1923）

　逆に，黒い部分に注目すると，白い部分は背景となり，黒い影となった向き合う2人の横顔が浮き上がって知覚される。このようにまとまりをもって浮き出て見える領域を**図**，その背景となる領域を**地**という。形を知覚するには，輪郭によって図と地に分化されて，まとまりを図として知覚するのである。

　図となるものは見ている光景の中に複数存在する。図が複数の場合，形や配置によってまとまりやすさが異なってくる。ゲシュタルト学派の心理学者ウェルトハイマー（1923）は，まとまりやすい要因を明らかにした。**群化の法則**と呼ばれ，近接の要因（距離の近いもの），類同の要因（性質が類似しているもの），閉合の要因（閉じた領域），よい形の要因（より単純な形のもの），よい連続の要因（滑らかに連続するもの）などがある（図5-5）。

　一方，輪郭線が存在しなくても，周囲の刺激の配置や並び方により図が知覚される場合があり，**主観的輪郭**と呼ばれる（図5-6）。輪郭という刺激情報がないにもかかわらず形が知覚できるのは，脳が刺激全体の情報から足りない情報

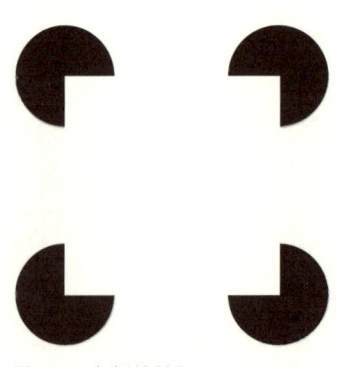

図5-6　主観的輪郭（Kanizsa, 1976）

を補充や推定することにより，知覚的に補完をしているからである。

1-5　運動の知覚

　運動の知覚は生物の生存にとって重要であるため，進化の初期に発達したといわれる。対象が運動することにより，運動している対象は図となり，図と地の分化が明確になる。われわれが注意を払っていない周辺の光景においても，対象の運動は気づきやすく対象へ注意が向く。また，対象が運動することにより，その対象の複数の2次元の形が知覚されることになり，対象の3次元の形を推測できるのである。
　通常，物体や観察者が移動すると，網膜像上には連続的な滑らかな運動が生じる。これを「実際運動」という。一方，物理的な運動が存在しないにもかかわらず，運動が知覚されるときがある。たとえば，5つの豆電球を数センチごとの位置に置き，順に点滅させる。それぞれの豆電球は点滅を繰り返すにすぎないが，5光点に滑らかな運動が知覚される。この見かけの運動を**仮現運動**という。同じ対象は連続的かつ滑らかに移動するという制約条件を持ち合わせていることで，脳が知覚的に補完をして，物理的には存在しない運動が知覚されると考えられている。

1-6　奥行きの知覚

　三次元空間知覚，すなわち奥行き知覚のことを**立体視**という。網膜に写る像は2次元，つまり平面であるにもかかわらず，われわれは3次元の世界を認識している。われわれは，**眼球運動**の手がかり，両眼によって得られる手がかり，単眼だけでも有効な手がかりにより，3次元の構造を推定している。
　眼球運動による手がかりには，左右の眼球の動きが挙げられる。両眼は，注視している対象が遠くから近くに移動すると同時に内側に動き，逆に対象が近くから遠くに移動すると同時に外側に動く。この左右の眼球が同時に内側・外側に運動する情報が奥行き情報となって脳に伝わる（図5-7）。一方，対象を鮮明に見るために，眼球は水晶体の厚さを変化させて，いわばカメラでいうピントの調節をしている。この「調節」機能が奥行き情報の手がかりとなって働いている。
　両眼による手がかりは，両眼に映る網膜像のズレ（**両眼視差**）が挙げられる。たとえば，眼の前に指をたて，右眼と左眼で交互に見ると，指が左右にずれて

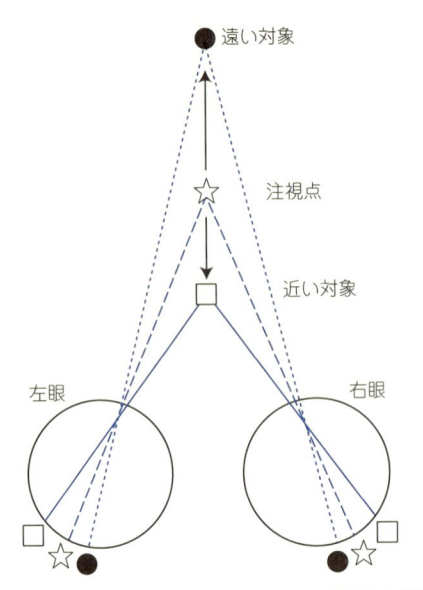

図 5-7　眼球運動の奥行きの手掛かり（輻輳と開散）

注視している対象（☆）が遠くから近くに移動すると（●→□），両眼は同時に内側に動き（輻輳），逆に対象が近くから遠くに移動すると（□→●），同時に外側に動く（開散）。

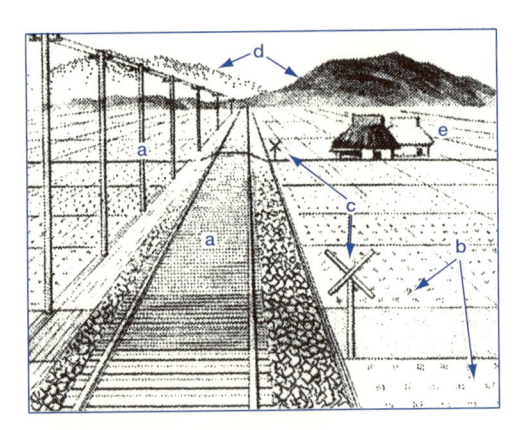

図 5-8　絵画的奥行きの手掛かり（大山・詫摩・中島，1993 より）

a：線遠近（前方に続く真直ぐな道のように奥行きをもった平行線は，遠くにいくほど間隔が狭まり1点に収束する直線として見える）
b：きめの勾配（近くにあるものほどきめが粗く，遠くにあるものほどきめが細かくなる）
c：相対的大きさ（近くにあるものは大きく，遠くにあるものは小さく見える）
d：大気接近（近くにあるものははっきりと，遠くにあるものはかすんで見える）
e：重なり合い（近くにあるものの輪郭線は遠くにあるものの輪郭線を隠す）

見える。人間の場合，両眼が約6.5cm離れているため，左右の眼の像にズレが生じるのである。この左右の像の差が奥行きの手がかりとして働く。3D映画はこの両眼視差を計算することにより2次元画像から立体感を生じさせている。

単眼による静止的手がかりとして，絵画的手がかりと運動視差の手がかりがある。絵画的手がかりとは，絵を描くときに奥行きや立体を見せるために使用される手がかりである（図5-8）。また，たとえば，動いている列車の窓から外の光景を見るとき，近くの光景は遠くの光景よりも速く，自分とは逆方向に移動する。逆に，遠くの光景ほどゆっくり自分と同じ方向に移動して見える。このように観察者の位置が変化すると，静止している対象の動きの方向が変化する。これを**運動視差**といい，われわれはこの運動視差の情報によっても奥行きを知覚するのである。

【参考書】

- 北岡明佳（2010）『錯視入門』朝倉書店
  古典的錯視から近年発表されたさまざまな錯視について紹介されている。
- ラマチャンドラン, V.S. & ロジャース=ラマチャンドラン, D./北岡明佳（監修）（2010）『別冊日経サイエンス174 知覚は幻 ラマチャンドランが語る錯覚の脳科学』日経サイエンス
  近年発表された知覚現象について，認知神経科学の立場から論じられている。
- リンゼイ, P. H. & ノーマン, D. A./中溝幸夫・箱田裕司・近藤倫明（訳）（1983-85）『情報処理心理学入門 Ⅰ感覚と知覚，Ⅱ注意と記憶，Ⅲ言語と思考』サイエンス社
  情報処理という観点から認知過程を概説した古典的名著。本章の4節の内容について，生理学的基礎から詳しく解説されている。

【文献】

Kanizsa, G.（1976） Subjective contours. *Scientific American, 234*, 48-52.
鹿取廣人・杉本敏夫・鳥居修晃（編）（2011）『心理学 第4版』東京大学出版会
リンゼイ, P. H. & ノーマン, D. A./中溝幸夫・箱田裕司・近藤倫明（訳）（1983）『情報処理心理学入門Ⅰ』サイエンス社
大山正・詫摩武俊・中島力（1993）『新版 心理学』有斐閣
Rubin, E.（1921） *Visuell Wahrgenommene Figuren.* Gyldendalske Boghandel
Wertheimer, M.（1923） Untersuchungen zur Lehre von der Gestalt, Ⅱ, *Psychologische Forschung, 4*, 301-350.

コラム 6 錯視・錯覚

　物理的世界と知覚との間に生じる明白なズレが体験されることを**錯覚**という。視覚による錯覚は**錯視**と呼ばれる。脳は視覚情報を処理するにあたり，周囲とのまとまりをはかり（**知覚的体制化**），情報を**補完**し，こうであるはずだと生まれながらにして持ち合わせている制約条件を利用する。このようにして脳で処理された対象の情報が，刺激の客観的性質や関係と著しく異なることで錯視は生じる（図）。錯覚は人間が進化の過程で，環境に適応するために獲得した機能といわれ，視覚系だけでなく，触覚系や運動系でも生じる。

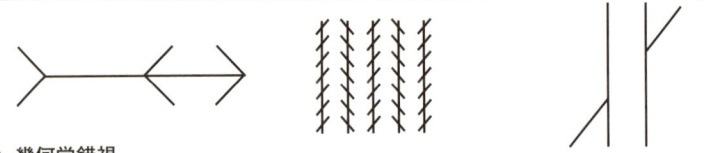

A. 幾何学錯視
左からミューラー・リエル錯視：矢の向きにより，水平線の長さが異なって見える。
ツェルナー錯視：斜線の向きにより，垂直線の向きが異なって見える。
ポッゲンドルフ錯視：斜線がずれて見える。

B. ピンナ錯視
凝視点を見ながら図と眼の距離を変化させると環が動いて見える。

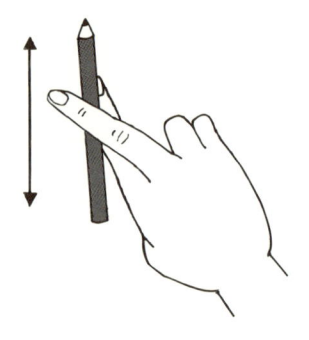

C. アリストテレスの錯覚：
人指し指と中指を交差させ，ペンを1本はさむ。
ペンを上下にこすると，ペンが2本あるように感じる。

D. ラバーハンド錯覚：ついたてで見えないようにした自分の手と自分から見える模型の手を，だれかに同じ調子で軽くたたいてもらうと，模型側の手にも接触感覚が生じる。

2節　オブジェクトの認知

2-1　パターンの認知

　文字や人の顔など日常的な対象の知覚では，感覚器から入力された情報を用いる処理（ボトムアップ処理）だけではなく，知識や経験を用いる演繹的，仮説検証的な処理（トップダウン処理）も重要な役割を果たすと考えられている。たとえば図5-9の2文字目と5文字目はまったく同じ形をしているが，それぞれ"H"と"A"であると容易に解釈できる。これは文字の認識において，形状の視覚情報によるボトムアップ処理だけでなく，前後の文字を手がかりとしたトップダウン処理も作用することによって，それぞれ"THE"と"CAT"という単語の一部であると解釈されるためであると考えられる。トップダウン処理は，このように視覚入力が不完全な状況下で，特に有用である。

図5-9　トップダウン処理の例（Selfridge, 1955）
同じ形状が，文脈により"H"，"A"と認識される。

2-2　物体の認知

　身の回りにあるさまざまな物体は，立体的な構造をもっており，観察する方向によってさまざまな見え方に変化する。しかしそのような見えの変化が生じても，目の前にあるものが何か，わからなくなってしまうことはない。われわれの脳内に立体的な構造の表現形式（3次元表象：表象とは，心理学では外界の事物の意識内での表現という意味で用いられる用語）があり，それをもとに視覚的なイメージが分析されるためと考えられている。しかしその表現形式がどのようなものか，未だに詳細は明らかになっていない。

これまでに提案されてきた仮説は大きく2つに分類される。ひとつは観察者の視点からは独立した3次元表象を仮定する立場で，視点非依存アプローチと呼ばれる。このよう仮定によって，視点の移動に伴う見えの変化に関わらない安定した物体認知を説明できるだけでなく，情報処理に必要となる記憶容量やエネルギー消費を最小化できるとされる。

しかし実際に物体を観察する際には，どの角度から観察するかによって，認識のしやすさは変化することが知られている。このことから，さまざまな角度で学習された形状の補完によって，新たな視点での物体認識が行われるとする仮説もあり，視点依存アプローチと呼ばれている。

2-3 顔の認知

顔は物体の一種であるが，一般的な物体の認識とは異なる性質を示すことが明らかになっている。たとえば他の物体の認知と比べ，**全体処理**が重要だと考えられている。自動車のフロントが人の顔のように見えることがあるのは，個々のパーツではなく全体的な配置が顔と類似しているためである。また画像を逆さに提示した場合，認識が困難になる倒立効果が大きいことも知られている（ただし顔だけでなく，日頃見慣れた対象は一般的に倒立効果が大きくなるとの指摘もある）。図5-10はサッチャー元英国首相の写真を上下反転させた画像である。右は目，口のみを通常の方向に戻してある。そのままでは大きな違いがないように見えるが，本を逆さにし，画像の上下を元に戻すと，恐ろしい形相となってしまう。

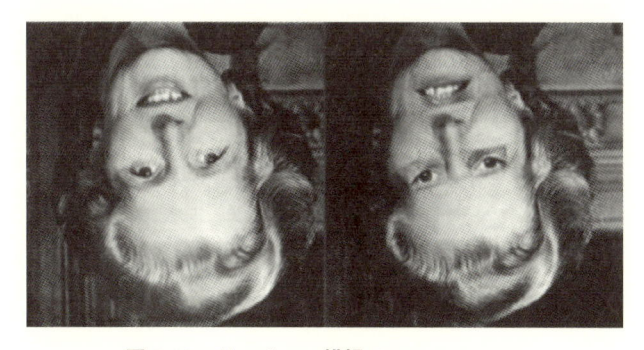

図 5-10　サッチャー錯視 (Thompson, 1980)

人物の同定や表情の判別はコミュニケーションにおいて重要なこともあり，顔は一般的な物体とは異なる過程を経て認知されているのではないかと考えられている。視力自体に異常はなく他の物体は正常に認識できるにもかかわらず，人間の顔の認知のみが困難となる**相貌失認**と呼ばれる症状が存在することも，顔の情報が特殊な過程によって処理されているとする考えの根拠となっている。

【参考書】

- 乾敏郎（編著）（1995）『認知心理学1　知覚と運動』東京大学出版会
  本節で取り上げた内容のほとんどを，より詳細に説明している。比較的難易度は高く，この領域を自分の研究テーマとしたい読者に推薦する。
- 山口真美（2005）『視覚世界の謎に迫る ── 脳と視覚の実験心理学』講談社
  視覚全般を扱う入門書だが，本節で扱った顔の認知について詳細な説明がある。また乳児期の視覚発達過程についての説明が多い点も興味深い。

【文献】

Selfridge, O. G.（1955, March）Pattern recognition and modern computers. In Proceedings of the March 1-3, 1955, western joint computer conference（pp.91-93）ACM.

Thompson, P.（1980）Margaret Thatcher: A new illusion. *Perception, 9* (4), 483-484.

3節 注意

3-1 能動的注意と受動的注意

 注意という言葉は日常生活のさまざまな場面で用いられるが，心理学では視覚，聴覚などさまざまな感覚モダリティにおける情報選択の機能を指す。ここでは視覚的注意を例として説明する。ポズナー（1980）は注意の効果を，目標刺激を検出するまでの反応時間として測定することで，視覚的注意の特性を明らかにした。
 目標刺激の現れる位置にあらかじめ手がかりを提示した場合，注意の移動は手がかり提示から 0.1 秒程度で行われる。文章中で下線や太字で示された部分に注意が向くのと同様，非随意的な注意の移動（「注意をひかれる」状態）であることから，**受動的注意**と呼ばれる。
 しかし手がかりの提示から 0.3 秒以上経過してから目標刺激を提示すると，手がかりなしの場合よりも検出に要する時間は長くなる。この現象はいったん手がかりの位置に向いた注意が時間経過に伴い移動すると，元の位置に戻ることが抑制されるために生じることから，**復帰抑制**と呼ばれる。復帰抑制は一度注意を向け，詳細に分析した対象の「2 度見」を防ぐために有用である。
 目標刺激の現れる位置ではなく方向を矢印などで示す場合，手がかり提示後 0.3 秒以上経過しないと手がかりは有効とならない。観察者が手がかりの形状から矢印の方向を認識し，そちらに意図的に注意を移動する（注意を向ける）必要があるため，**能動的注意**と呼ばれる。日常生活における視覚情報の選択は，受動的注意と能動的注意の交互作用により行われていると考えられる。

3-2 注意の空間的特性

 トリースマンら（1980）は，視覚探索課題を用いて視覚的注意の役割を探った。視覚探索課題では通常，1 つだけ異なる傾き，色などをもった目標刺激を，それ以外の妨害刺激から探し出す時間を測定する。図 5-11（a），（b）のように

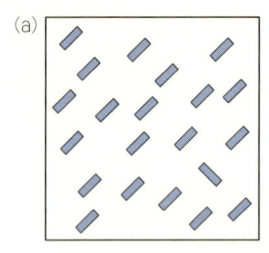

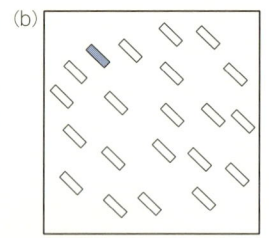

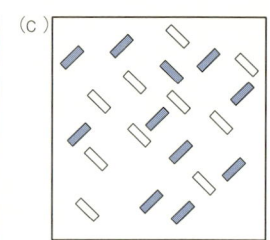

図 5-11　視覚探索課題の実験画面（熊田，1995）
一つだけ色・形等が異なる対象（目標刺激）の有無を判断する。
a，b：目標刺激が単一の特徴（aは色，bは向き）で定義される場合（特徴探索）
c：目標刺激が2つの特徴の組合せで定義される場合（結合探索）

明らかな特徴をもった目標刺激は，妨害刺激の数にかかわらずに検出されるのに対し，図5-11（c）のように2つの特徴の組み合わせでは，妨害刺激の数に比例し，目標刺激を検出するまでの時間が増加している。このことからトリースマンらは，線分の傾き，色などの特徴は並列に処理されるが，これらの情報を組み合わせるためには，個々の刺激に対して能動的に「注意のスポットライト」を向ける必要があるため，逐次的に処理されるとした**特徴統合理論**を提案した。特徴統合理論にはさまざまな反論や対立仮説があるが，複雑なパターンや物体の認識に，能動的注意が必要であるという点では見解が一致している。

3-3　注意の時間的特性

注意には時間的な制約も存在する。図5-12のようにある場面の写真と一部を加工した写真を交互に提示すると，容易に変化した部分を見つけることができる。しかし間に数分の1秒の空白画面を挟むと，変化の発見が著しく困難になることが知られており，この現象を**変化盲**と呼ぶ。同様の現象は，ブロック状の妨害刺激を挿入した場合や，2つの画面を徐々に変化させた場合にも生じることから，変化を運動として検出できない場合に生じると考えられている。われわれは今目にしている場面に存在するすべての対象を「見ている」と感じるが，実際に詳細を見ることができるのは，注意を向けたごく少数の対象のみであり，その他に関しては大まかな情報を記憶しているにすぎない。

またある対象に注意を向けた場合，しばらくの間別の対象に注意を向けることが困難となる，**注意の瞬き**と呼ばれる現象が存在する。図5-13のように同じ位置に1秒当たり10個程度の文字を順番に提示し（高速系列視覚提示法），観

図 5-12 変化盲（フリッカー法）の実験画面（Rensink, O'Regan, & Clark, 1997）

変化前の画像（左）と，一部を加工した変化後の画像（右：この場合背後の手すりの位置が移動）各画面を 280 ミリ秒，間に 80 ミリ秒の空白を挟み，変化前 → 変化前 → 変化後 → 変化後 → … の順番で繰り返し提示する。

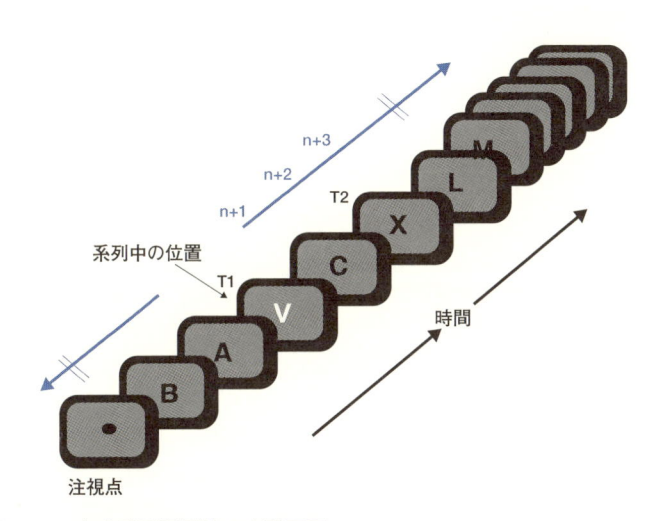

図 5-13 高速系列提示法の実験画面（Raymond, Shapiro, & Arnell, 1992 を改変）

文字，数字などを毎秒約 11 文字の速度で順番に表示し，系列中に含まれる白い文字が何であったか（第 1 課題）と，白い文字の後に特定の文字（例では X）があったかどうか回答する（第 2 課題）。
※画像は Scholapedia（http://www.scholarpedia.org/article/Attentional_blink）より引用

察者に白い文字が何であったか（第1標的）と，白い文字の後に特定の文字（例ではX）が表示されたか（第2標的）について報告を求めると，第1標的提示から0.6秒程度までの間，第2標的の検出率が低下することが示された。第1標的を無視する場合には，提示時間にかかわらず検出率が一定であることから，第1標的に注意を向けることが原因であることがわかる。

3-4 注意を向けられなかった対象

　これまで見てきたように注意を向けられなかった対象の情報は，完全に失われてしまうのだろうか？　図5-14のように実線，点線で描かれた2つの画像を重ねて表示し，点線の図形は無視して実線の図形が何であるか口頭で答える（点線の図形を妨害刺激，実線の図形を目標刺激と呼ぶ）課題を繰り返すと，前試行の妨害刺激を目標刺激とした場合，前の試行とは無関係な目標刺激を提示する場合よりも，回答に要する時間が長くなる。先行する情報が現在の知覚に妨害的な効果を及ぼすことから，この現象は**負のプライミング**と呼ばれ，注意を向けられなかった情報もまったく捨て去られてしまうわけではないことを示している。

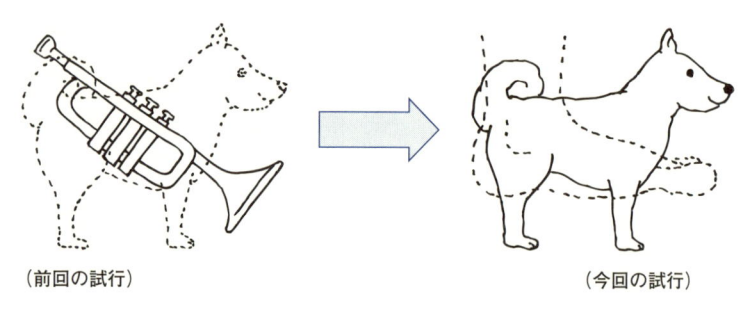

図5-14　負のプライミング（Tipper, 1985 を基に作画）
点線の対象を無視し，実線の対象を口頭で報告する。前の試行で無視する対象だったものを報告する場合，反応時間の遅延が生じる。

【参考書】
- 熊田孝恒　（2012）『マジックにだまされるのはなぜか ——"注意"の認知心理学』DOJIN選書
  手品を題材とした読み物ではあるが，視覚的注意について一通りの基礎知識をカバーしており，この領域の入門書として適している。

- 高次視覚データベース作成プロジェクト（2008）「高次視覚データベース」
  http://www.l.u-tokyo.ac.jp/AandC/HLV/index.shtml
  紙面での説明が困難な，時間的変化を伴う実験を体験しながら学ぶことができる。本節で扱った視覚的注意の理解を深めるのに役立つと考えられる。

【文献】

熊田孝恒（1995）「視覚的注意」乾敏郎（編著）『認知心理学1　知覚と運動』東京大学出版会.

Posner, M. I.（1980）Orienting of attention. *Quarterly Journal of Experimental Psychology, 32*（*1*）, 3-25.

Treisman, A. M., & Gelade, G.（1980）A feature-integration theory of attention. *Cognitive Psychology, 12*（*1*）, 97-136.

Raymond, J. E., Shapiro, K. L., & Arnell, K. M.（1992）. Temporary suppression of visual processing in an RSVP task: An attentional blink? *Journal of Experimental Psychology: Human Perception and Performance, 18*（*3*）, 849.

Rensink, R. A., O'Regan, J. K., & Clark, J. J.（1997）. To see or not to see: The need for attention to perceive changes in scenes. *Psychological Science, 8*（*5*）, 368-373.

Tipper, S. P.（1985）. The negative priming effect: Inhibitory priming by ignored objects. *Quarterly Journal of Experimental Psychology, 37A*, 571-590.

4節 記憶

4-1 記憶の過程

　記憶の過程は，記銘・保持・想起の3段階に分けられる。**記銘**は覚えること，**保持**は覚えておくこと，**想起**は思い出すことである。

　保持している情報は，記憶を想起することで確認できる。想起には，保持した情報を直接想起する**再生**と，呈示された情報が保持されている情報と一致しているかどうかを判断する**再認**がある。たとえば，文中の空欄に入る語句を答えるテストの場合，語句を直接記入するのは再生であり，選択肢の中から正しい語句を選んで答えるのは再認である。

　複数の項目を，順番に覚えてから想起すると，最初の方に覚えた項目と最後の方に覚えた項目ほど想起しやすいという現象が生じる。これは，**系列位置効果**と呼ばれる現象である。最初の数項目を想起しやすいことを**初頭効果**といい，最後の数項目を想起しやすいことを**新近性効果**という（図5-15）。

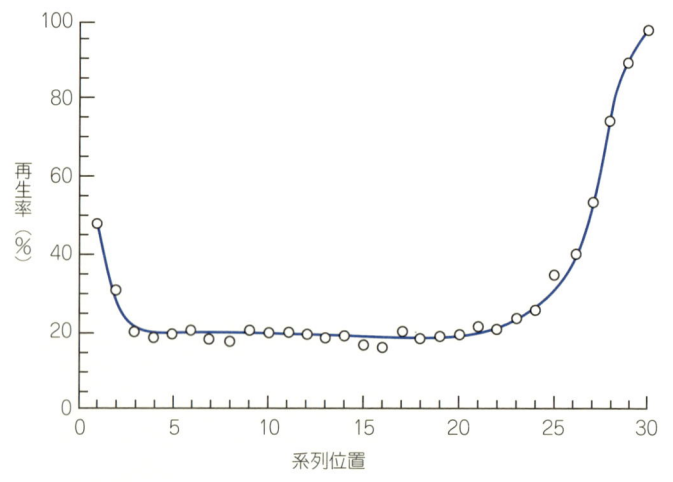

図5-15　系列位置曲線（リンゼイ&ノーマン／中溝・箱田・近藤（訳），1984, p.92）

4-2　短期記憶・ワーキングメモリ

情報の保持時間という点に着目すると，記憶は感覚記憶・短期記憶・長期記憶に分類される（図 5-16）。

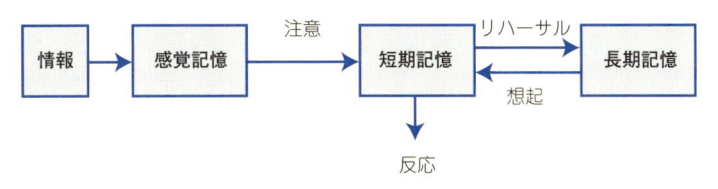

図 5-16　記憶のモデル

すべての情報は，目や耳などの感覚器官を通して取り込まれ，まずは**感覚記憶**にごく短時間保持される。保持できる時間は，視覚情報の記憶（アイコニックメモリ）は 1 秒以下，聴覚情報の記憶（エコイックメモリ）は数秒といわれている。そして，保持された情報の中から，注意を向けられた情報のみが選択され短期記憶に送られる。

短期記憶の情報は，意識的に保持しようとしなければ，数十秒程度で失われてしまう。情報を保持するためには，**リハーサル**という操作が必要になる。リハーサルには，維持リハーサルと精緻化リハーサルがある。「維持リハーサル」とは，情報を機械的に繰り返し想起することである。電話番号や単語などを一時的に覚えておきたいときは，頭の中や声に出して繰り返し想起していれば，その間は忘れずに覚えておくことができる。一方，「精緻化リハーサル」とは，語呂合わせで情報に意味づけしたり，イメージを付加したりすることである。リハーサルをすることで，短期記憶で保持された情報の一部は長期記憶に送られることになるが，短期記憶から長期記憶へ情報を送りたい場合は，維持リハーサルよりも精緻化リハーサルの方が効率的と考えられている。

短期記憶は，保持時間が短いという特徴のほかに，一度に保持できる情報量に限度があるという特徴ももつ。その量は 7 ± 2 チャンクといわれている。チャンクとは，人間が情報を処理するための心理的な単位で，「まとまり」を意味する。たとえば，「ANTBOXCATDOG」は，英単語を知らない人であれば，12 個のアルファベットとなるため，12 チャンクということになる。その場合は，7 ± 2 の記憶容量に収まらない。しかし，英単語を知っていれば「ANT・BOX・CAT・DOG」という 4 つの単語，つまり 4 チャンクとして処理される

ため，記憶容量内に収めることができる。

短期記憶の概念を発展させたものに，**ワーキングメモリ**がある。短期記憶が，情報の保持という機能を重視しているのに対して，ワーキングメモリは，情報の保持に加え，情報の処理という機能も重視している。たとえば，2桁の暗算をする際には，一の位の計算結果を保持しつつ，その情報をもとに十の位の計算をするといった処理が必要になることがある。また，読書の際も，直前に読んだ内容を保持しながら，先を読み進めるという処理を行うことになる。つまり，日常の認知活動では，情報の一時的な保持だけではなく，同時に情報を処理することも必要になるのである。ワーキングメモリとは，知覚・思考・言語理解などの認知機能と記憶との関わりを強調した概念といえる。

4-3　長期記憶

長期記憶の情報は，永続的に，さらに無制限に保持できると考えられている。したがって，感覚記憶や短期記憶のような制限はないということになる。保持されている大量の情報は，必要なときに検索することで，短期記憶に転送され想起される。

長期記憶は，情報の内容によって，宣言的記憶と手続き的記憶に分類される（図5-17）。

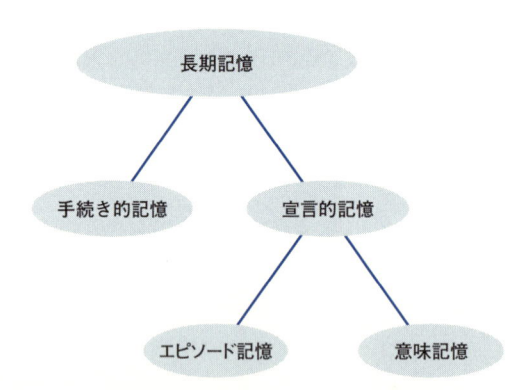

図5-17　長期記憶の分類（森・井上・松井，1995, p.15）

手続き的記憶とは，自転車の乗り方や楽器の演奏のような，何かの手続きに関する記憶である。一方，宣言的記憶とは，言葉で表現できる記憶のことで，エピソード記憶と意味記憶に分類される。エピソード記憶とは，「いつ」・「ど

こで」といった，時間や空間の情報を伴う個人の経験に関する記憶であり，**意味記憶**とは，人の名前や語句の意味などの一般的な知識に関する記憶である。

エピソード記憶や意味記憶といった宣言的記憶は**顕在記憶**と呼ばれ，意識的な想起を伴う。それに対して，手続き的記憶は必ずしも意識的な想起は伴わない。このような記憶は**潜在記憶**と呼ばれている。

潜在記憶の存在は，**プライミング**を調べる課題によって確認することができる。プライミングとは，先行刺激が後続刺激の処理に無意識的に影響を及ぼすことである。たとえば，先行刺激としていくつかの単語を呈示し，一定時間後に，「き○く」という虫食い単語の穴を埋めて単語を完成させるテストを行うとする。答えとしては「きおく」・「きこく」・「きそく」など多くの選択肢が考えられる。しかし，先行刺激として呈示された単語の中に「きおく」という単語あると，参加者は先行刺激について意識していなくても，「きおく」と答える確率が高くなる。この結果は，潜在記憶が後の課題に促進的な影響を与えたものと考えられる。

また，顕在記憶と潜在記憶の区分は，**健忘症**の症例にも表れている。健忘症とは，脳損傷によって，知能は保たれているにもかかわらず記憶が障害されるものである。健忘症患者は，宣言的記憶が障害されるものの，手続き的記憶は障害されないことがわかっている。なお，健忘症には，前向性健忘と逆向性健忘がある。前向性健忘では，脳損傷後の新しい記憶の記銘が障害され，一方，逆向性健忘では，脳損傷前の記憶の想起が障害される。

4-4　日常の記憶

(1) 自伝的記憶

われわれの日常生活では，さまざまな出来事が生じているが，**自伝的記憶**というのは，これまでの人生で自分が経験した出来事の記憶であり，自分史に関する記憶である。経験時の感情を含むこともあり，自己概念の形成や個人のアイデンティティにとって重要な記憶とされている。

自伝的記憶の研究をするための主な方法はいくつかある。日誌法といって，日々の出来事を記録してもらい，後から記録した出来事について想起を求める方法や，手がかりとなる単語を与えて，その単語から過去の出来事を想起してもらう方法などがある。

(2) フラッシュバルブ記憶

　強い情動を喚起した重大な出来事の記憶は，その状況を焼き付けられたかのように鮮明かつ詳細に想起できる場合があり，**フラッシュバルブ記憶**と呼ばれている。ケネディ大統領暗殺事件の研究がよく知られており，調査に協力した多くの人が，10年以上経っても当時の状況を詳しく想起できたのである。

　こうした記憶は，特殊なメカニズムによって，その出来事の光景が写真のようにそのまま記憶されているという考え方がある。一方，重大な出来事は，単に何度も繰り返し想起（リハーサル）されるために鮮明に覚えているという，特殊なメカニズムを仮定しない考え方もある。

(3) 展望的記憶

　記憶というと，過去の出来事や獲得した知識を想像することが多いのではないだろうか。しかし，日常の生活では，未来の行為に関する記憶を必要とすることも多い。そのような記憶を**展望的記憶**と呼ぶ。たとえば，「明日，友達に会う」といった記憶が展望的記憶である。

　展望的記憶が想起されない場合，ある行為を実行すべきときに実行しない，し忘れが生じる。つまり，展望的記憶は，実行するべき内容を覚えているだけでは意味がなく，適切な時点で想起できなければいけないのである。し忘れが生じやすいのは，非習慣的で重要度が低い行為である。逆に，習慣化された行為や，特別なイベントのような重要度の高い行為は，し忘れが生じにくい。

4-5　忘　　却

　記憶したはずの情報が想起できないことは多々ある。これを**忘却**という。エビングハウス（1885）は，時間経過に伴って，記銘内容の保持量がどのように変化するかを実験によって調べた。実験の結果を図示したものは**忘却曲線**（図5-18）と呼ばれており，忘却は記銘直後に急速に進み，その後はなだらかになることが明らかになっている。

　忘却が生じる原因にはさまざまなものがあるが，ここでは3つの理論を取り上げる。1つ目は**減衰説**である。記憶を利用することがなければ，その記憶は時間の経過とともに薄れていくという考え方である。

　2つ目は**干渉説**である。記憶した内容が，他の記憶によって干渉を受けるために忘却が生じるという考え方である。干渉のうち，先に記憶した内容が，新たに記憶した内容の想起を妨げることを「順向干渉」，新たに記憶した内容が，

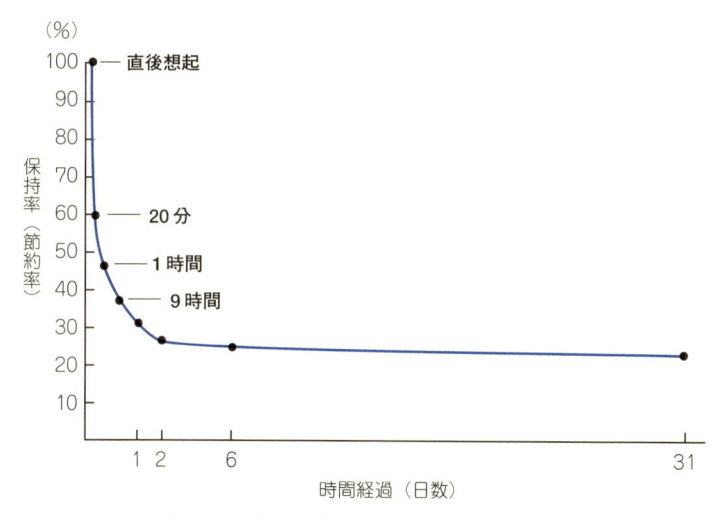

図 5-18　忘却曲線（山内・春木, 2001, p.205）

以前に記憶した内容の想起を妨げることを「逆向干渉」という。前後2つの記憶内容の類似性が高いほど，干渉の程度は大きくなる。

3つ目は，「検索失敗説」である。記憶は保持されているものの，その記憶を的確に検索できないため想起ができないという考え方である。検索の失敗による忘却のため，後から想起できたり，適切な検索手がかりが得られれば想起できたりすることもある。

【参考書】
- 苧阪満里子（2002）『脳のメモ帳　ワーキングメモリ』新曜社
  ワーキングメモリについて，詳細に解説されている。
- 太田信夫・厳島行雄（編）（2011）『現代の認知心理学2　記憶と日常』北大路書房
  記憶について，基礎から応用まで幅広く解説されている。

【文献】
エビングハウス, H.（1885）／宇津木保・望月衛（訳）（1978）『記憶について』誠信書房
リンゼイ, P. H., & ノーマン, D. A.（1977）／中溝幸夫・箱田裕司・近藤倫明（訳）（1984）『情報処理心理学入門II　注意と記憶』サイエンス社
森敏昭・井上毅・松井孝雄（1995）『グラフィック認知心理学』サイエンス社

山内光哉・春木豊（編著）(2001)『グラフィック学習心理学　行動と認知』サイエンス社

5節 思　考

5-1　思考の種類

　思考が果たす機能には，直面している問題を解決する，もしくは対処する方向性という特徴があり，その意味では学習と関連がある。また，その過程に関しては，それまでの経験によって獲得した知識や習慣を変えるという特徴があり，その意味では記憶と関係する。

　このような思考は，論理学では概念，判断，推論に分類されている。心理学において，**概念**とは，複数の事物や事象，現象に共通する性質を取り出して，それらをまとめて表す内的表現である。**判断**とは，事物・事象などの特性や状態について同定することである。**推論**とは，既知の前提となる情報から結論となる情報を導き出すことである。これらは相互に密接に関連しており，明確に区別できる分類ではない。しかし，それでも概念，判断，推論は特徴的な思考であり，心理学において便宜的に広く使われている。また，その他に，心理学における思考の研究の主な対象として，後述する問題解決や，幅広い視点から主体的に考える批判的思考，今までになかったものを作り出す創造的思考，複数の選択肢からどれかを採択する意思決定などがある。

5-2　推　論

　推論は，主に演繹的推論と帰納的推論に分けられる。**演繹的推論**は，一般的な情報から個別的な情報を導き出す思考である。演繹的推論における結論については真偽の判断が可能であるが，演繹的推論は知識の拡張にはなりにくいという特徴がある。演繹推論に関して，2つの前提から1つの結論を導く三段論法，あるいは4枚カード問題（図5-19）などの研究がある。図5-19における標準課題と飲酒課題は，論理学的には同じ構造の課題であるが，標準課題では正答率が低く，飲酒課題では正答率が高い。このような現象を**主題材料効果**（もしくは主題化効果）という。

標準課題

| A | F | 4 | 7 |

規則:「カードの片面にアルファベットの母音があれば,裏面の数字は偶数である」

　ここにある4枚のカードは,片方の面にはアルファベット,もう片方の面には数字が書かれている。上記の規則の通りになっているかどうかを確認するために,見えていない裏面を必ず調べる必要があるカードはどれか。

飲酒課題

| ビール | コーラ | 24歳 | 17歳 |

規則:「アルコール類を飲んでいるならば,年齢は20歳以上である」

　ここにある4枚のカードは,あるパーティの参加者の情報が記入されており,片方の面には飲んでいる飲み物,もう片方の面には年齢が書かれている。上記の規則の通りになっているかどうかを確認するために,見えていない裏面を必ず調べる必要があるカードはどれか。

図5-19　4枚カード問題

　それに対して,**帰納的推論**は,個別的な情報から一般的な情報を導き出す思考である。帰納的推論における結論については,信じるかどうかいう確証度の判断が可能であり,知識の拡張になりうるという特徴がある。帰納的推論の典型的な過程として,事例観察,仮説形成,仮説検証の3つの段階が指摘されている。帰納的推論の過程は,類似性に基づく推論である類推と共通するところが多い。また,帰納的推論による結論は概念になりうるものであり,概念形成のために帰納的推論は大きな役割を果たしている。

5-3　概　　念

　概念のタイプにはさまざまな種類があるが,連言概念(「～かつ…」で結合),選言概念(「～あるいは…」で結合),関係概念(複数の属性の関係で規定)の順序で形成が困難であることが,ブルーナー他によって示されている。また,形成するべき概念が連言概念であることがわかっている場合の方略として,走査方略と焦点方略が挙げられている。「走査方略」とは,あらかじめ概念に関する仮説を生成し,事例を観察するごとに仮説を走査して検討する方略である。それに対して,「焦点方略」とは1つの正事例をその概念の焦点事例と見なし,

焦点事例とその後の事例との比較を行う方略とされている。

5-4 問題解決

解決するべき問題に直面しているということは，今の状態ではない別の状態が好ましい，あるいは別の状態が要求されているということである。このような「今の状態」を初期状態，「別の状態」を目標状態という。そして，初期状態から目標状態まで移行させる手続きを操作子（もしくは演算子）と呼んでいる。初期状態，目標状態，操作子が明確にされている問題は良定義問題，反対に明確にされていない問題は不良定義問題と呼ばれる。この良定義問題のひとつの例として，ハノイ塔問題を図5-20に示す。

図5-20　ハノイ塔問題

図は，この問題の初期状態である。目標状態は，右側の柱に上から小，中，大の順に円盤を積み重ねることである。また，円盤は一度に1枚ずつ動かすことと，小さい円盤の上に大きい円盤を乗せてはならないという2つの制約がある。目標状態に至る前に小と中の円盤を中央の柱に重ねる状態が必要になるという下位目標に気づくと解決しやすくなる。

ハノイ塔問題のような良定義問題において，通常用いられる解決方法は**ヒューリスティックス**と呼ばれる。これは，必ずしも解決に至るわけではないが，多くの場合に有効で，なおかつ人間にとって可能な程度に容易な解決方法や考え方である。その一方で，理詰めで解いていけば必ず正解に至る手続きを**アルゴリズム**という。アルゴリズムによって問題解決を行うことが，人間にとって現実的ではない場合や，あるいはアルゴリズムが存在しない不良定義問題の場合もあるので，ヒューリスティックスが使われるとされている。また，不良定義問題の例としては，商品開発や芸術的な創作などが挙げられる。このような問題場面における解決は，**創造的思考**となることもある。

5-5 知　　識

　知識は思考や言語のために重要であり，長期記憶に蓄えられる。知識のまとまりである**スキーマ**という概念は，バートレット（1936）以来広く用いられている。スキーマとは，理解を特定の方向に方向づけ，容易にさせるメカニズムであり，さまざまな概念に関する情報の束である。宣言的知識は学習によって獲得され，蓄えられるが，それは学習者の中にすでに組織化されている知識構造との相互作用を通して行われる。この知識構造がスキーマである。

　また，手続き的な記憶や事象の生起順序の記憶は**スクリプト**と呼ばれる。スクリプトとは，シャンク（1982）によって提唱された概念であり，過去経験における典型的な状況とそれに伴う習慣化された行動を中心に構造化される知識であり，時間的順序や因果的連鎖と結びついた行動に関する知識である。

【参考書】
- 森敏昭（編）（2001）『おもしろ思考のラボラトリー』北大路書房
  記憶・思考・言語の3冊シリーズの1冊。トピックス的な話題を中心に思考について読みやすくまとめられている。
- 市川伸一（編）（1995）『認知心理学4　思考』東京大学出版会
  同シリーズの第1巻が本章第2節においても参考書とされているが，これも掘り下げて勉強するために良い1冊である。同シリーズの第3巻言語も同様に推薦できる。

【文献】
バートレット, F. C.（1938）／宇津木保・辻　正三（訳）（1983）『想起の心理学』誠信書房

ブルーナー, J. S. ほか（1956）／岸本弘・岸本紀子・杉本恵義・山北亮（訳）（1969）『思考の研究』明治図書

シャンク, R. C.（1982）／黒川利明・黒川容子（訳）（1988）『ダイナミック・メモリー――認知科学的アプローチ』近代科学社

6節 言　語

6-1　言語の理論

　人間がもつさまざまな認知的な能力に比べると，人間は比較的短期間で**言語**を習得する。さらに，概ね無限ともいえる量の文を作り出し，理解している。
　このような言語の獲得や言語能力について，チョムスキーは，言語学と心理学の接点ともいえる視点で**生成文法**もしくは**変形生成文法**と呼ばれている理論を提唱した。生成文法とは，日本語の文法という場合に意味するような単語と単語の結びつきを定める規則ではなく，人間がもつ無限に新しい文を作り出せる生成規則の集まりとしての知識である。人間は，生得的に生成文法を学習できる能力・装置である「言語獲得装置（LAD）」を，もっているとされている。生成文法では，具体的な言語行動のみに目を向けることばかりでなく，言語を使う能力，内的な文法を生成する装置の解明が言語についての研究の主眼となる。言語だけに限られていた言語学の研究対象を，「言語を産み出すことを可能にしている知識」にまで広げたため，その後の言語学や心理学に大きな影響を与えた。

6-2　言語と文化

　アメリカ・インディアンの言語のひとつであるホピ語では，鳥を除いて，トンボ，飛行機，飛行士などの空を飛ぶものはすべて1つの単語で呼ばれる。英語では，water の1語で表現されるものが，ホピ語では状況によって2つの単語に使い分けられる（図5-21）。これらの例は，言語体系によってカテゴリー分けのしかたが異なることを示す。**サピア－ウォーフ仮説**（言語相対仮説）は，言語によって分類のしかたが異なることに基づいて，外界をどのように知覚し，分類し，記憶し，思考するかなどは，使用する言語の構造・体系によって規定されると主張している。
　その一方で，言語にあまり関係なく，普遍的な認知の側面も報告されている。

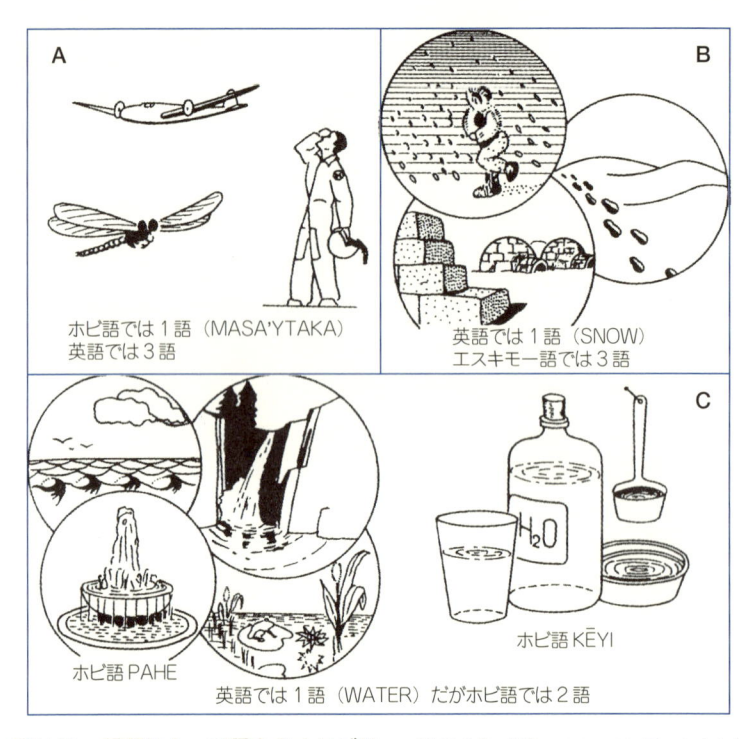

図 5-21　言語によって異なるカテゴリー（詫摩武俊（編），1990, p.63, 図 5-2 より）

図 5-22 に示される 2 つの図形について，約 98 ％の人は曲線的な図形をブーバと答え，直線的な図形をキキと答える。このような傾向は，言語・年齢等によって変わらない。ブーバ・キキ効果は，視覚と言語（音韻）という異なる感覚モダリティの結びつきが，言語体系からの影響をあまり受けないことを示唆す

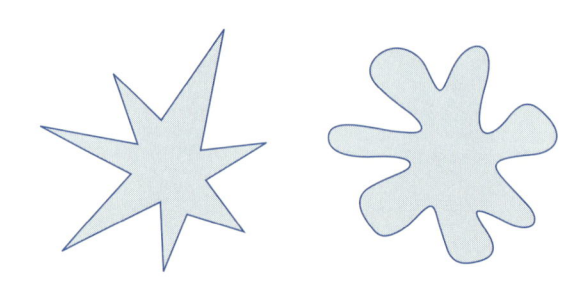

「一つの図形がブーバで，もう一つがキキである。どちらがブーバと思うか。」

図 5-22　ブーバ・キキ効果
(http://upload.wikimedia.org/wikipedia/commons/d/db/BoobaKiki.png から引用)

る。このような特徴が，言語能力の基盤となっているとも考えられる。

6-3　言語の障害

大脳半球で，特に言語と関係があるのは，左半球における前頭葉下後部のブローカ領野と側頭葉後部のウェルニッケ領野である（図2-3，24ページ参照）。言語の理解や表現などをつかさどると考えられているこれらの脳の部分を**言語野**と呼ぶ。

脳梗塞や交通事故などによって脳の一部に損傷を受けると，言語の表出や理解が障害された**失語症**の状態になる。失語症には，ブローカ失語（運動性失語）とウェルニッケ失語（感覚性失語）の，主に2つのタイプがある。ブローカ失語は発話に関する障害であり，ブローカ野の損傷によって起こるとされている。ブローカ失語では，聞いて話を理解することは比較的よくできる一方で，話すことが困難である。これに対してウェルニッケ失語は，話し言葉の理解に困難な症状を示し，言葉の聴覚的理解が障害されるのが特徴的である。

【参考書】
- 三浦佳世他（編）（2010）『現代の認知心理学第1巻～第7巻』北大路書房
  比較的新しい認知心理学のシリーズものであり，言語だけでなく認知心理学全体をある程度深く勉強するために適している。
- 森敏昭（編）（2001）『おもしろ言語のラボラトリー』北大路書房
  3冊シリーズの1冊。トピックス的な話題を中心に言語について広範囲のテーマを扱いながら読みやすくまとめられている。
- 針生悦子（編）（2006）『朝倉心理学講座第5巻　言語心理学』朝倉書店
  言語のメカニズムや獲得などについて詳しく解説しているが，やや難しい。同シリーズの『第2巻　認知心理学』も参考書として推薦できる。

【文献】
チョムスキー, N.（1957）／勇康雄（訳）（1963）『文法の構造』研究社出版
詫摩武俊（編）（1990）『改訂版心理学』新曜社, p.63.

6章 発　　達

　生涯発達という概念を確立したのはアメリカの比較文化心理学者のマイケル・コールであり，彼は発達とは「常に becoming, 何かを成就していく過程である」と唱え，その過程は文化的環境の変化への適応であるとした。

　人の発達を，受精による個体発生に始まり，その個体が成長をやめ，消失するまでの変化の過程として，生涯にわたってとらえるのが，**生涯発達心理学**である。

　発達心理学の基本的テーマは，「ヒトが生まれながらにもつ遺伝生物的基盤（遺伝要因）と環境のもつ社会的，文化的要因（環境要因）がどのように相互作用し，発達がどのようなかたちで現れてくるか」ということである。

　一生のうちの各時期における発達の現れ方を知るために，胎児期・新生児期，乳児期，幼児期，児童期，青年期，成人期，中年期，老年期の発達期に区分したものが発達段階である。各発達期には，新生児期の母親と子のコミュニケーションの成立，乳児期の愛着の形成，児童期の学校における技能の習得や社会的協力，青年期のアイデンティティの統合，成人期の結婚・出産，老年期の人生の統合といった，それぞれ特有の発達課題がある。

　この章では，人の発達を生涯発達心理学の立場から，胎児期・乳児期，幼児期・児童期，青年期，中年期・老年期に分けて見ていく。

1節　胎児期・乳児期の発達

1-1　胎児期

　従来，胎児や新生児は「無力・無能で環境から受動的に影響を受ける存在」と見なされ，心理学の対象とはあまり考えられてこなかった。しかし最近の研究により，胎児や新生児は想像以上の能力をもっていること，そしてこのとき獲得される能力はその後の人生の基礎となることがわかってきた。

　受精から出生までは，次の3つの時期に分けて考えられることが多い。また大きく胎芽期と胎児期に2分することもある。その期間は，受精卵となり，出生するまでの母胎内にいる平均280日間である。図6-1は，それぞれ横に受精後の週齢をとり，外形・中枢神経系，目，耳，顔，口，心・血管系の各時期の特徴ならびに胎児への母体内環境からの影響度，高・低感受性期，が描かれている。

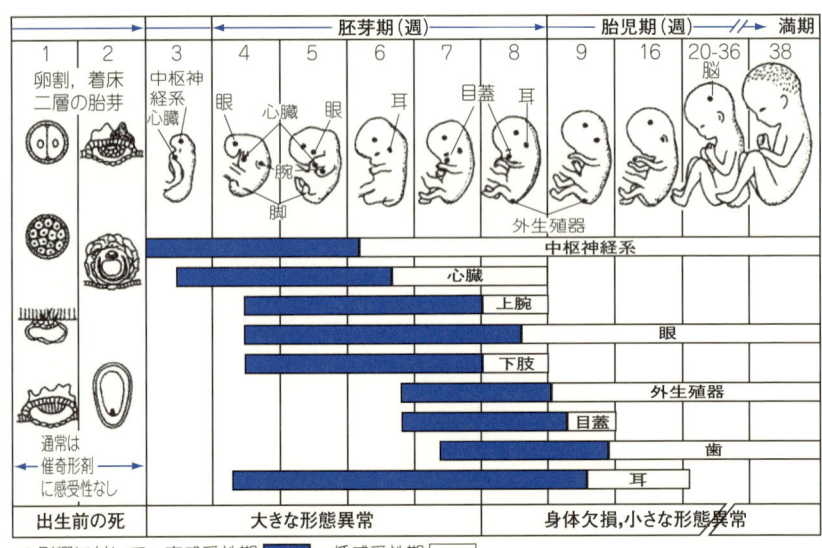

図6-1　出生前の発達（Moore, 1988／矢野・落合, 1991より）

(1) 胚期：受精から，受精卵の子宮への着床までの8〜10日間

小さな受精卵（0.1〜2mm程度）は，卵割という活発な細胞増殖を開始し，外胚葉，内胚葉，中胚葉，胚体形成部位などに分化していき，そこから脳・神経系が分化・発育する。受精後約1週間で子宮壁に着床する。受精卵と子宮との間の絆・胎盤が築かれる。

(2) 胎芽期：胚期の終わりから，受精後8週間の終わり頃まで

40日になるとすでに脳は，前脳，中脳，後脳の3つの主要な部分に分かれる。16週で脳の両半球が分化し，25週までに完全な割れ目ができ，そして29週頃になると脳の表面は滑らかさを失い，皺がよってくる。

胎芽期の終わり頃，口の周りに刺激を与えると頭をまわすなどの反応が見られる。9週過ぎる頃から「最初の活動期」と呼ばれる時期が始まり，けったり，頭を動かしたりというような小さな運動が見られる。

(3) 胎児期：胎芽期の終わりから，出生まで

第10週の終わりになると，胎芽は4cmくらいになり，ヒトらしい体になり，胎児期に移っていく。受精後3ヵ月目に脳が整って，脳下垂体が出来上がり，ホルモンを分泌して能動的に胎内環境を整える。

約4ヵ月で胎動が始まり，つわりが起こったりして，母親は妊娠を実感する。12週で，すでに個人差が現れる。20週頃から，睡眠と覚醒が規則的なパターンをとるようになる。それは母親と同じ睡眠パターンとは限らない。すでに胎児は母親と異なる存在である。

表6-1 胎児と乳児の発達行動の関連 (木原, 2011)

胎児の発達	発達行動	再び見られる乳児の発達
妊娠8週頃〜	全身の自発運動	生後0〜1ヵ月
妊娠15週頃〜	指しゃぶり	生後1〜2ヵ月
妊娠20週頃〜	寝返り 手で足を持つ 這い這い	生後5〜6ヵ月 生後6〜7ヵ月 生後8〜9ヵ月
妊娠25週頃〜	歩行	生後1歳〜1歳3ヵ月

注）胎児の発達における妊娠週数の目安には個人差があり，見られる時期にも幅がある。
＊上表では胎児の明確な（意識的な）発達行動における妊娠週数の目安を示している。全身の自発運動の一部として見られる行動は，妊娠週数の目安より早い時期から確認できる（例：足を交互にキックするキッキングは妊娠11週頃から見られる）。

表 6-2　感覚・知覚の発達（木原, 2011）

触覚	顔面は妊娠 11 週頃，口腔内は 14 週頃，全身は 17 週頃に機能が発達
視覚	妊娠 22 週頃に強い光に反応し，早産児では 28 週頃から注視・追視が見られ，32 週頃までに機能が発達
聴覚	妊娠 5 週頃に胎内音に反応し，23 週頃から明確になり，27 週頃までに機能が発達
哺乳	探索・吸啜は妊娠 28 週頃から出現し，吸啜と嚥下の協調は 35 週頃から発達

運動発達と同様に，感覚・知覚の発達も胎児期にほぼ基礎作りを終えている。

表 6-3　妊娠中のストレスの影響（ストット, 1972；根本・小島（編）, 1988 より）

1.	母体疾患	児への障害の頻度
	貧血	1.12
	胃潰瘍	3.0
	かぜ，インフルエンザ	1.0
	切迫流産	0.83
	高血圧	1.1
	腎障害	0.75
	嘔吐	0.5
2.	肉体的ストレス	
	重労働	1.0
3.	母体自覚症状	
	絶望感	**4.0**
	脱力感	2.6
	憂うつ	1.2
	神経質	1.0
4.	対人関係	
	親の死亡	0.5
	家族の病気，事故	0.3
	ショック	1.5
	自殺を試みる	**4.0**
	姑とのいざこざ	1.0
	引越し	1.0
	夫婦げんか	**6.0**
	親戚のいざこざ	**4.0**
	隣人とのけんか	2.0

6〜7ヵ月頃の胎児は表6-3に示されるようなストレスによる母体の感情に敏感に反応し，妊婦の情動が激しいときは胎児も混乱する。

胎児は，このような母体を介した刺激だけではなく，光にたいしてはすでに4ヵ月，音にたいしては8ヵ月頃から反応するといった直接的な刺激にも反応している。こうした胎児期からの経験は，出生後の外界刺激への適応力につながっていくと考えられる。

(4) 出産

妊娠満期（38週）に入ると，胎盤機能の老化，子宮容積の限界によって体重増加傾向は鈍り，胎児は頭を下にして動かなくなり，出産を迎える。

1-2 新生児期

生まれたばかりの**新生児**（出生から28日未満）は，特定の刺激に対して自動的に生じる**反射**と呼ばれる反応を示す。特に新生児や乳児のときにしか見られない反射は**原始反射**と呼ばれる（表6-4）。原始反射は生後4〜6ヵ月頃には消失し，その後，脳の発達が進むにつれて，自分の意思によりコントロールすることが可能となる随意運動が出現する。

原始反射に加え，乳児は外部の刺激とは無関係に微笑むという**自発的微笑**を示す。この天使のような微笑みを見た親は，乳児を抱っこしたり，乳児に話しかけたりするだろう。ヒトの場合，運動機能が未熟な状態で生まれてくるため，養育者に育ててもらう必要がある。つまり，この自発的微笑は，養育者の注目を引きつけ，養育行動を引き起こす刺激として機能している。

その後，成長するにつれて，外界の刺激とは無関係な微笑みから，大人たちの声を聞いたり，母親の顔を見て微笑むようになる。これを**社会的微笑**という。乳児は親の顔を見て微笑み，微笑んだ乳児に対して親が働きかけるという親と子の相互作用（**母子相互作用**）はコミュニケーションの原型と考えられており，このような関わりを通じて親子間に情緒的な絆が形成される。これを，ボウルビーは**愛着**（アタッチメント）と定義し，安定した精神発達のための基盤であると考えた。

1-3 乳児期

新生児の視力は生後1ヵ月以内では約0.03，6ヵ月の乳児でも約0.2程度し

表6-4 さまざまな原始反射（山下, 2002）

口唇探索反射	新生児の唇の周辺に触れるとその方向に顔を向けて，乳房を探す動きをする→**食べる行動**
吸啜反射	唇に軽く指などが触れると口唇が吸飲運動をする→**食べる行動**
把握反射	手のひらを強く押すと強く握る→**ものをつかむ行動**
モロー反射	赤ちゃんを仰向けに抱き，急に頭の支えをはずすと，両手と両足を左右対照的に伸ばし，それに続いてゆっくりと何かを抱き込むように腕が動く→**母親に抱かれる行動**
バビンスキー反射	足の裏の外縁をこすると，足のおやゆびがそり，他の指が開く
非対称性緊張性頸反射	頭が一方に向くと顔側の手足が伸び，後頭部側の手足が曲がる
自動歩行	腋で身体を支え，床に足を立たせると，歩くようにステップを踏む→**歩く・走る行動**

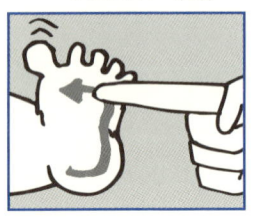

※太文字は反射を基礎に成立する行動を加筆

かない（図6-2）。ぼやけた世界を見ている乳児は、いったいどのようなものに興味をもっているのだろうか。

顔の輪郭と髪型の境界が乳児の顔認知の手がかりとなっている。

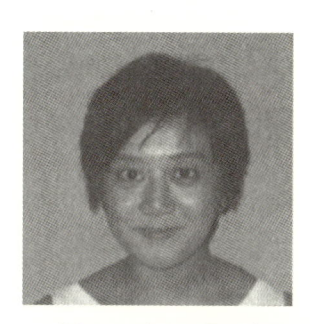

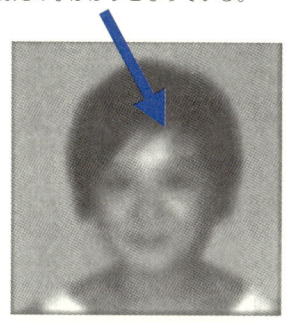

図6-2　大人の見る世界と乳児の見る世界（山口, 2003）

　乳児がどのような図柄に興味を示すかを調べた実験では、6種類の図柄のうち2種類を左右に並べて乳児の前に提示し、乳児が図柄を見た総時間を比較した。その結果、乳児は顔のイラストや複雑なパターンの図柄、コントラストの高い図柄を好んで見ることがわかった（図6-3）。

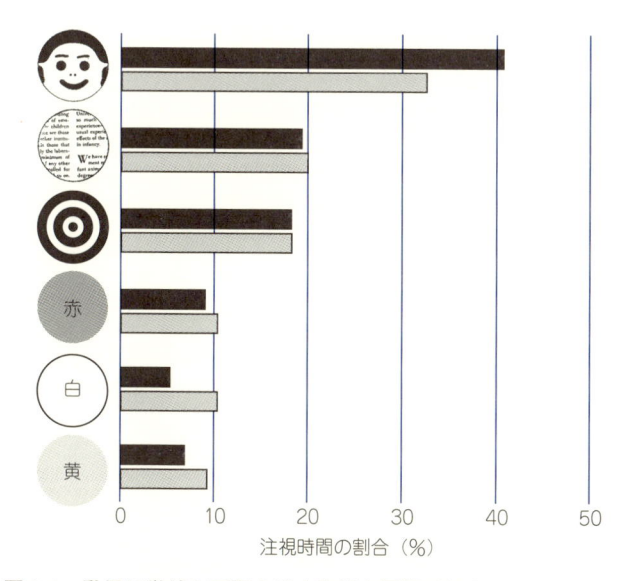

図6-3　乳児は単純な図柄よりも複雑な図柄が好き（Fantz, 1961）
黒いバーは2～3ヵ月の乳児のデータ、グレーの方は3ヵ月以上の乳児のデータ。

それでは，日常的に接しているヒトの顔を，乳児はどのように認識しているのだろうか。5ヵ月児と8ヵ月児に，女性の正面顔と横顔の写真を掲示したところ，正面顔の写真に対しては5ヵ月児も8ヵ月児も共に脳の活動を示したが，横顔の写真に対しては8ヵ月児しか脳の活動を示さなかった。つまり，生後5ヵ月くらいでは，お母さんの横顔を「お母さん」と認識することは難しいのである。したがって，テレビを見ながら，もしくは携帯電話でメールを打ちながら乳児をあやすのではなく，乳児の顔を正面から見て，目を合わせながら話しかけるとよいだろう。

【参考書】
- 山口真美（2013）『赤ちゃんは顔をよむ』角川ソフィア文庫
  『赤ちゃんは顔をよむ ── 視覚と心の発達』を加筆して文庫化したもの。新生児がどのように世界を見ているのかがわかる一冊。
- 山下富美代（編）（2002）『図解雑学　発達心理学』ナツメ社
  イラスト豊富でわかりやすいので，発達心理学に興味がある初学者の入門書としてお勧め。広い範囲を網羅した書籍なので全体像をとらえるのにも役立つ。

【文献】
Fantz, R. L.（1961）The origin of form perception. *Scientific American, 204*（5）, 66-72.
木原秀樹（2011）『240動画でわかる赤ちゃんの発達地図 ── 胎児・新生児期から歩行するまでの発達のつながりが理解できる』メディカ出版
根本和雄・小島康次（編）（1988）『理解とふれあいの心理学』ミネルヴァ書房
山口真美（2003）『赤ちゃんは顔をよむ ── 視覚と心の発達学』紀伊國屋書店
山下富美代（編著）／井上隆二ほか（2002）『図解雑学　発達心理学』ナツメ社
矢野善夫・落合正行（1991）『発達心理学への招待 ── 人間発達の全体像をさぐる』サイエンス社

2節　幼児期・児童期の発達

2-1　幼児期・児童期の年齢区分とその特徴

　発達心理学での一般的な年齢区分では，**幼児期**は1歳〜1歳半頃から6歳頃までの時期とされている。3歳頃までを幼児期前期とし，それ以降を幼児期後期と分ける場合もある。乳児期の終わりまでには**愛着**（アタッチメント）が形成され，満1歳頃の初語が出る段階から，1歳半頃までには数十語程度の単語を覚え，満2歳頃には2語文や3語文が話せるようになる。3歳頃にはつき合いのある同年齢の子どもと遊ぶようになるなど，3歳までの幼児期前期を見ても言語や社会的な能力の発達が著しい。

　幼稚園や保育所で過ごす時間が幼児の生活に加わるようになると，養育者（主に母親など）に依存してきた対人関係が，仲間へと徐々に移行し始める。このような仲間との出会いが幼児の社会性の発達をはぐくんでゆく。

　児童期は6歳頃から12〜13歳までとされている。この時期は，小学校就学前から小学校卒業までの時期にほぼ重なる。この時期を学童期と呼ぶ場合もある。この時期の子どもの生活は，学校での仲間との生活が子どもの心の中で多くの関心を占めるが，家族の中で見守られ，適切に保護されているという感覚も子どもの心の安定には必要な時期である。

　小学校では学校教育の中でさまざまな知識が獲得される一方，試験や成績評価などの場面で見られるように，仲間がライバルとなる厳しい場面も体験する。そうした中で仲間との共同作業や競争などを体験しながら社会規範などが受容されてゆく。

　以下に，これらの年齢区分をふまえて，その時々の各発達段階の詳しい特徴や関連する研究について触れてゆく。

2-2　幼児期

　1歳〜1歳半頃から6歳までの幼児期は，急速な身体的発達と心理的発達が

遂げられる時期である。その時期には，幼児期なりのものの見方やとらえ方などの特徴が見られ，幼児は成人（大人）とは異なる独特の世界を体験している。

(1) 運動機能の発達

歩行開始は，一般につかまり立ちができる 12 ヵ月から，一人で歩くことができる 15 ヵ月頃とされるが，その後は平衡機能や巧緻性が増し，各種の協応動作ができるようになる。それに伴い活発に活動するようになっていく。この時期に養育者からの適切な関わりによる訓練や子ども自身のレディネスや学習により，基本的な生活習慣の実現が達成されてゆく。

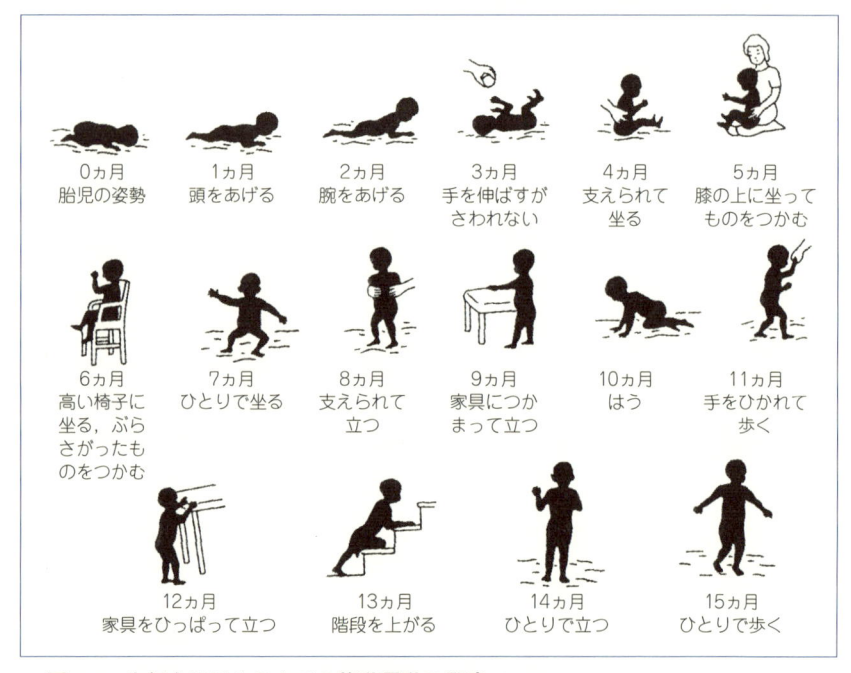

図6-4　歩行をはじめるまでの移動運動の発達（Shirley, 1931; 白佐, 1982, p.196 より）

(2) 言語機能の発達

言語の能力は1歳頃から意味のある単語を話し始めるが，その発話は1語のみの単語が中心である。1歳半〜2歳頃には，ものの名前をしきりに尋ねたり，ものを指してその物の名前を呼んだりする行動が多く見られるようになる。こうした行動を通して，幼児はものの名前を学習してゆく。

表 6-5　基本的生活習慣の自立の標準 (鈴木(編), 2005, p.72)

	食事の習慣	睡眠の習慣	排泄の習慣	着脱衣の習慣	清潔の習慣
1:0			排尿排便の事後通告		
1:6	スプーンの使用 茶碗を持って飲む		排尿排便の予告		
2:0				ひとりで脱ごうとする くつをはく	
2:6	さじと茶碗を両手で使う		おむつの使用離脱 付き添えばひとりで用が足せる	ひとりで着ようとする	手を洗う
3:0	はしを使う 食事の挨拶 大体こぼさぬ		パンツをとれば用が足せる	ひとりで着ようとする	手を洗う
3:6	完全に自立	昼寝の終了	排尿の自立	帽子をかぶる	
4:0		就後の挨拶	排便の自立 夢中粗相の消失	パンツをはく 前のボタンをかける	うがい・歯磨 顔を洗う・拭く 鼻をかむ
4:6			排便の自立（紙の使用）	両袖を通す 靴下をはく	
5:0				ひもを前で結ぶ 脱衣の自立	髪をとかす
5:6		寝間着にひとりで着換える			
6:0				着衣の自立	

　2歳から2歳半頃までに，幼児の語彙は急速に増加していき，2歳半から3歳までに多語文が話せるようになる。3歳頃までにはある程度の文章の構成が可能となり，3～4歳頃までに話し言葉が一応完成する。その言葉が思考の道具として機能し始めるのは4～5歳以降とされている。

　語彙の数も年齢に伴って増加する。個人差はあるものの，2歳でほぼ300語，3歳で約900語，4歳で約1600語，5歳では2000～2500語に達し，6歳までには理解できる語彙は約5000語，産出語彙が3000語ほどにまで達するといわれる。

　このような幼児の言語発達の過程の説明には，子どもが母子相互作用を基本とした親の言葉かけや，テレビやラジオなどのメディアなどを通して耳にする

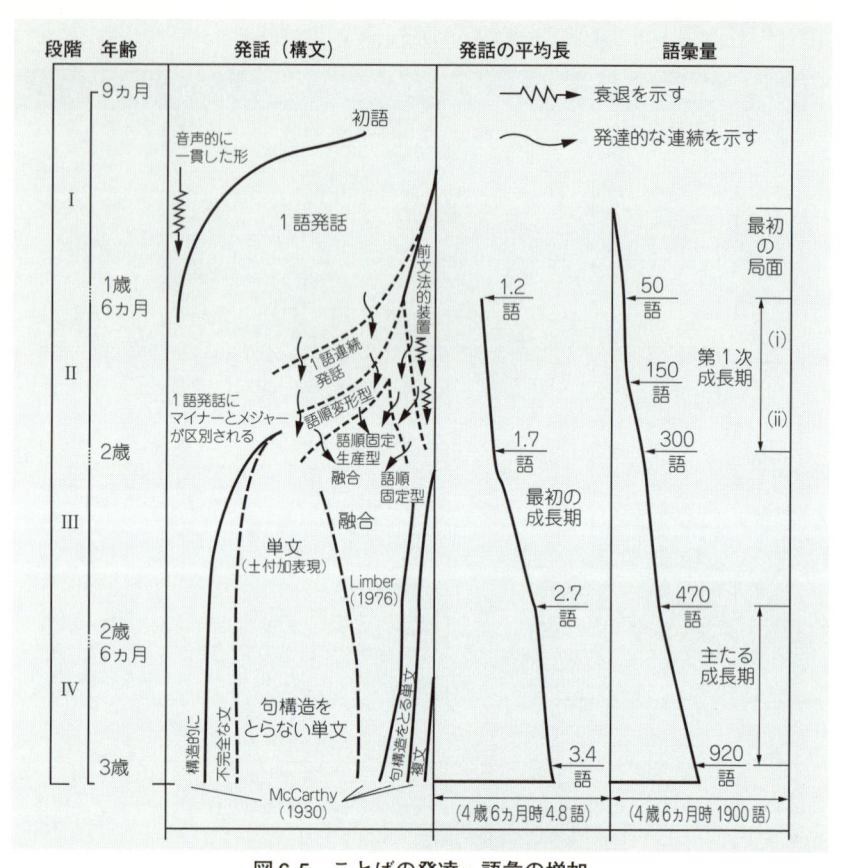

図6-5　ことばの発達・語彙の増加
（Garman, 1979 より一部省略；高野監修，川島編，1991, p.125 より）

言語刺激を，模倣し習得するといった「模倣説」と，上記の言語機能の発達の過程でも触れたように，言葉の獲得や発達には，ある決まった道筋が見られることから，言語の獲得には環境に左右されない遺伝的に規定された仕組みがあると説く「生得説」などが説かれてきた。

しかし現在では，子どもの言語発達の説明に，環境要因と遺伝要因の両者が深く関係すると考えられ，この両者を重視する「相互作用説」が主流となっている。

(3) 思考の発達

ピアジェは，思考の発達過程を，(1) **感覚運動段階**，(2) **前操作的段階**，(3) **具体的操作段階**，(4) **形式的操作段階**の4つの段階で説明している。このうち

	相等性の確定	変形操作	保存の判断
液量	容器の形や大きさの変化によっても，その中の液量は変わらない。		
	どちらも同じ入れものの中に色水が同じだけ入っていますね。	こちらの色水を別の入れものに全部移し替えます。	さあ，色水はどちらも同じだけ入っていますか。それともどちらが多いかな。
数	集合内要素の配置の変化よっても，その集合の大きさは変わらない。		
	白色の石と黒色の石とでは，どちらも数が同じだけありますね。	いま，黒色の方を並べ替えてみます。	さあ，白石と黒石とでは，その数は同じですか。それともどちらかが多いかな。
長さ	物の形や位置の変化によっても，その物の長さは変わらない。		
	2本の糸は，どちらも長さが同じですね。	いま，こちらの糸を，ヘビのような形に変えてみます。	さあ，こんども2本の糸の長さは同じですか。それとも，どちらかが長いかな。
面積	①図形の面積は，その図形の変化後も変わらない。②包含されている図形の変化後も，それを包含する図形の面積は変わらない。		
	同じ広さの牧場が2つあります。どちらにも同じ広さの四角のじゃがいも畑があります。どちらの牧場でも牛は同じだけ草を食べることができます。	いま，片方の牧場の方で，畑の形を作り替えました。	さあ，こんども牛の食べれる草は，どちらも同じだけあるかな。それとも，どちらかが多いかな。畑の広さは同じかな。

図6-6 さまざまな保存のテスト
（野呂，1983；高野監修，川島編，1991, p.72 より）

幼児期は前操作的段階に該当する。この前操作的段階の思考の特徴のひとつに思考が知覚に支配されることが挙げられる。このことをピアジェは，「保存」の実験で明らかにした（図6-6）。保存の実験は同じ数量の対象物を示し，確認させた後，子どもの目の前で一方を変形させ，数量の変化があるかどうかを確認するものである。3～4歳頃までは，数量以外の情報に左右されやすく，変形後では，数量を異なったものとしてとらえる等の誤りが多い。

また，ピアジェは**3つ山課題**と呼ばれる実験で，子どもの，もののとらえ方の自己中心性を説明した。この課題は一定の場所に座った子どもの前に，3つ

図6-7 保存テストに成功する平均年齢
(高野監修, 川島編, 1991, p.73)

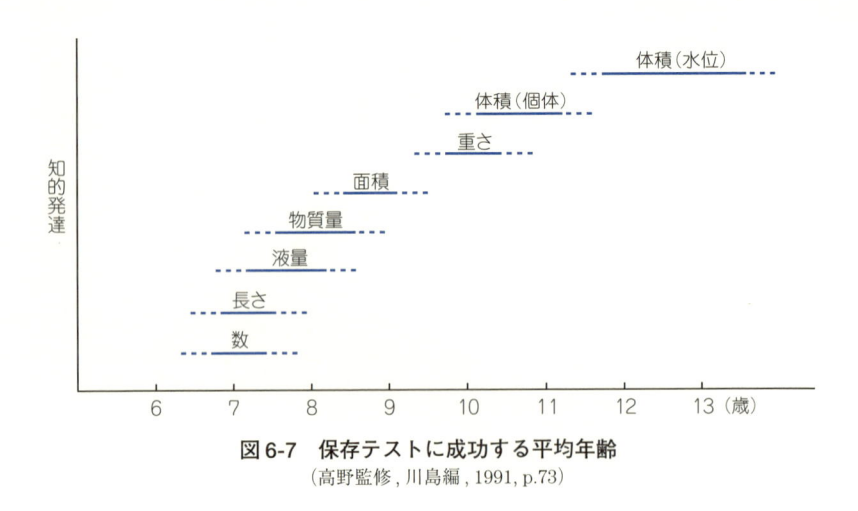

の山の立体模型を置き，子どもが座っている位置以外の場所に置いた人形から，どのような風景が見えているかを問う課題である。この課題では，幼児期の子どもは他の位置から見えるであろう風景を，予想し，うまく答えることができない。

　ピアジェのいう前操作的段階は，2歳頃から幼児期の終わり頃までの時期である。頭の中の表象レベルで思考でき，言葉やものに象徴的な意味づけをしながら使用できる段階をいう。このうち2歳～4歳くらいまでは「前概念的段階」とされ，自分と周りの関係をもとにすべてを理解しようとするため，他の人も自分と同じものを見ているように考える段階である。その後の4歳～7歳くらいまでは「直感的思考の段階」とされ，分類，数量化，関係づけ，などの論理的思考ができるようになる。しかしその理解はまだ一貫性に欠け，その時々に直感的に思いつくことで因果関係を推論するレベルである。これは，自分の考えを整理して複雑な思考を表現できるまでに言葉の使用が発達していないことによる。

(4) 発達段階と発達課題

　幼児期は運動機能，言語機能の発達が進む。それとともに知的側面や情緒面での分化などあらゆる機能の発達が進む時期である。1歳半頃には自己意識も芽生え，自分が母親や周囲の人から愛情を注がれ，認められていることを確認するような行為を，繰り返し行うような行動が見られる。

(a) 幼児期前期

エリクソンによる**発達段階**と**発達課題**では，幼児期前期（1歳～3歳頃まで）は「自律性」を覚え，恥・疑惑の克服が課題とされている。またトイレット・トレーニングが行われた結果，排泄の自立がこの頃に完了する。子どもは，何でも自分でやることへの自信や喜びを感じるようになる。また，何でも自分でやると言い張ったり，それを禁止されると逆らったりするような行動や言動を見せる。

子どもの自己主張が強くなり，親に逆らうこの時期を，ビューラーは**第一反抗期**と名づけている。

一方，この時期の子どもに，早すぎるトイレット・トレーニングの開始や，厳しすぎるしつけをすることは，子どもに未熟で愚かな自分という意識を植え付け，「恥や疑惑」の感情を生じさせることになる。何につけても，幼児期前期の子どもは，自分でやろうとしてもうまくできないことも多い。失敗を通して，子どもは学習し，自分でやれること，やれないこと，してはいけないことなどを学んでゆく。躾は，子どもの心身の成熟の度合いをよく見て，適切な時期に適切なかたちで行われる必要がある。

この時期の子どもにとっては，母親は安心感をチャージするエネルギーの補給基地のような存在である。子どもは，好奇心に惹かれ，母親のもとから離れて周囲の探索活動をはじめる。けれど母親からある程度離れると不安になるので，また母親のもとに戻り安心する。乳児期の愛着の形成や，その時期の発達課題である「基本的信頼感」が十分に形成されていないと，安心して母親のもとから離れることができず，**分離不安**を生じたりする。

このように母親から離れたり近づいたりしながら，しだいに子どもは，親から分離した一人の別個の人間としての感覚を身につけてゆく。この過程をマーラーは**分離－個体化の過程**と呼んだ。

(b) 幼児期後期

幼児期後期（4歳～6歳頃まで）は遊戯期（遊びの時期）と呼ばれる。この時期の発達課題は，自主性を覚え，罪悪感を克服することであるとされる。

幼児期前期を通して，親から離れることに少しずつ慣れた子どもは，さらに関心が外の世界に移ってゆく。この時期の子どもには，ウィニコットのいう「移行対象」が出現する。この移行対象は，子どもが一人で外の世界に向き合っていくときに生じる不安を，緩和する母親代わりのお守りのようなものであり，乳児の指しゃぶりの名残りであると考えられている。子どもによって，何

が移行対象になるかは異なる。ガーゼやハンカチをしゃぶったり，もてあそんだり，また，お気に入りのおもちゃや，ぬいぐるみなどをいつも持ち歩く子どももいる。

　フロイトは，この時期の子どもが自己の性を意識し，性の違いに基づき異性の親に強い愛着を感じ，一方で同性の親がライバルになるとした。そして，その感情を同性の親に気づかれて罰せられるのではないかという不安を，「去勢不安」と呼んだ。この微妙な葛藤を含む3〜4歳から6歳頃までの発達段階をオイディプス王の物語にちなんで「エディプス期」と命名し，この葛藤を「エディプス・コンプレックス」と呼んだ。同じ時期を，ペニスの有無により男女の性の違いを意識することから，「男根期」とも呼んでいる。

　この時期を経て，子どもは，今はかなわない相手である成熟した同性のライバルの親に，同一化することで，葛藤を克服しようとするとされる。そこで，男の子は父親を通して男性性を身につけ，女の子は母親を通して女性性を身につけてゆく道に進むとしている。

　エリクソンの説明では，自律性を獲得した子どもが自分の要求を積極的に表現する自主性が現れる時期である。しかし，この時期にうまく自主性が発揮できない場合，うまくやれなかったということへの罪悪感が生じる可能性もあるとされる。

2-3　児童期

　児童期は，心身が安定して発達を見せる時期である。また，小学校への就学など，今まで両親や家族中心だった環境から，新たな社会集団への参加を経験する時期でもある。

　学校での教育を通じ基礎学習も進み，さまざまな知識が獲得される一方，集団生活の経験の中で社会性や道徳性を身につけてゆく。

(1) 運動機能の発達

　運動機能の発達には個人差や性差はあるが，幼児期に比べ巧緻性の高い協応動作が可能となる。

　児童期のはじめ頃は書字動作などぎこちなく小筋肉運動は未熟である。先に大筋肉の発達が進む。やがて児童期の後期に至ると小筋肉運動も発達して書字，描画その他の微妙な作業もうまくできるようになってくる。さらに持久力や基礎体力も向上し，運動や動作に安定性が増してくる。

(2) 思考の発達

児童期の思考の発達は，7～11歳まではピアジェのいう**具体的操作期**にあたる。これは，直接的な対象に基づいて，論理的に思考できるようになる段階である。幼児期には難しかった保存の概念も成立するようになる。また，3つ山課題で見られたような自己中心的思考の特徴がなくなる（**脱中心化**）。11歳を過ぎた頃から，具体的な対象に依存せず，仮説に基づいて結論を導き出すような**形式的操作期**へと発達してゆく。

(3) 社会性の発達

小学校へ入学し，学校生活が開始されると，子どもの心の中では，家族との生活よりも学校やクラスでの人間関係が大きな関心の対象となってゆく。子どもの対人関係は家族から仲間関係へと広がってゆく。

児童期の中期から後期には，仲間と徒党を組むような**ギャング・エイジ**といわれる集団が形成される。リーダーを中心とした7～8人のグループが形成され，このような集団に参加する経験が，子どもに集団参加のありかたを経験する機会を与える。しかし，近年では塾や習い事などに時間を奪われ，こうした集団参加の経験をもつことなく過ごす子どもたちが増えているという指摘もある。

(4) 児童期の発達課題

エリクソンの発達課題では，児童期の発達課題は「勤勉性の感覚の獲得」である（3節，図6-14参照）。児童期はちょうど小学校入学の時期から卒業の時期にあたる。そのため，この時期は「学童期」とも呼ばれる。子どもは学校生活の中で，学級や学校の一員として過ごすことで，社会の中の自分のイメージを形づくってゆく。

学校の中で知識を吸収する一方，学級集団の中で一定の役割をにない，規律に従った行動を求められる。その積み重ねは，テストや通知表の成績などのかたちで常に評価される。課題に取り組み，まじめに努力することが未来につながり，社会の中で意味のある仕事を成し遂げられるという感覚が，勤勉性の感覚である。

その感覚を，この時期にうまく獲得できなかった場合，子どもの心には劣等感が生じる。劣等感にとらわれた子どもは自分の容姿や，家の財力，家柄などに心のよりどころを得ようとするという。

(5) 発達障害

幼児期や児童期は急速に発達の進む時期であるが，この時期にさまざまな原因による発達の遅れや，偏り，歪みなどが生じる。

主なものには，(1) 精神遅滞：知能の発達の遅れが中心となるもの，(2) 広汎性発達障害：自閉症，アスペルガー障害を中心とするもの，(3) 注意欠陥／多動性障害：不注意と他動性，衝動性が問題となるもの，(4) 学習障害：本人の努力にかかわらず，書字・読字・計算などの特定の技能習得に著しい困難をきたすもの，等，多様な障害がある。

これらの障害をもつ子どもについては，その障害の早期発見と，障害に応じた専門的な療育が必要である。早期から障害に応じた対応を始めることは，障害の影響を軽減する上で役立つだけでなく，二次的な問題の発生の防止にもつながる。

【参考書】

- 麻生 武（2002）『乳幼児の心理 ── コミュニケーションと自我の発達』サイエンス社
  幼児教育や発達心理学，コミュニケーション論などを学ぶ学生のために必要な発達心理学の基礎知識とトピックスがコンパクトにまとめられており，初心者には読みやすいかたちの本である。
- 無藤隆・岡本祐子・大坪治彦（編）（2009）『よくわかる発達心理学 第2版』ミネルヴァ書房
  この本はB5判と本の体裁は大きいが，内容は初心者にもわかりやすく，発達心理学全般の各トピックスを網羅している。読み物としても楽しみながら発達心理学のさまざまな知識が身につくようにまとめられている。

【文献】

千原美重子（2006）『人間関係の発達臨床心理学』昭和堂
小嶋秀夫・速水敏彦（編）（1990）『子どもの発達を探る』福村出版
小嶋秀夫・やまだようこ（編）（2002）『生涯発達心理学』財団法人放送大学教育振興会
宮原英種・宮原和子（1996）『発達心理学を愉しむ』ナカニシヤ出版
無藤隆・岡本祐子・大坪治彦（編）（2009）『よくわかる発達心理学 第2版』ミネルヴァ書房
西園昌久（編著）（1988）『ライフサイクル精神医学』医学書院
小此木啓吾（1992）『現代精神分析の基礎理論』弘文堂

大石史博・西川隆蔵・中村義行（編）（2005）『発達臨床心理学ハンドブック』ナカニシヤ出版

ピアジェ, J.（1947）／波多野完治・滝沢武久（訳）（1960）『知能の心理学』みすず書房

白佐俊憲（1982）『保育・教育のための心理学図説資料』川島書店

Shirley, M. M.（1931）*The first two years.* Minneapolis: Univ. of Minnesota Press.

鈴木　清（編）（2005）『人間理解の科学［第2版］』ナカニシヤ出版

高野清純（監修）／川島一夫（編）（1991）『図で読む心理学　発達』福村出版

塚本伸一・塚本尚子（編）（2003）『心理学 —— 基礎看護理論と看護事例で学ぶ心の科学』ヌーヴェルヒロカワ

山内光哉（編）（1989）『発達心理学［第2版］上・下』ナカニシヤ出版

山内弘継・橋本宰（監修）／岡本廣成・鈴木直人（編）（2006）『心理学概論』ナカニシヤ出版

3節　青年期の発達

子どもはやがて成長し，青年といわれる年代に入っていく。発達心理学ではこの時期を「青年期」という呼び名で区分している。研究者により，青年期にさまざまな区分化した年齢の幅を設けているが，ここでは，表6-6の山本（2000）の区分にしたがって青年期を考える。

表6-6　青年期の区分 （山本, 2000を参考に筆者が作成）

暦年齢	発達時期
10歳以前	児童期前期
10歳〜12歳	児童期後期（または前青年期）
12歳〜15歳	青年期前期
15歳〜18歳	青年期中期
18歳〜20歳	青年期後期
20歳〜30歳	後青年期
30歳〜	成人期

児童期から成人期に移行するための大切な時期となる青年期とはどのような特徴を有しているのであろうか。青年期に入るとそれ以前とは異なり，心身ともに大きな変革がもたらされ，時に動揺・混乱さえも引き起こす。このような大変革の中で，青年は自分らしさを追求，確立しながら成人期への準備を迎えていくのである。青年期における具体的な変化について見ていく。

3-1　外見上の変化

児童期後期になると，それまで外見上で特に違いが見られなかった男女に，明確な変化が起こるようになる。いわゆる**第二次性徴**と呼ばれるものである（図6-8）。一般的に第二次性徴は男子では青年期前期の13, 14歳頃から，女子では12歳頃から顕著に現れる。

具体的な外見上の変化として，男子では，肩幅や筋肉が増し，男性的な体つ

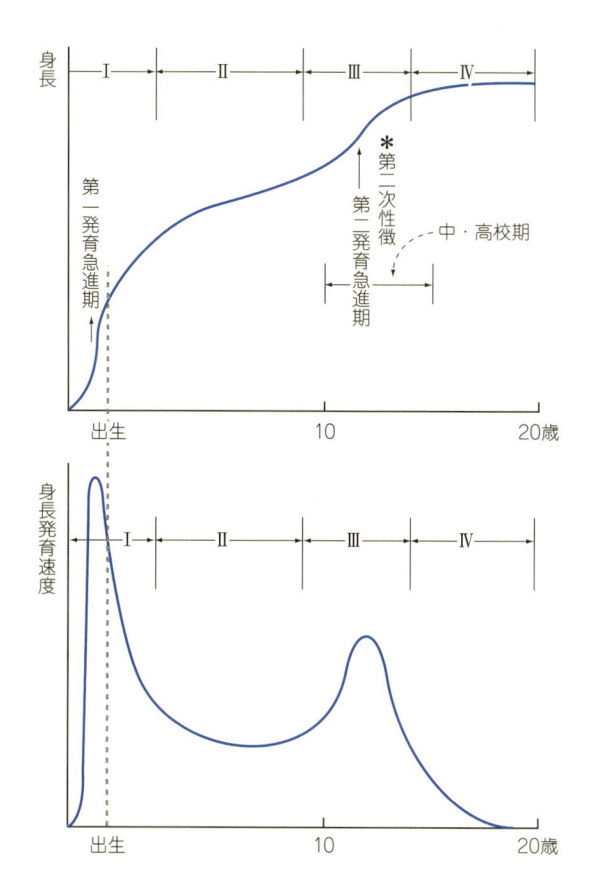

*は筆者加筆　第2発育急進期＝第二次性徴

図6-8　身体発育の経過（高石・樋口・小島, 1981）

きとなる．さらに，睾丸や副腎皮質から男性ホルモンの分泌量が増すことでひげや陰毛，胸毛などが生え，声変わりなどの変化が起こる．また，性器が発育することで，性欲が亢進し，14, 15歳頃に「精通」といわれる最初の射精が起こる（小林, 2002）．一方，女子では身長や体重が増加することはもちろん，卵巣から分泌される卵胞ホルモンの影響により，乳房の発育，骨盤の肥大，陰毛の出現などの特徴を有するようになる．さらに，卵胞ホルモンの分泌が急増することによる初経（または初潮）が起こり，以後定期的に生理が来るようになる．

青年期では男子は筋肉が盛り上がった体つきに，女子は丸みをおびた体つきとなり，いわゆる"男性らしさ"，"女性らしさ"といった外見上の目立った変

化が見られ，"子ども"から"大人"へと成長する。

3-2 男性・女性のありかたに対する考え方の芽生え

　青年は外見上の変化が現れることで，男性として，また，女性としてそれぞれがとるべき行動（性役割行動）とは何かを考えるようになる。つまり，青年期では，それまでは親や周りからの教育によって何の疑問ももつことなく自分自身が身につけてきた性役割に対して改めて考えるようになる。すなわち，それぞれの性に対する価値観（性役割観）と，その価値観に基づいて自分自身の"男性らしさ"・"女性らしさ"を評価するようになるのである。このような自分自身の性に対する再認識を「性役割同一性の獲得」と呼び，青年にとって重要な課題となる。

　性役割行動も，青年期後期になると，アルバイトなどの社会的活動や恋愛といった経験から，「自分の性にあった行動」（大久保，2008）を身につけるようになる。しかし，近年の女性の社会活動の参加により，男性の家事・育児の参加が当たり前となり，男性は外へ働きに，女性は家事・育児をといった性役割観に変化が生じるようになっている。

　図6-9・10は佐野・高田谷・近藤（2007）による，大学生の理想とする結婚後の暮らし方について男女の性役割意識を調べたものである。女子では，性役割に対する考え方がどのようなものであっても家事・育児は女性の仕事であると考えているが，性役割が平等とする意識の高い人ほど，就業継続を理想としている。一方，男子では男女の性役割が平等とする意識が高い人ほど，育児に参加する意識が高く，性役割行動に対する意識が特に男性において変化している。

3-3 物事に対する考え方やとらえ方への深まり

　ピアジェ（1985）は，人間の「思考」が発達に応じて異なることを示した（表6-7）。児童期までは自分に関連する身近なことや具体的なことを通してしか考えることができないが（具体的操作），児童期を過ぎると，具体的な状況や内容にとらわれずに，物事を論理的，抽象的に考えることができるようになる（形式的操作）。これにより青年は，「愛とは？」，「生きるとは？」などといった事柄を理解し，将来について考えたり，それを表現できるようにもなる。また，このような抽象的思考により，青年は自分自身を意識的，客観的に見れるようにもなるのである（自己意識）。この自己意識の芽生えにより，青年は「自分自

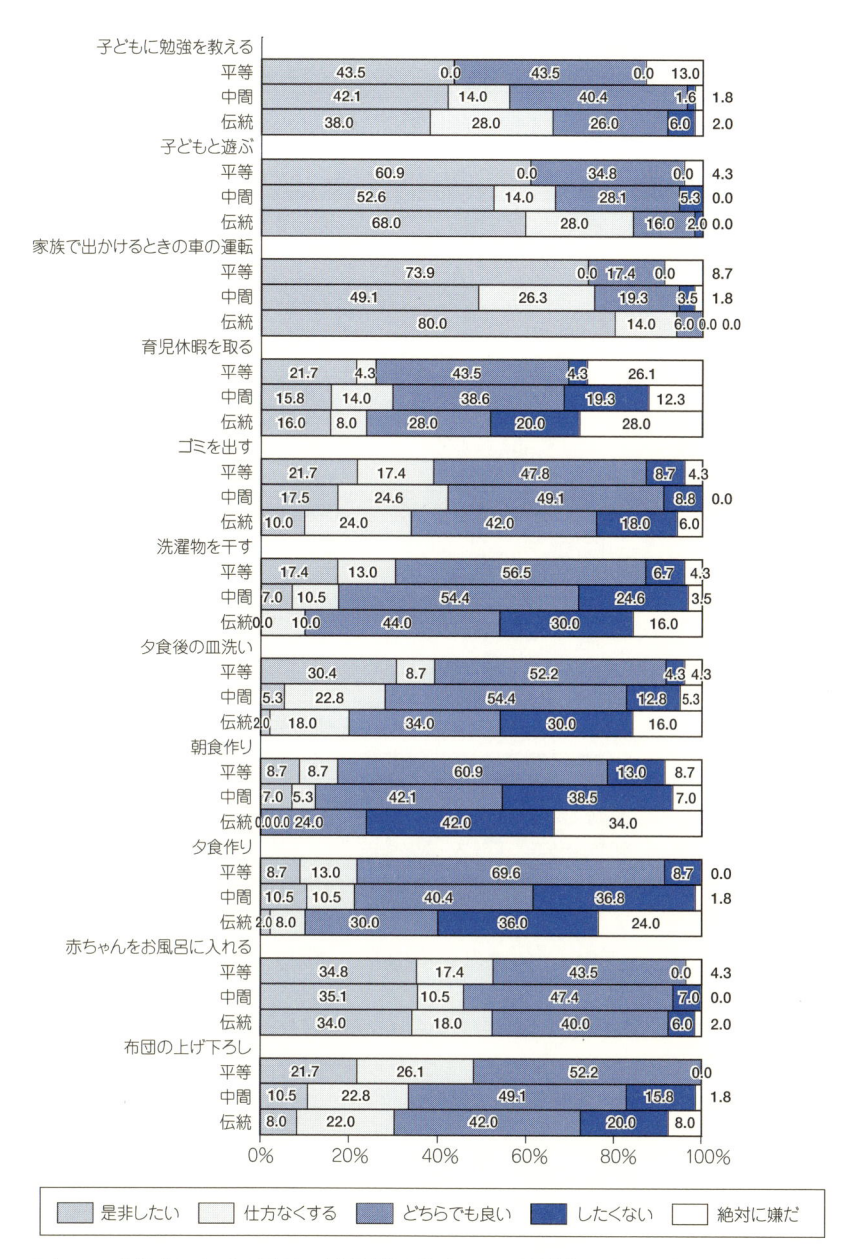

図6-9 大学生における男性の性役割行動別にみた結婚後の暮らし方 (佐野ほか, 2007)

凡例: 是非したい／仕方なくする／どちらでも良い／したくない／絶対に嫌だ

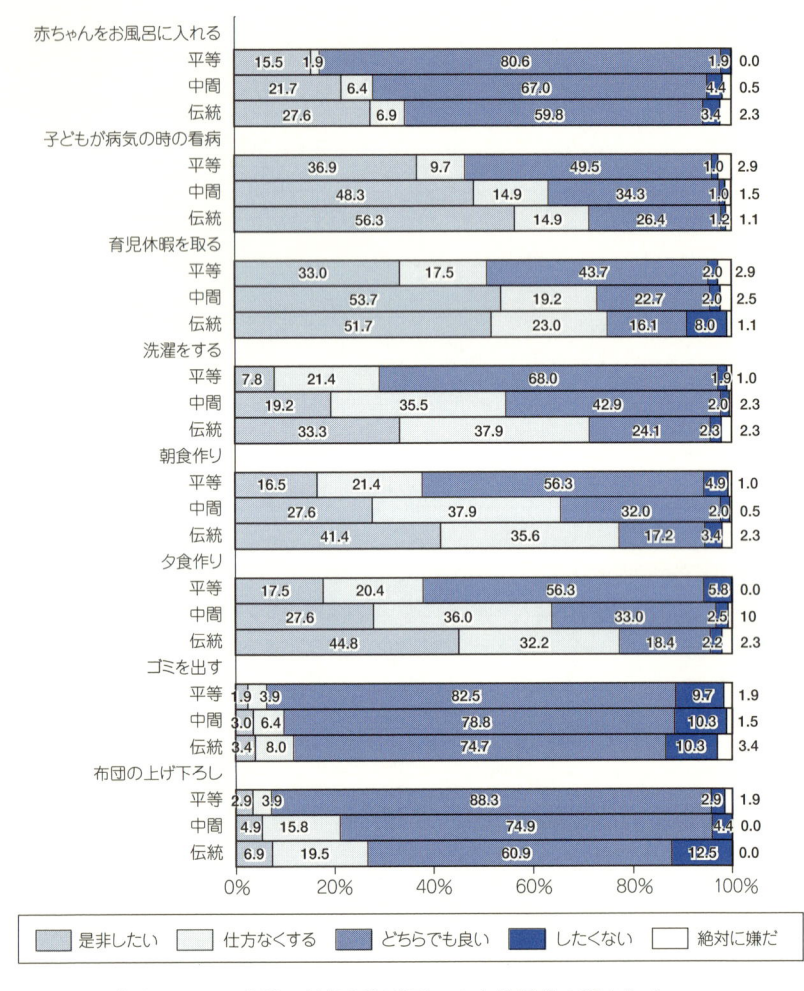

図 6-10　大学生における女性の性役割行動別にみた結婚後の暮らし方（佐野ほか, 2007）

表6-7 ピアジェの思考発達 (仲山, 1994を参考に筆者が作成)

段階		用いる思考	年齢	特徴
感覚運動的段階			(0〜2歳)	自身の感覚や身体を動かすことにより身の回りの事物を知る
表象*的思考段階	前操作的(自己中心的)段階	象徴的思考	(2〜4歳)	積み木が"車"を表すというような"ふり"ができる
		直観的思考	(4〜7,8歳)	どんな物でも"車"になるわけでなく,自身が経験した(直観的)ものから"車"に関連づけているだけ
	操作*的段階	具体的操作	(7,8〜11,12歳)	自分が理解できる範囲のみ操作できる
		形式的操作	(11,12歳〜)	具体的な事物を離れ,抽象的な思考が可能

＊表象：実際の事物を頭の中で表す
＊操作：頭の中でイメージや言葉を筋道の通った(論理的)仕方で動かす

身の存在とは何であるのか？」(アイデンティティ)と自問し，その答えを見い出そうとしていくのである。

一方で，青年期特有の思考性のために，時に理屈っぽさや批判的になる。また，青年はより高いものを求め，あこがれることで，理想と現実に対する矛盾に悩み，親や教師などの大人に対する不信感，拒否的態度を示すようにもなる(小林, 2002)。

3-4 青年を取り巻く人間関係の変化

青年期に入ると，他者との関わりについてもさまざまな変化を見せるようになる。

(1) 家 族

前青年期から青年前期，中期にかけて，青年は家族以外の者(同性，異性)に多くの関心を寄せる一方で，家族，とりわけ親に対して「反抗」するようになる(第二反抗期)。これは青年がそれまで親頼りにして生きる(依存)ことから，自分自身の力で生きていこうとする(自立)現れでもある。この時期は，特に親から物理的には独立していなくても心理的には分離していこうとする(心理的離乳)ため，親と子はしばしば葛藤状況に陥る。しかし，こうした親子の葛藤状況も次第に新たな関係へと変化していくのである(親子関係再構築；図6-11, 12)。

(2) 友 人

青年は親からの心理的離乳に際して，時として自分のことは誰からも理解さ

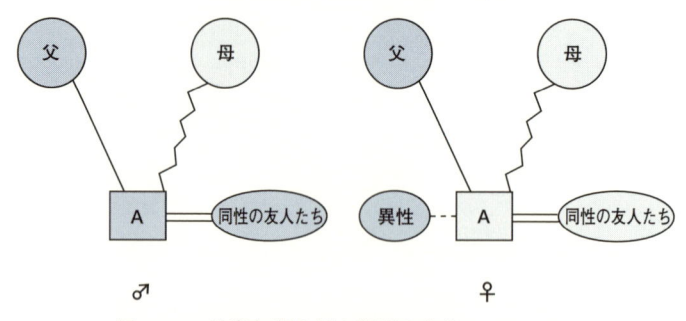

図 6-11　前青年期の対人関係の変化　(山本, 2001)

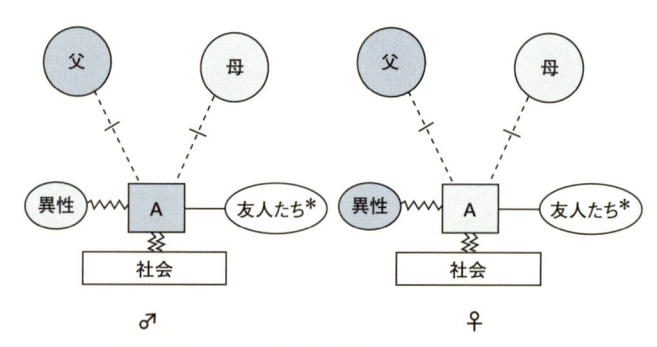

図 6-12　青年期後期の対人関係の変化　(山本, 2003. ＊は筆者が修正)

れないという「孤独」を味わう。このときに，自分を理解し認めてくれる友人の存在に気づき，お互いに"秘密"を共有しあい，児童期までの単なる遊びの"友達"としての浅い関わりから"友人"としての深い関わりがもてるようになる。また，青年前期あたりになると異性に対する関心が高まるようにもなる。このときに，青年は異性が自分のことをどのように見ているかといった意識が強くなる。この異性に対する自己意識が芽生えるがゆえに青年は自分自身の性

役割を再認識していくのである。

3-5 自己のとらえ方の変化（アイデンティティの確立）

　青年は心身の内的変化，家族，友人関係など外的な変化の中で，"自分らしさを追求"するようになる。これは，「私は何者であるのか？」の問いから，その問いに対する答えを導くまでの作業となる。この作業は時に混乱や葛藤を生むが，青年はそれを乗り越え，その答えを導き出していくのである。このような青年が自分らしさを追求し，それに対する答えを導くことを**アイデンティティ（自我同一性）の確立**といい，青年が乗り越えるべき大事な発達課題とされる。

　アイデンティティはエリクソン（1959）が提唱した概念である（図6-13）。エリクソンによると，アイデンティティが確立されるとは，どんな場面でも自分は自分であるということが自分も他者も認めていると感じる感覚（単一性）で

	1	2	3	4	5	6	7	8
I 乳児期	信頼 対 不信							
II 幼児前期		自律性 対 恥,疑惑						
III 幼児後期			自発性 対 罪悪感					
IV 学童期				勤勉性 対 劣等感				
V 青年期	時間的展望 対 時間的拡散	自己確信 対 同一性意識	役割実験 対 否定的同一性	達成の期待 対 労働麻痺	同一性(アイデンティティ) 対 同一性(アイデンティティ)拡散	性的同一性 対 両性的拡散	指導性と服従性 対 権威の拡散	イデオロギーの帰依 対 理想の拡散
VI 成人前期						親密性 対 孤立		
VII 成人期							世代性 対 停滞性	
VIII 老人期								統合性 対 絶望

図6-13　エリクソンのアイデンティティ（エリクソン，1959; 阿山，1997にもとづく）

あり，自分自身について過去・現在・未来を一貫して語ることができる感覚（連続性）である。さらに，他者集団や社会の中で自分自身の役割を求め，そこに一体感を求めると同時にその集団からも認められている（帰属性）という感覚がもてることである。つまり，アイデンティティとは，一人の自分が，それぞれの状況や場面においてさまざまな自分をもちながらも，そのどれもが"自分である"という感覚がもてることをいうのである。

青年は自分が何者であるかを模索し，それを統合していく（アイデンティティの確立）一方で，その過程には混乱や葛藤が生じ，しばしば青年は「危機」的状況におかれる。この危機的状況を乗り越えられない場合を，エリクソン（1959）はアイデンティティの確立に失敗した状態として，**アイデンティティ（自己同一性）拡散**とした。アイデンティティ拡散により，青年は自分を見失い，無気力におちいるばかりでなく，危機的状況がさらに悪化した場合には，対人恐怖症，強迫神経症，引きこもり，摂食障害などの精神病理を引き起こすことにもなる（山本，2003）。

アイデンティティの混乱を示す青年がいる一方で，近年では，アイデンティティの追求を早期に放棄した**早期完了型**（表6-8参照）といわれる者もいる。これは，自己を模索する行動を極端に抑え，何事もないように過ごすといった「過剰適応」状態にあり，青年期の心理臨床場面において問題を呈していることが指摘されている（たとえば，杉原，2001）。

青年はさまざまな外的・内的変化による混乱と再構築を行いながら成人になるための準備をする。そして，青年期後期以降はいわゆる**成人期**と呼ばれる発達段階に入り，青年は社会に参加していく。その意味でエリクソン（1959）は，青年期は社会参加の準備期間であり，"責任を猶予される時期"を意味する**モラトリアム期間**であるとした。この期間，青年はさまざまな自分自身の役割行動を試しながら心身を発達させるのである。しかし，近年では，就職難や自分のやりたいことにこだわりすぎることで，青年期を過ぎても定職に就けない青年（ニート）が多数見られる。その点で青年期のモラトリアム期間が成人期に入ってもなお延長され続けており，青年期の間にどのように自分自身を見つめていけるかが重要となる。

表6-8 アイデンティティの地位 (天谷, 2009にもとづく)

自我同一性地位	危機*	傾倒**	概略
同一性達成	経験した	している	幼児期からの在り方について確信がなくなり，いくつかの可能性について本気で考えた末，自分自身の解決に達して，それに基づいて行動している。
モラトリアム	その最中	しようとしている	いくつかの選択肢について迷っているところで，その不確かさを克服しようと一生懸命努力している。
早期完了	経験していない	していない	自分の目標と親の目標の間に不協和がない。どんな体験も，幼児期以来の信念を補強するだけになっている。硬さ（融通のきかなさ）が特徴。
同一性拡散	経験していない	していない	危機前（pre-crisis）：今まで本当に何者かであった経験がないので，何者かである自分を想像することが不可能。
同一性拡散	経験した	していない	危機後（post-crisis）：すべてのことが可能だし，可能なままにしておかなければならない。

* 危機：自分の生き方について選択・決定する際に，迷い苦闘した時期
** 傾倒：「自分である」という信念に基づいて行動しているか
注）＊・＊＊は筆者が加筆　　（出所：Marcia, 1966：無藤, 1979）

【参考書】

- 谷冬彦（2008）『自我同一性の人格発達心理学』ナカニシヤ出版
  エリクソンの発達理論と自我同一性についての詳しい解説と，日本における自我同一性についてのさまざまな研究が紹介されており，自我同一性が何であるかを追求したい方には必見である。
- 鑪幹八郎・山下格（1999）『アイデンティティ』日本評論社
  日本人におけるアイデンティティとは何か，また各発達時期におけるアイデンティティの変化について紹介されている。さらに，精神病などの病気とアイデンティティとの関わりについても詳しく解説されている。

【文献】

天谷祐子（2009）「青年期①：自分らしさへの気づき」藤村宣之（編）『いちばんはじめに読む心理学の本3　発達心理学　—　周りの世界とかかわりながら人はいかに育つか』ミネルヴァ書房

阿山光利（1997）「人格と自我形成」山内宏太朗（編）『人間の発達を考える1

胎児から青年まで』北樹出版
エリクソン, E. H. (1959)／小此木啓吾 (訳編) (1973)『自我同一性 ── アイデンティティとライフ・サイクル』誠信書房
小林臻 (2002)「第Ⅳ章 中学・高校期」平山宗宏 (編)『小児保健』日本小児医事出版社
Marcia, J. E. (1966) Development and validation of ego-identity status. *Journal of Personality and Social Psychology, 3*, 551-558.
無藤清子 (1979)「『自我同一性地位面接』の検討と大学生の自我同一性」『教育心理学研究』*27*, 178-187.
仲山佳秀 (1994)「青年期の知的発達」平山 諭・鈴木隆男 (編著)『発達心理学の基礎Ⅱ 機能の発達』ミネルヴァ書房
大久保純一郎 (2008)「青年期の発達と心の問題」藤村邦博・大久保純一郎・箱井英寿 (編)『青年期以降の発達心理学 ── 自分らしく生き, 老いるために』北大路書房
佐野まゆ・高田谷久美子・近藤洋子 (2007)「大学生における性役割志向によるライフコース観の比較」『山梨大学看護学会誌』*6*, 45-52.
杉原保史 (2001)「過剰適応的な青年におけるアイデンティティ発達過程への理解と援助について」『心理臨床学研究』*19*, 266-277.
高石昌弘・樋口 満・小島武次 (1981)『からだの発達 ── 身体発達学へのアプローチ』大修館書店
山本 晃 (2000)「青年期のこころの発達 第2報 ── 情緒・知的障害の観点から」『大阪大学障害児教育研究紀要』*23*, 29-37.
山本 晃 (2001)「青年期のこころの発達 第3報 ── 情緒・知的障害の観点から」『大阪大学障害児教育研究紀要』*24*, 23-33.
山本 晃 (2003)「青年期のこころの発達 第5報 ── 情緒・知的障害の観点から」『大阪大学障害児教育研究紀要』*26*, 19-27.

コラム 7　青年の職業選択とアイデンティティの確立

　青年後期の重要な発達課題に職業選択がある。自分がどのような職業に就くかを決定し，就職活動をすることが必要になるのである。その際，それぞれがもつ性役割志向，すなわち男女の性役割についてのステレオタイプ（性役割ステレオタイプ）が職業選択に影響を及ぼすことがある。

　次の文を読んで，以下の問いに答えなさい。
　『ドクター・スミスはテキサス州立病院に勤務する腕利きの外科医。仕事中は，常に沈静沈着，大胆かつ慎重で，州知事にも信頼されている。ドクター・スミスが夜勤をしていたある日，緊急外来（ER）の電話が鳴った。交通事故のけが人を搬送するので，すぐ手術をしてほしいという。父親は即死，子どもは重体だと救急隊員は告げた。20分後，重体の子どもが病院に運び込まれてきた。その顔を見て，ドクター・スミスはあっと驚き，茫然自失となった。その子は，ドクター・スミスの息子であった。』
　問い「交通事故にあった父子とドクター・スミスとの関係は？」
　答え「運ばれてきた子供の母親であり，亡くなった父親の妻」

表は過去3年間のドクター・スミス問題に対する解答結果である。

正答	誤答	わからない
23%	73%	4%

2001，2002，2005年　調査対象者：発達心理学受講生延べ人数132名

　ドクター・スミスのケースは，特にERのような生死を分かつ現場での外科医は診断・治療のスキルはもとより，強さ，勇気，独立，知性，情緒の統制指揮系統の理解etcを必要とする。そのため多くの人たちは，外科医を男性にふさわしく，女性にはふさわしくないものとして性役割ステレオタイプにより判断したためこのような結果となったのである。さらにスミス氏はロビー外交にも長けているというほかのステレオタイプも持ち合わせているために，その判断はより困難になる。
　青年期での自分自身の性に対する再認識を「性役割同一性の獲得」と呼び，アイデンティティを確立するこの時期，青年にとって重要な課題となる。近年，男女雇用機会均等法により，男女の職域は区別がなくなってきていることは好ましいが，職に就きながらアイデンティティを確立することも重要な課題であるため，性役割同一性をも考慮した職業決定が求められることもある。

4節　中年期・老年期の発達

4-1　中年期

　30歳代後半から50歳代にかけての中年期は，かつては大人の分別を備えた働き盛りで，人生の中で安定した「最盛期」ととらえられてきた。しかし，中年期の人々の心の内面には深刻な問題が潜在していることがわかり，**中年期が危機として理解される**ようになってきた。中年期は生涯にわたって続く心の発達プロセスの中で，自己のありかたが根底から問い直される「転換期」として理解されている。

　エリクソンも成人期以降の発達を含めた生涯発達論を提示し，その中で「親密性と世代性」が中年期の発達課題としている。親密性では，他者と体験を共有するなどして，お互いの存在の尊重から個人のアイデンティティが深まり，より豊かなものになる。さらに，親密な関係が生み出す情緒的相互性が個人の孤独感を軽減させ，自らの存在に活力を与えると考えられている。世代性では，他者の世話や仕事などを通して若い世代に自分の価値観を伝えるなどして，個人のアイデンティティがより深く広く複雑な関係性に位置づけられる。青年期と中年期のアイデンティティの確立，および再構築は人生の中でも最も重要な危機とされる。

　なお，中年期の年齢については明確な定義がないため，ここではレビンソン（1992）にならい，中年期を40歳から65歳ぐらいまでと考えることにする（図6-14）。

(1) 身体的変化

　多くの人が体力の衰えや，記憶などの認知能力の低下を実感するようになる。運動能力や体力の低下を背景にして，さまざまな病気，特に生活習慣病の罹患率が上昇し始める。女性では更年期のホルモンバランスの変化により，心身ともにバランスを崩しやすくなる。こうしたからだの変化から，自分の人生の残り時間が少なくなってきたことにも気づくことになる（時間的展望の変化）。

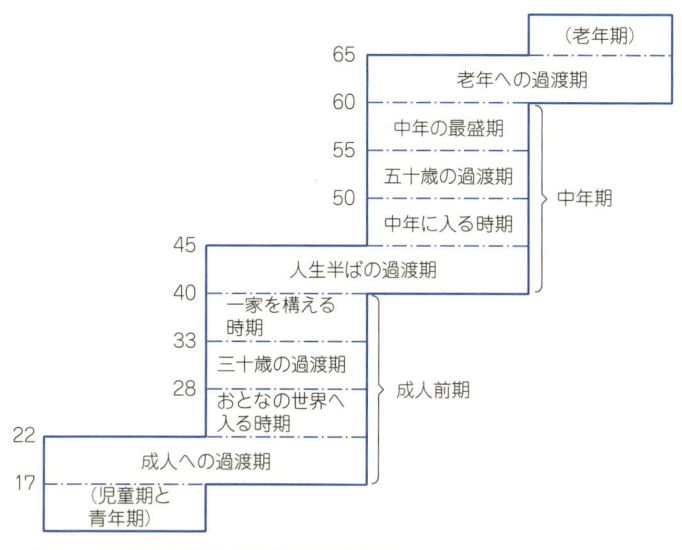

図6-14 成人中期と中年期の発達段階 (レビンソン／南 (訳), 1992)

(2) 家庭における変化

　未婚化，晩婚化，少子化傾向が近年は顕著にみられるが，家庭をもっている人の多くの場合は，子どもは思春期から自立の時期を迎える。子どもの自立によって安堵感や空虚感を親は抱くといわれている。安堵感は自立への肯定的な感情体験として，空虚感は否定的な感情体験として考えることができる。この2つの感情は密接に結びついており，同じ親のなかでも，両者の狭間で揺れ動いている場合もあることがわかっている。つまり，子育てから解放される場合もあるが，母親役割の喪失感から空虚感，抑うつ感を感じる場合もある（**空の巣症候群**）。一方，子どもが自立できずに，引きこもりやニート，あるいはパラサイトシングルとして親への依存が続く場合もある。また，この時期は親世代が介護を必要とする年代になり，介護施設の利用や介護サービスなどを受ける家庭も多くなったとはいえ，家庭における介護で心身ともに疲弊してしまう中高年者もいる。

　このように中年期の家庭では複合的な問題が生じ，夫婦が協働して対処することになる。夫婦自体の関係性が問われ，夫婦が改めて向き合うことが求められることが多くなる。

(3) 職業人としての変化

現代社会における先端技術や情報化の急速な変革，終身雇用制や年功序列制の揺らぎなど職場環境の急激な変化は，さまざまなストレスと職場不適応をもたらしている。たとえば，中年期の多くの人は管理職を任されるが，思うように昇進できず挫折を味わう人もいる。挫折感から能力の限界を感じて仕事へのやる気を喪失し，抑うつ的になる人もいる（上昇停止症候群）。また，昇進しても過剰に頑張りすぎて燃え尽きてしまい（燃え尽き症候群），その結果過労死に至ることもある。さらに，昇進したがうまくいかず，その葛藤を抱えたまま無理を続けてうつ病になってしまう場合もある（昇進うつ）。

中年期に何らかの挫折を体験することによる破綻が多くみられる。その挫折体験の多くは，体力・気力の衰え，職業上の出世や能力の限界感の認識など，中年期のアイデンティティ危機の契機になることがある。

(4) 中年期のアイデンティティ危機

こうしたさまざまな問題に直面することで「自分の人生は間違っていたのではないか」と，アイデンティティが揺らぎ始める場合がある。このアイデンティティの危機を「中年期クライシス」という。

アイデンティティが揺らぎ始めると，改めて，自分自身のありかたや生き方などを振り返ることになる。そして，人生の目標を再設定したり，目標までの道のりを変更したり，配偶者との関係を再構築したりと，生き方の軌道修正を試みる。軌道修正がうまくできれば，アイデンティティを再構築し，自分に対する自信を取り戻すことができる。人は誰でも歳をとるため時間や体力，能力に限界があることをわかっていても，若いうちは実感できない。しかし，中年期では自分の能力の限界を突きつけられる。「若くない自分」「能力に限界のある自分」を受け入れて，後半の人生の舵をとっていくことが重要になる（表6-9）。

この時期は生きてきた時間よりも残された時間の方が少なくなり，自分の人生に限りがあることを直視する必要が出てくる。そして他者と自分の生活の違いを通じて，多様な生き方があることをこの時期に明確に意識せざるを得なくなる。

4-2 老年期

ニューガーテンは，**老年期**を老年前期（65歳から74歳），老年後期（75歳以上）に2分した。これは，老年前期の世代は，仕事や家族に対する責任から解

表6-9 中年期のアイデンティティの再体制化のプロセス（岡本, 1985）

段階	内容
I	**身体感覚の変化の認識に伴う危機** ・体力の衰え，体調の変化への気づき ・バイタリティの衰えの認識
II	**自分の再吟味と再方向付けへの模索期** ・自分の半生への問い直し ・将来への再方向づけの試み
III	**軌道修正・軌道転換期** ・将来へ向けての生活，価値観などの修正 ・自分と対象との関係の変化
IV	**アイデンティティ再確立期** ・自己安定感　・肯定感の増大

放され比較的自由であり，健康状態も良く，社会活動にも参加し，余暇を楽しむというライフスタイルを選べるためである。さらに近年，健康で元気な高齢者の増加に伴い，超高齢期（85歳以上）を加えて区分する。

老年期の発達課題は，「自我の統合と絶望」である。これまで生きてきた人生について良い面も悪い面も含めて見つめ直し，一度限りの自分の人生に意義と価値を見出すことができれば高齢期を絶望感や苦しさを味わわずに過ごせ，やがて訪れる死への恐怖も弱まる。しかし，その課題解決に失敗した場合は，もう人生のやり直しがきかないことから虚無感と無価値観から絶望に陥る可能性も指摘されている。

(1) 身体的変化

老化に伴いほとんどすべての臓器・組織の機能は徐々に低下していく。身体的変化の共通の特徴として「予備力の低下」「防衛力の低下」「回復力の低下」「適応力の低下」の4つを挙げることができる。「予備力の低下」は，そのひとの最大能力と日常生活に必要な能力との差のことであり，その差が少なくなっ

ていくことをいう。次に、「防衛力の低下」は、危険を回避する動作能力、疾病に対する免疫力や抵抗力が減退していくことをいう。さらに、「回復力の低下」は、臓器・組織の障害や運動疲労などから元の状態に戻るまでの回復する時間が延長することをいう。最後に、「適応力の低下」は、湿度・気圧の変化などの環境に適応する能力が低下することをいい、これらの機能の低下により日常生活上の不都合が徐々に増大し、生命の維持はしだいに困難になっていく。つまり、身体機能のさらなる衰退は病気の罹患率を高め、日常生活を営む上での不都合が増加する。また、転倒による骨折など、寝たきりの状態へとつながりやすい怪我や病気も多くみられる。この心身機能の変化は、それまで以上に高齢者を危機的な状況に陥れ、周囲に依存せざるを得ないことで自尊心を損なうことにもなる。

(2) 家庭における変化

　仕事をしていた人は、定年退職に伴い家庭で過ごす時間が増え、夫婦の関わり方が変化する。孫の誕生などで、家族の中での役割が変化し適応することになる。また、この時期の後半は、孫の成長によって親役割や祖父母役割からの解放や配偶者との死別を経験することがある。配偶者との死別は、国内外問わず最もストレスフルな出来事とされている（ホームズとレイヒ，1967；表6-10）。また、配偶者に限らず、家族との死別は、人が人生の中で直面する最も精神的ダメージの大きい出来事のひとつになる。実際に、近親者との死別が、抑うつ、身体症状の悪化、免疫不全など心身に影響を及ぼすことが知られている。大切な人を失って経験する一連の心理過程のことを悲嘆と呼んでいる。これには食欲不振、睡眠障害などの身体的反応、悲しみや無気力などの反応、混乱したり泣いたりする反応が含まれている。

(3) 職業人としての変化

　中高年者の退職希望年齢はいくつなのだろうか。興味深い結果を下記に紹介する。内閣府の調査によると、全体としては、最も多いのは「65歳ぐらいまで」が20.8％、「70歳ぐらいまで」が17.2％、「60歳ぐらいまで」が10.0％になっている。また、「働けるうちはいつまでも」という人の割合は50歳代では26.4％だが、80歳以上では42.1％になっており、その割合は年齢とともに高くなっていることがわかる（図6-15）。

　定年退職などの職業役割の喪失は老年期における大きな人生の出来事（ライフイベント）のひとつである。これまで継続的に仕事をしてきた人は、仕事に

表6-10 社会的再適応評価尺度：生活出来事質問票 （Holmes & Rahe, 1967）

生活出来事	ストレス値	生活出来事	ストレス値
（1） 配偶者の死亡	100	（23） 子女の離家（たとえば結婚したり大学進学のため）	29
（2） 離婚	73	（24） 義理の親族とのトラブル	29
（3） 夫婦別居	65	（25） 顕著な個人的成功	28
（4） 刑務所などへの収容	63	（26） 妻の就職や退職	26
（5） 親族の死	63	（27） 本人の入学や卒業	26
（6） 本人の大きなけがや病気	53	（28） 生活条件の大きな変化（たとえば家の新改築，住宅環境の変化）	25
（7） 結婚	50	（29） 個人的習慣の修正（たとえば服装，マナー，交際関係など）	24
（8） 解雇（による失業）	47	（30） 上司とのトラブル	23
（9） 夫婦和解	45	（31） 勤務時間や労働条件の大きな変化	20
（10） 退職・引退	45	（32） 転居	20
（11） 家族員の健康面や行動面での大きな変化	44	（33） 転校	20
（12） 妊娠	40	（34） レクリエーションの形や量の大きな変化	19
（13） 性生活での困難	39	（35） 宗教（教会）活動上の大きな変化	19
（14） 新しい家族メンバーの加入（たとえば誕生，養子，老人の同居など）	39	（36） 社交的活動の大きな変化（たとえばクラブ，ダンス映画や訪問など）	18
（15） 再適応を要する仕事上の大きな変化（たとえば合併，再編成，倒産など）	39	（37） 1万ドル以下の借金やローン（たとえば自動車，テレビ，冷蔵庫など）	17
（16） 経済状態の大きな変化（たとえばつねよりかなりよい，あるいは悪い）	38	（38） 睡眠習慣の大きな変化（少なくなった，多くなった，あるいは睡眠時の変化）	16
（17） 親しい友の死	37	（39） 団らんで集う家族員の数の大きな変化（いつもより少ない，多い）	15
（18） 業務・配置転換	36	（40） 食習慣の大きな変化	15
（19） 夫婦間の口論回数の大きな変化（たとえば子どものしつけや習慣などに関して多くなった，あるいは少なくなった）	35	（41） 長期休暇	13
（20） 1万ドル以上の借金やローン（家を買ったり，仕事で）	31	（42） クリスマス	12
（21） 借金やローンの抵当流れ	30	（43） 小さな法律違反（たとえばスピード違反，信号無視，治安妨害など）	11
（22） 仕事上の責任の大きな変化（たとえば昇進，降格，転属）	29		

よる収入，仕事という活動や通勤場所，仕事上の人間関係，仕事上の肩書きなど人によって異なるが，さまざまなものを喪失することを意味している。仕事一筋に生きてきた人は，仕事上の役割を失うと充実感を見出す対象がなくなり，危機的な状況に陥ってしまいがちになる。しかしながら，定年退職を社会的責務としての労働役割からの開放ととらえる面もある。また，退職者は積極的で活力もあふれ，さまざまな技術や能力をもち，預貯金などの経済状況が良い者も多く，退職後の生活を楽しむ人たちも見受けられる。これらのことから，定

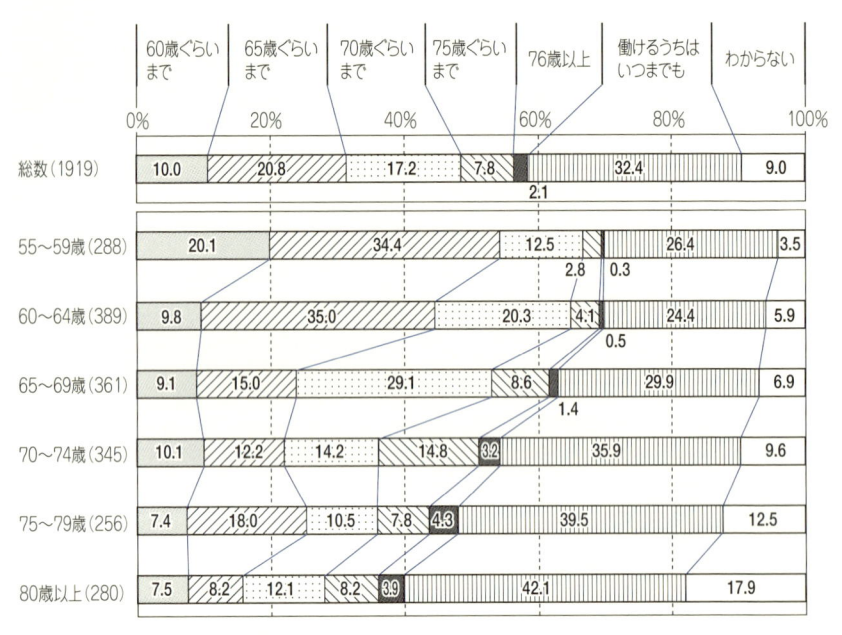

	60歳ぐらいまで	65歳ぐらいまで	70歳ぐらいまで	75歳ぐらいまで	76歳以上	働けるうちはいつまでも	わからない
総数(1919)	10.0	20.8	17.2	7.8	2.1	32.4	9.0
55〜59歳(288)	20.1	34.4	12.5	2.8	0.3	26.4	3.5
60〜64歳(389)	9.8	35.0	20.3	4.1	0.5	24.4	5.9
65〜69歳(361)	9.1	15.0	29.1	8.6	1.4	29.9	6.9
70〜74歳(345)	10.1	12.2	14.2	14.8	3.2	35.9	9.6
75〜79歳(256)	7.4	18.0	10.5	7.8	4.3	39.7	12.5
80歳以上(280)	7.5	8.2	12.1	8.2	3.9	42.1	17.9

図6-15　退職希望年齢（内閣府「高齢者の健康に関する意識調査」，2012）

年退職というライフイベントは否定的側面と肯定的側面の2つがあることがわかる。また，退職＝人生の引退ではない。第2の人生の始まりととらえて，新しい生活や活動に柔軟に適応していくことが大切である。

(4) 高齢期の健康

　高齢期の健康は，それまでの生活習慣の積み重ねである。したがって，若い頃から健康に留意したライフスタイルを形成することが，老後に長く元気でいられる秘訣なのかもしれない。しかし，健康的なライフスタイルを形成すること，維持することは容易なことではないこともわかるであろう。
　ここでは，高齢者の健康に対する不安について内閣府の調査をもとに説明する。「あなたは現在の健康状態は，いかがですか」の質問に対して，健康状態を「よい」「まあよい」という人の割合は70歳代に入ると徐々に減少し，80歳以上で36.4％となっている。一方，健康状態が「あまりよくない」「よくない」と意識している人は歳と共に増える傾向がある（図6-16）。
　多くの高齢者が健康に対して不安を感じていることがわかる。しかし，加齢に伴う心身の変化という問題は避けることはできない。心身の完全な状態が健

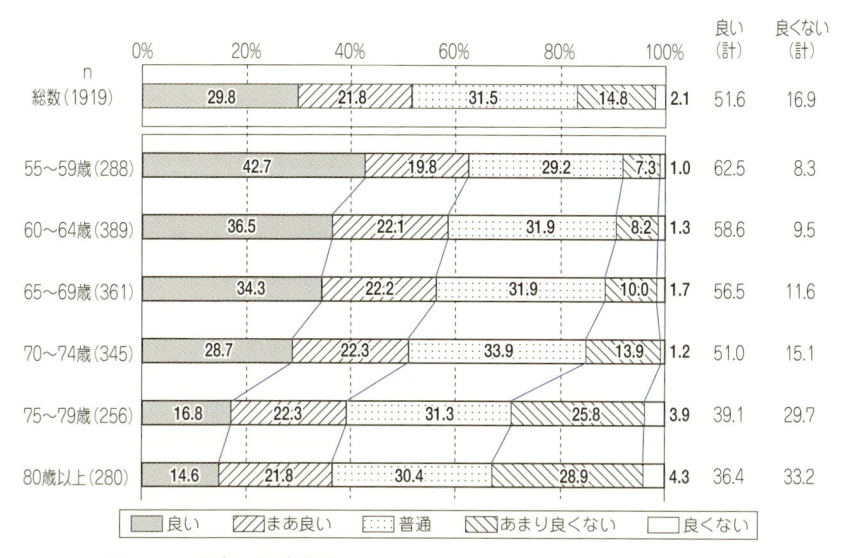

	0%	20%	40%	60%	80%	100%		良い(計)	良くない(計)
n	良い	まあ良い	普通	あまり良くない	良くない				
総数(1919)	29.8	21.8	31.5	14.8		2.1		51.6	16.9
55〜59歳(288)	42.7	19.8	29.2	7.3		1.0		62.5	8.3
60〜64歳(389)	36.5	22.1	31.9	8.2		1.3		58.6	9.5
65〜69歳(361)	34.3	22.2	31.9	10.0		1.7		56.5	11.6
70〜74歳(345)	28.7	22.3	33.9	13.9		1.2		51.0	15.1
75〜79歳(256)	16.8	22.3	31.3	25.8		3.9		39.1	29.7
80歳以上(280)	14.6	21.8	30.4	28.9		4.3		36.4	33.2

図6-16　現在の健康状態　(内閣府「高齢者の健康に関する意識調査」, 2012)

康だと考えていると，近くが見えにくくなる，耳が遠くなるなどがあるだけで健康ではないということになる。この時期特有の疾病や老化を高齢者自身がどのように受けとめて，いかに適応的に対処していけるかということが大切である。

(5) 新たな発達課題

現在の日本では，長寿者が多くなり90歳代や百寿者も増え続けている。80歳代や90歳代になると，それまでとは異なる新たなニーズが現れ，見直しが迫られ，新たな生活上の困難が訪れる。これらの問題に対応するには，新たに第9段階を設定して，この時期特有の課題を明確化することが必要になる（エリクソン, J.）。長寿者が増え，欧米でも80歳代や90歳代が増加したからであり，第8段階の成年期後期とは質的に異なった発達が見られることを指摘している。介護が必要な場合も多く，友人や配偶者に先立たれている者も多いのが，この第9段階の特徴である。これは「超高齢期」と名づけられ，新たな心理社会的発達がみられることを指摘している。この超高齢期では，第8段階の絶望が切っても切れない道連れとなる。身体能力の喪失をもたらすような事態がいつやってくるかわからないという不安を打ち消すことができないからである。人の手を借りずに動けたり，自分の身体を思い通りにコントロールすることが

おぼつかなくなるにつれ，自尊心と自信が崩れ始める。

【参考書】
- 岡本祐子（2010）『成人発達臨床心理学ハンドブック ── 個と関係性からライフサイクルを見る』ナカニシヤ出版

  人間が大人として人生を生き抜くことのさまざまな局面をとらえ，その光と影について考察した専門書である。成人期に体験されやすい臨床的問題の発達臨床的理解と援助について論じたものである。
- 下仲順子（2007）『高齢期の心理と臨床心理学』培風館

  高齢者への心理援助をするにあたり高齢者の心理特徴の基礎的知識を学ぶことができる入門書であり，専門書である。

【文献】

エリクソン, E. H.・エリクソン, J. M./朝長正徳・朝長梨枝子（訳）（1990）『老年期』みすず書房

エリクソン, E. H.・エリクソン, J. M./村瀬孝雄・近藤邦夫（訳）（2001）『ライフサイクル, その完結』みすず書房

Holmes, T. H. & Rahe, R. H. (1967) The social readjustment rating scale. *Journal of Psychosomatic Research, 11*, 213-218.

一番ヶ瀬康子（監修）/下仲順子・中里克治（編著）（2004）『リーディングス介護福祉学8　高齢者心理学』建帛社

レビンソン, D./南　博（訳）（1992）『ライフサイクルの心理学（上・下）』講談社学術文庫

内閣府　平成24年度「高齢者の健康に関する意識調査」

岡本祐子（1985）「中年期の自我同一性に関する研究」『教育心理学研究』*33*, 295-306.

岡本祐子（2010）『成人発達臨床心理学ハンドブック ── 個と関係性からライフサイクルを見る』ナカニシヤ出版

下仲順子（2007）『高齢期の心理と臨床心理学』培風館

7章 対人関係・社会

　学校生活では，友人と会って挨拶したり，アルバイト先で接客したり，サークルや部活動で新しい仲間と出会うことがあるだろう。他者と関わっていく中では，さまざまなことが意識される。初対面の相手であれば，外見から第一印象を抱いたり，相手のパーソナリティを想像したりする。人間関係をつくっていく過程では，自分自身をどう見せるか，どうありたいかなどを考えて，外見を整え，会話し，遊んだり，一緒に何かをする。その中で，相手は何を考えているのか，どうしてそのような行動をとったのかを想像して，自分の行動を変えていく。対人行動は楽しいことも多いのだが，一方では悲しいことや辛いこともあり，否定的な感情に対処する必要がある。もしトラブルがあれば，相手を説得したり，逆に交渉をしてお互いの着地点を見つけることがあるだろう。

　2人以上の他者のことを**集団**という。集団がもつ影響力は，友人や恋人よりも時として大きいものがある。マスコミの報道によって，ものを買わなくなったり，タレントが嫌いになったりするし，ついつい流行のものを買ってしまったり，流行っている店ならおいしいと思って並んでしまうことがある。また，集団が形成する文化の影響も存在する。日本人なら，他者に合わせて行動するという通説があるが，それは本当なのだろうか。

　本章では，他者や集団といった社会との関わりについて，「1節　社会的認知」（印象形成，社会的推論，態度），「2節　自己」（自己認知，自己評価，自己呈示），「3節　人間関係」（対人行動，恋愛関係と友人関係，ストレスと対処），「4節　集団」（集団の心理，社会的影響，リーダーシップ）という観点から，社会心理学の成果を見ていきたい。

1節　社会的認知

1-1　印象形成

　人に会ってしばらくすると，外見や話し方などから「やさしそう」「ちょっと近づきにくい」といった印象を抱くようになる。このように，他者に関するさまざまな情報からその人のパーソナリティを推測することを**印象形成**という。

　どのようにして印象形成がなされるかについては，**ゲシュタルト理論**がある。ある実験では，表7-1にあるような形容詞のリストを見せ，それぞれのリストが表すような人物の印象を答えさせた。リストAとBでは，太字の一か所だけ形容詞が異なるだけであったが，リストAの方がBよりも良い印象を与えていた。このことから，印象形成は個々の特性を合計したものではなく，「あたたかい」「つめたい」といった重要な特性（中心特性）を主とした全体（ゲシュタルト）としてなされると考えられた。

表7-1　印象を表す形容詞の例

リストA	かしこい → 器用な → **あたたかい** → 決断力のある → 明るい
リストB	かしこい → 器用な → **つめたい** → 決断力のある → 明るい

　一方で，ゲシュタルトを仮定しない**情報統合理論**も存在する。ある実験では，さまざまな特性語からなるリストを呈示し，そのリストから想像される人物の望ましさの程度を答えさせた。人物の望ましさの程度は特性語の望ましさや重みづけを加算して統合したもので表すことが可能であった。この結果は，印象形成が中心特性からなされるのではなく，1つひとつの特性を数学的に統合したものであることを示している。

　印象形成には，さまざまなバイアスがあることがわかっている。印象形成においては望ましくない情報が重視されるが，そのことを**ネガティビティ・バイアス**という。「非常に頭が良い」「裏切り者」という両極端な特性をもっている人物を想像させると，「裏切り者」という情報が重視されてネガティブな印象

形成がなされるのである。また，難関大学に入っていれば，人柄もすばらしいなど，他者がある側面で顕著な特徴をもっているとそれに引きずられて全体の評価がなされるという**光背効果**もある。事前に「あたたかい人」と聞いていた場合，実際に会ってから「つめたい」行動があったとしても，事前情報に引きずられた印象が形成される。このことを**期待効果**という。

　実際に人に会う前でも断片的な情報があれば印象形成を行うことが可能である。それは，「関西人はおもしろい」「血液型がO型の人はおおらかだ」などの典型例（プロトタイプ）の記憶をもとにしている。プロトタイプの中でも性別や人種，職業などのカテゴリー集団に関する固定化されたイメージを**ステレオタイプ**という。女性ならば「やさしい」，外見が美しいと「良い人」などのステレオタイプがある。ステレオタイプで判断することで，ある人物のことを詳しく知らなくてもパーソナリティを類推できる。

　しかし，ネガティブなステレオタイプに個人を当てはめた場合は，ネガティブに歪めてその人のパーソナリティを判断してしまうというデメリットが生じる。たとえば，外見が魅力的な人は，パーソナリティが望ましく，夫または妻としての適正が高く，将来成功しやすく，幸福度が高いと印象形成が行われるが，外見が魅力的でない人はその逆になってしまう。

　このようなステレオタイプによる表面的な判断でなく，相手の特徴をより入念に知ろうとして情報収集して判断することもある。その場合，人種，性別などのステレオタイプで自動的に判断される第1段階と，相手が自分にとって特別な場合に意識的にステレオタイプに当てはめていき，それでも当てはまらない場合には個人の特徴から人物像を形成する（個人化）という第2段階がある。

　「推理で事件を解決した名探偵」と聞いて「頭の良い人」と印象形成する人もいれば，「ずる賢くて冷たい人」と印象形成する人もいる。これは，「名探偵」から想像するパーソナリティの内容が個人によって少しずつ異なっているからである。パーソナリティに関する素朴な自分なりの理論を**暗黙の人格理論**という。暗黙の人格理論は，個人的望ましさ（あたたかさ，やさしさなど），社会的望ましさ（誠実性，良心性など），力本性（外向性，積極性など）の3次元からなり，その次元に従って**印象形成**がなされる。他者を見たときに社会的望ましさを重視して印象形成をするなど，それぞれの次元の重みづけが個人による異なるため，同一の他者に対する印象が異なると考えられている。

1-2　社会的推論

　事件が起こったときに，その犯人は誰なのか，何が原因だったのかなど，社会的現象の行動の原因や意図を推測することを**社会的推論**という。社会的推論は，自動的に直感的に行われるため，必ずしも合理的な判断ではなく，そうした日常的に行われる直観的な判断方略を**ヒューリスティックス**という。たとえば，事件が起こったときに悪いことをしそうと思っている典型的な人物を犯人と推測することがあるが，このバイアスを**代表性ヒューリスティックス**という。また，レストランの評価をするときに自分が最近食べた料理（思い出しやすい情報）を基準にすることがあるが，これを**利用可能性ヒューリスティックス**という。

　社会的推論の一種に，出来事の原因を考える心理作用，すなわち**原因帰属**がある。原因帰属には出来事を引き起こした行為者の要因（内的帰属）と環境要因（外的帰属）があり，それぞれに安定要因，不安定要因という要因がある。表7-2にあるように，原因帰属は統制の所在（内的－外的）と安定性（安定－不安定）の次元で4つに分類される。たとえば，試験で良い点を取ったときに何かが良かったのか，その原因について考える場合，試験で成功した原因を自分の能力の高さであると考えた場合，行為者である自分の能力という内的安定的な原因に帰属していることになる。

表7-2　原因帰属の種類　(Weiner, 1986)

		統制の所在	
		内的	外的
安定性	安定	能力	課題の困難さ
	不安定	努力	運

　原因帰属にはさまざまなバイアスがあることが知られている。われわれは行動の原因を行為者に求める傾向にあり，そのことを**基本的な帰属のエラー**という。たとえば，テレビの通販番組でタレントが「この商品はすごい」と言っていると，スポンサーに言わされているとわかっていても，タレントは本当に良いと思って言っているのだと内的帰属をする傾向にある。また，電車で席を譲っても，ルールに従っただけでその人が良い人だとは思わないことがあるが，これは行動と内的属性（能力やパーソナリティなど）を結びつける論理的必然性

が低いために内的帰属が行われなかったのだと考えられる。行動の実行に外的圧力があったり，社会的に望ましい行動であったり，特別な効果が得られるような行動であれば，行動と内的属性の対応性は低く，内的帰属はされにくくなる（対応推論モデル）。内的帰属の要因には，（1）人物（他の人もその行動をしたかどうかの一致性），（2）対象（その行動が特定の対象のみに向けられていたかの弁別性），（3）状況（状況によって同じ行動をするかどうかの一貫性）の3次元がある。たとえば，試験に失敗したときに，（1）自分だけが点数が悪く（一致が低い），（2）他の科目も点数が悪く（弁別性が低い），（3）これまでの試験の点数が悪い（一貫性が高い），という場合は，自分の能力が低いという内的帰属がなされるのである。

基本的な帰属のエラー以外にも，原因帰属にはさまざまなバイアスがある。自分の行為は環境や他者が原因だと考えやすく，他者の行為はその人が原因だと考えやすいが，これを**行為者－観察者バイアス**という。例としては，自分が遅刻したら「たまたま電車が遅れただけだ」と考えるが，遅刻した人を見ると「あの人は不注意だ」とその人のせいにすることがある。また，自分が成功したときには自分の能力のおかげと考えるが，失敗したときには環境や他者のせいにするという**セルフ・サービング・バイアス**（自分にとって都合が良いという意味）もある。このほかにも，偶然に起こることでも自分でなんとかコントロールできると思うというコントロール幻想，事故や事件の原因を実際以上に被害者にもあると考える過度の責任帰属という帰属のエラーもある。

1-3 態　度

われわれは，人物や考え方などさまざまな事柄について，好き－嫌い，賛成－反対などの態度をもつ。態度には，好き－嫌いという感情的側面だけでなく，信念などの認知的側面，実際に行動するかどうかという行動的側面がある。また，ある事象が好きなら，行動も好意的になるという要素間の一貫性を保とうとする傾向がある。ハイダー（1958）は，ある人物（P）が対象（X）に対してもつ態度は，他者（O）との関係によって変化するという**認知的均衡理論**を提唱した（図7-1）。ある作品（X）について人物（P）と他者（O）の2人が好きだったとして，人物（P）と他者（O）の関係が良ければ認知的な均衡が保たれているために態度変容は起きない。しかし，もし人物（P）と他者（O）の関係が悪ければ嫌いな人と同じ物が好きだという不均衡状態となるために，作品（X）を嫌いになるという態度変容が起こる。

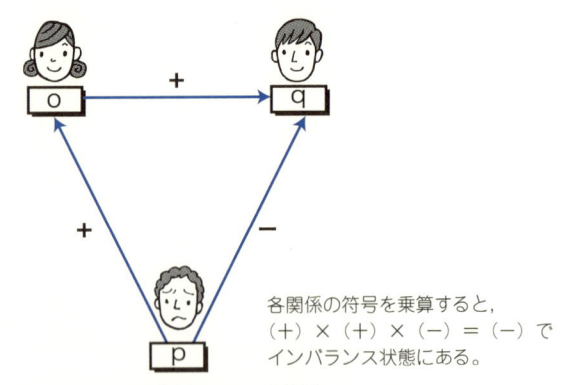

各関係の符号を乗算すると，
(＋)×(＋)×(－) ＝ (－) で
インバランス状態にある。

インバランス状態にある三者関係

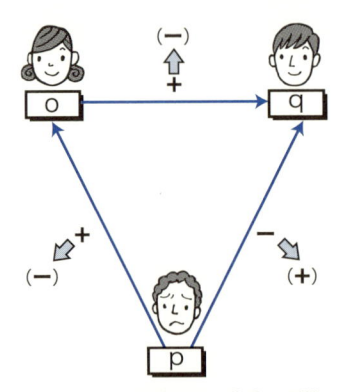

インバランス状態からの変化の形態

図7-1　ハイダーの認知的均衡理論（Heider, 1958）

　フェスティンガー（1957）は，自分がもつ考えの間で矛盾が起こった場合を認知的不協和として，その不協和から生じる不快感，緊張感を低減しようとして認知を変えたり，新たな認知要素を加えようとするという**認知的不協和理論**を提唱した。たとえば，喫煙者の「自分は煙草を吸っている」という認知と「煙草を吸うと肺ガンになりやすい」という２つの認知には矛盾が生じており不快になるため，不快感を低減させるために，「喫煙する」など行動を変化させたり，「喫煙者で長生きの人もたくさんいる」などと認知を変化させたり，「煙草を吸うとストレスが解消して仕事がはかどる」といった新たな認知を増やしたり，「喫煙と肺ガンの関係を示す情報を避ける」など情報を選択することがある。

　認知的不協和理論に関する実験では，1時間にわたる退屈な課題の後に，そ

れを「おもしろい」と他の参加者にウソをつかせ，報酬を20ドルと1ドルの2条件を設定した。1時間の退屈な課題に対して1ドルという報酬は割に合わないために，認知的不協和が起こり，課題を自分自身もおもしろいと考えるようになると理論から予測されたが，実際にそのとおりの結果となった。

　他者の態度を変容させるために行われるコミュニケーションを，**説得**という。態度を変容させる要因としては，メッセージの要因，送り手の要因，状況要因，受け手の要因がある。メッセージは，論拠が強く，受け手が理解できる程度のもので，反復して呈示された方が説得効果は高くなる。また，恐怖喚起するメッセージ（例：たばこの害として肺がんの映像を呈示する）の方が説得されやすいが，喚起される恐怖が強いと回避的になり効果が低くなる。高圧的なメッセージは，リアクタンス（心理的反発）を引き起こすため説得効果は低くなるが，これを**ブーメラン効果**という。また，送り手の**信憑性**（例：専門誌に載っている情報），**専門性**（例：専門的知識をもっている）や**信頼性**（例：誠実に情報を伝えている）が高いほど説得されやすい。ただし，信憑性が低くても時間が経つと，情報が忘れられるためにヒューリスティックな判断がなされるため，説得効果が生じるという**スリーパー効果**がある。

　状況要因としては，同時に別の課題を行うなど思考を妨害すると情報を吟味できなくなるため説得されにくくなる。また，説得内容を予告すると反論を考える時間ができるために説得に対して抵抗力が高くなる。受け手の要因としては，自分に関連している場合は情報の内容を十分に吟味するので（システマティックな判断），論拠の強さが強いほど説得されるが，自分に関連していないときは専門的な情報かどうかや議論の数など，周辺情報に基づいて判断するので，信憑性が高いほど説得されやすくなる。受け手の感情状態も説得効果に影響があり，気分が良いときはヒューリスティックな判断がなされるので，論拠の強さに関係なく説得されやすくなる。

　説得により態度を変容させても，必ずしも行動まで変容するとは限らない。態度と行動を変容させる方法として，**フット・イン・ザ・ドア・テクニック**がある。まず，「話だけでも聞いてください」と言って玄関に入って，その後に少しずつ依頼をして承諾してもらい，最後に本当の依頼をする。そうすると，最後の依頼は，これまでの自分の行動と一致するものなので，断るとむしろ認知的不協和が生じるために断れなくなるのである。たとえば「気をつけて運転しよう」という看板を玄関先に設置するという依頼に関して，事前に交通安全や地域美化に関するステッカーの貼り付けを依頼した方がしないよりも，その承諾率が高くなる。

集団で利害関係が生じたときは，双方にとって望ましい解決策を見つける必要があるが，その手続きを**交渉**（取引）という。双方で利害があって共存共栄を望まない場合，自分の力を誇示し相手を脅すなどの威嚇を行って自分の利益を確保しようとすることがある。この交渉の手段は，むしろ自分や集団全体の利益を損ねることになり，**社会的ジレンマ**と呼ばれる。図7-2にある**囚人のジレンマゲーム**では，お互いに黙秘していれば1年の刑になるにもかかわらず，結局は2人とも自白してしまう。もし協力すればお互いに利益があっても，自分だけは損しないように考えるために，お互い損をしてしまうのである。

		囚人A	
		黙秘	自白
囚人B	黙秘	A, Bとも1年の刑	Aは釈放，Bは15年の刑
	自白	Aは15年の刑，Bは釈放	A, Bとも10年の刑

図7-2　囚人のジレンマゲーム

【参考書】

- 山本眞理子・原奈津子（2006）『他者を知る —— 対人認知の心理学』サイエンス社
  　対人認知に関する理論とその実験方法を詳しく知ることができる。特に，他者に好意をもつ（もたれる）要因について知りたい人は必読。
- チャルディーニ, R. B./社会行動研究会（訳）（2007）『影響力の武器［第2版］—— なぜ，人は動かされるのか』誠信書房
  　社会心理学に基づく交渉術が書かれたベストセラーで，日常生活で知らず知らずのうちに他者の影響を受けていることを感じさせられる。

【文献】

フェスティンガー, L.（1957）/末永俊郎（監訳）（1965）『認知的不協和の理論 —— 社会心理学序説』誠信書房

Weiner, B.（1986）*An Attributional Theory of Motivation and Emotion*. New York: Springer-Verlag.

2節 自己

2-1 自己認知

「私」とはどのような人間だろうか。そのような問いを前にして，人は，自分の年齢や性別，性格，趣味・関心など，自分自身に関するいろいろな事柄を思い浮かべるであろう。「私」が「私」に目を向け，思いを巡らせるとき，そこには自らを知ろうとしている自分と，その対象となっている自分がいる。心理学で初めて**自己**について科学的検討を行ったジェームズ（1892）は，「知る者（主体）としての自己（I, self as knower）」と「知られる者（客体）としての自己（me, self as known）」を設け，自己の二重性を指摘している。また，そのようにして「知られる自己」は，自分の身体や所有物などに関する物理的自己，周囲の人の自分に対するイメージからなる社会的自己，自分の性質や意識状態などに関連した精神的自己により構成されると考えた。

自己をどのように定義するかは個々の研究領域により異なるが，自らがどのような人間であるか自分を知ろうとするとき，その過程において自己はとらえられる。

(1)「私」を見る

自らが「私」を知るときの第一歩として，まずは自らが周りの人たちとは異なる「私」という存在であることに気づく必要がある。

自分という意識がいつごろ生じるのかを理解する手がかりのひとつに，**自己鏡映像認知**がある。自分の姿が映った鏡を前にして乳幼児がどのような反応を示すかにより，鏡に映る自分を自分と見なしているかどうかが確かめられる。たとえば，鏡に映った子どもの姿を指さして「これは誰？」と尋ねたり，鏡を見せながら「〜ちゃんはどこ？」と尋ねたりする。また，子どもの鼻に口紅などで気づかれないように印をつけておき，鏡の前に立たせたときに自分の鼻に触れようとするかどうかがテストされる。こうした研究により，子どもは，おおよそ2歳を過ぎた頃には鏡に映った自分の姿が「私」のものであると理解す

ることが示されている。

　また，子どもは1歳前後くらいには名前の呼びかけに対して適切に応じ，2歳を過ぎる頃には自らを示す言葉（自分の名前,「わたし」など）を用いるようになるといわれる。自分の名前に対する反応やその使用は,「私」が他者とは異なる名前をもった存在であることを認識するひとつのきっかけとなる。また，2歳を過ぎる頃から，子どもは自分の母親など養育者との関わりの中で，自分自身の過去の経験について語り始める。自分から見た「私」の経験，そしてそれを語ることは，自己を構成するひとつの材料となっていく。

(2) 自己概念

　　課題：「私は_____」という文章の_____に自分についての記述を20個自由に書いてください。

　この質問は，クーンとマクポートランド（1954）による20の私テストである。「私は大学生である」「私は東京都出身である」など属性を答えた人もいれば，「私は教師を目ざしている」「私はまじめだ」「私は音楽が好きだ」など，個人的な目標や性格，趣味を書いた人もいるだろう。

　自分がどのような人間であるのか,「私」について自らが把握している内容や考えは，**自己概念**と呼ばれる。たとえば，私は「ユーモアがある」「親切である」「神経質である」といったように，自分に関するある程度まとめられた概念であり，自らが「知られる自己」を表現した内容といえるだろう。

　自己概念には，自分の性格や行動傾向，能力，属性，身体的特徴など自分に関するさまざまな事柄が含まれている。また，自分が経験してきたことに関する具体的な記憶も自己概念を形づくる上で重要な要素となる。たとえば，子どもの頃のことを振り返れば，初めて自転車に乗ったときのことなどを思い出すかもしれない。記憶に蓄えられた自分について知っている情報（自己知識）も含めて，自己概念は構成されている。また，関連のあるもの同士がまとまりあって構造化された自己知識は，**セルフ・スキーマ**と呼ばれる（図7-3）。たとえば，自分は「ユーモアがある」と考えている人は，「昨日，友人を笑わせた」「コメディが好きである」「他人が笑うと嬉しい」など,「ユーモア」に関連したセルフ・スキーマを有しているだろう。

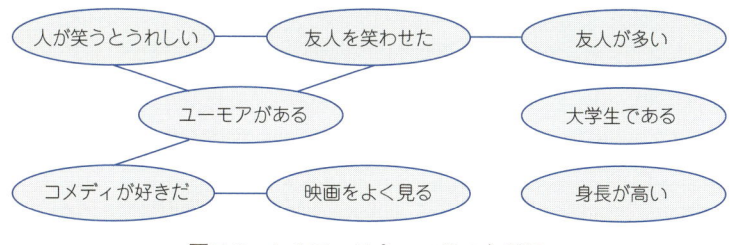

図7-3 セルフ・スキーマのつながり

2-2 自己評価

あなたは自分自身のことをどのように感じているだろうか。「私」は，「好ましい人間である」「スポーツが得意である」「音楽の才能がある」のように，われわれは自分の性格や能力などさまざまな点について評価を行っている。こうした自分自身に対する評価には，「好ましい／好ましくない」「優れている／劣っている」「よい／わるい」など何らかの価値判断が含まれ，それに伴って感情が生起する。たとえば，試験で良い成績をおさめたならば自分を好ましく感じて喜び，一方，失敗したならば自分は勉強ができないと思い落ち込むかもしれない。自己認知が自分自身の理解であるのに対し，自分についての評価は自己に関わる感情的な側面を含んでいる。

(1) 自尊感情

「私」そのものへの全体的な評価を通して得られる肯定的な感情，自分を価値あるものとしてとらえる感覚のことを**自尊感情**という。ジェームズ（1892）は，自らの願望と成功との関係によって自尊感情をとらえている（自尊感情＝成功／願望）。自分が望んだことに対して，実際にどの程度達成できているのかによって自尊感情が変化する。たとえば，自分が何かをなそうとして行ったことが成功したならば，それだけ自尊感情は高まり，失敗したならば自尊感情は低下する。そして，どの程度を望むかによっても自尊感情は変化する。達成することが難しい高い目標を設定すれば，失敗する機会も増えるだろう。一方，達成可能な目標を設定するならば，失敗することもなく自尊感情の低下を免れることができる。

また，ローゼンバーグ（1965）の自尊感情尺度（表7-3）では，「少なくとも人並みには価値のある人間である」といった質問項目に対する回答から，自分自身についてどのように評価し，感じているのかが測定される。彼の定義によ

表7-3　自尊感情尺度 （Rosenberg, 1965; 山本・松井・山成, 1982より）

1. 少なくとも人並みには，価値のある人間である
2. 色々な良い素質を持っている
3. 敗北者だと思うことがよくある（逆）
4. 物事を人並みには，うまくやれる
5. 自分には，自慢できることがあまりない（逆）
6. 自分に対して肯定的である
7. だいたいにおいて，自分に満足している
8. もっと自分自身を尊敬できるようになりたい（逆）
9. 自分は全くだめな人間だと思うことがある（逆）
10. 何かにつけて，自分は役に立たない人間だと思う（逆）

各項目に対して，自分にどの程度あてはまるかを5段階で評定する。
（逆）と書かれた項目は，あてはまらない場合に自尊感情が高いことを示す。

れば，他者と比べることで生じる優劣の感覚よりも，自分自身を肯定的に受け入れ，好意的に自分の価値を判断している点が重視される。

　このように，自尊感情は自分自身についての全体的な評価であるが，「スポーツが得意だが，音楽は苦手である」といったように，われわれは自分のいろいろな側面についてもそれぞれ評価を行っているであろう。自分自身の個別領域における評価は，**自己評価**と呼ばれる。自尊感情が自分に対する比較的安定した全体的な評価であるのに対し，個別の自己評価は周囲の人やそのときの状況により変化する。

(2) 社会的比較理論

　「私はサッカーが得意である」といった場合，はたしてそれはどの程度得意なのであろうか。A君より得意である，チーム内で一番得意である，その程度は比較対象によって異なるであろう。自分の能力や意見などを評価するとき，われわれはしばしば他者と比べることで自己評価を行っている。

　社会的比較理論を提唱したフェスティンガー（1954）は，人にはそもそも自己を評価しようとする動因があり，客観的な基準がない場合に他者と比較を行うと考えた。また，一般的に，自分の能力や意見に類似した他者との比較を行うことで，自分に対する正確な評価を求める傾向があると指摘している。たとえば，大学生が自分の運動能力を評価する際に，同年代の他者ではなく，小学生と比較しても正確な評価は得られないであろう。比較対象として選ぶ他者は，正確な自己評価にとって重要な手がかりとなる。

一方，自分自身についてよりよく評価し，自己評価を高めようとする欲求も存在する。こうした自己高揚動機が働く場合，自分よりも劣っていると感じる人と比較（下方比較）することで自己評価を高めようとしたり，自分より優れている人との比較を避けることによって自己評価が低下しないようにするであろう。しかし，自分よりも優れた他者との比較（上方比較）は，自分に不足している点を明確にし，自分が向上するための助けとなると考えられている。

(3) 自己評価維持モデル

　あなたは，大学の知り合いが良い企業に就職を決めたと聞いたときに，それをどのように感じるだろうか。ある人は自分のことのように嬉しく感じ，また別の人は嫉妬を覚えるかもしれない。このような感じ方の違いはどのように生じるのだろうか。

　テッサー（1988）は，ポジティブな自己評価を維持しようとする動機に焦点を当てて，他者との比較による自己評価の変化について理論化している（**自己評価維持モデル**）。自己評価維持モデルによれば，自分と相手を比較するときに，その相手が自分にとってどのくらい身近な存在であるのか（密接さ），相手の行った活動が自分にとってどれだけ重要なものであるか（関連性），相手の成功がどの程度のものか（達成度），この3つの要因によって自己評価は変化すると考えられている。

　特に，自分と相手との距離が近く（密接さ），相手の行った活動が自分よりも優れている（達成度）ときに，自己評価は大きな影響を受ける。残るもうひとつの要因，相手の活動が自分にとってどれだけ重要か（関連性）により，次の2つの過程が生じる。まず，自分との関連性が低い場合には，相手の成功を誇らしく感じ，優れた相手とのつながりにより自己評価も高まる。これは**反映過程**と呼ばれる。もうひとつは，**比較過程**と呼ばれるものであり，相手の成功した活動が自分にとっても重要なものである場合，つまり関連性が高い場合には，優れた相手との比較により自己評価が低下し，嫉妬の感情が生じる。

　この比較過程によって自己評価が低下する恐れがあるときには，3つの要因を調整することで，自己評価を維持しようとする。たとえば，その相手と少し距離をおく（密接さ），相手とは異なる活動に価値をおく（関連性），自分も成功をおさめられるよう努力する（達成度）などの方略がとられる。

2-3　自己呈示

あなたは周りの人からどのように見られたいだろうか。「おもしろい人だと思われたい」「すてきな人だと思われたい」「勉強ができると思われたい」，見せたい「私」は，人によってさまざまであろう。われわれは，他者に対して自分自身をよりよく見せようとしたり，自分にとって望ましいイメージを与えようとすることがある。こうした他者に与える自分の印象を操作しようとする行動を**自己呈示**という。自己呈示の要素を含む行動にはさまざまなものがあるが，ここでは，主張的自己呈示と防衛的自己呈示の2種類を取り上げる。

(1) 主張的自己呈示

自らが望む特定のイメージを積極的に形成しようとする行動は，**主張的自己呈示**と呼ばれる。ジョーンズとピットマン (1982) は，周囲の人からどのように見られたいか，その目標とする印象により主張的自己呈示を分類している (表7-4)。

表7-4　主張的自己呈示の種類　(Jones & Pittman, 1982)

	方略	目標とする印象	行動の例
1.	取り入り	好ましい人	相手を褒める，相手の意見に同調する
2.	自己宣伝	有能な人	自分の能力，知識，技能の高さを主張する
3.	示範	立派な人	自己犠牲的な行為，献身的な努力を行う
4.	威嚇	危険な人	相手を脅す，怒鳴る，激怒する
5.	哀願	かわいそうな人	自分を卑下する，弱い存在であることを示す

たとえば，「好ましい」「有能である」「立派である」といった肯定的な印象を相手に与えようとすることは，他者から好かれたり，尊敬されたりするなどの利点があるだろう。一方，ある人は，自分自身についてあえて否定的なイメージを作り上げようとするかもしれない。たとえば，自分の無理な要求を相手に受け入れさせるために「危険な人物である」という印象を相手に与えたり，周囲からの同情や援助を得るために，自分が「かわいそうな人」であることを印象づけようとしたりするであろう。

(2) 防衛的自己呈示

防衛的自己呈示とは，自分に否定的な印象がついたり，それまでに保ってき

たイメージが崩れたりしないように，自分を守るために行う自己呈示である。そのような行動は，自分が何か失敗をしたり，他者に損害を与えてしまうような状況で示されるであろう。

　たとえば，友人から借りた本に飲み物をこぼして汚してしまったときに，自分の不注意を認めながらも弁解して責任を逃れようとしたり，自分の責任は認めつつも弟がぶつかって飲み物がこぼれたといって自分の行為を正当化しようとしたりするかもしれない。また，自分の行為を責め，責任を受け入れる謝罪も自己呈示的な側面をもつことがある。

　一方，自分が失敗をしたりして否定的なイメージがつく前に，それを予測して行われる防衛的自己呈示もある。たとえば，大事な試験があるときに，わざと勉強をしなかったり，難しい問題を選択したり，前日にアルコールを摂取したりして，自分に不利な条件をあらかじめ準備しておく行動である。これは，**セルフ・ハンディキャッピング**（図7-4）と呼ばれ，たとえ失敗しても，その原因を自分の能力の低さではなく，自分が準備した不利な条件に求めることで自らのイメージの低下を防ごうとする。また，もし成功したならば，そうした不利な条件があるにもかかわらず成功したことになるため，自分の能力が一層高く評価されることにつながるであろう。

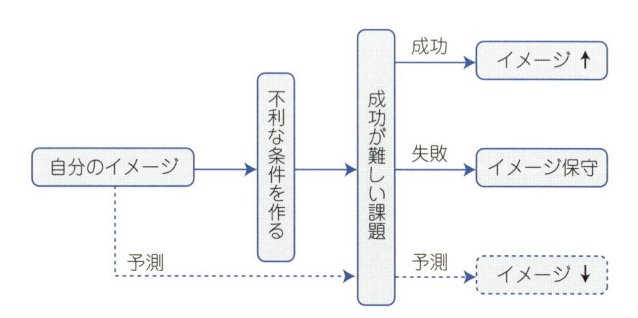

図7-4　セルフ・ハンディキャッピングによる印象の操作

【参考書】
- 安藤清志（1994）『見せる自分／見せない自分 ―― 自己呈示の社会心理学』サイエンス社
　　「自己呈示」について，そのさまざまな種類や機能，個人差，自己概念との関連などわかりやすく解説している。
- 船津衛・安藤清志（編）（2002）『自我・自己の社会心理学』北樹出版

自己に関わる社会心理学の研究を概観し，解説を行うとともに，社会学の知見なども含めて広くまとめられている。
- 中村陽吉（編）（1990）『「自己過程」の社会心理学』東京大学出版会
自己を「注目」「把握」「評価」「表出」からなる一連の過程としてとらえ，それぞれの段階について詳細に検討を行っている。

【文献】

Festinger, L.（1954）A theory of social comparison processes. *Human Relations, 7*, 117-140.

ジェームズ, W.（1892）／今田 寛（訳）（1992）『心理学（上）』岩波書店

Jones, E. E., & Pittman, T. S.（1982）Toward a general theory of strategic self-presentation. In J. Suls（Ed.）, *Psychological Perspectives on the Self. Vol.1*. Lawrence Erlbaum, pp.231-262.

Kuhn, M. H., & McPartland, T. S.（1954）An empirical investigation of self-attitudes. *American Sociological Review, 19*, 68-76.

Rosenberg, M.（1965）*Society and Adolescent Self Image*. Princeton University Press.

Tesser, A.（1988）Toward a self-evaluation maintenance model of social behavior. In L. Berkowitz（Ed.）, *Advances in Experimental Social Psychology: Vol.21*. Academic Press, pp.181-227.

山本真理子・松井豊・山成由紀子（1982）「認知された自己の諸側面の構造」『教育心理学研究』*30*, 64-68.

コラム 8　自己意識的感情

対人場面で経験する感情のなかでも，自己評価や社会的比較によって生起するものを**自己意識的感情**（self-conscious emotions）という。自己評価が変動することによって生じる感情には，恥，罪悪感，誇り，思い上がりがあり，出来事の成功と失敗，その原因が努力や運などその出来事に限ったことなのか（特殊的），能力やパーソナリティなど状況を通じて影響を及ぼすか（全般的）によって，経験する感情が異なってくる（下表）。

自己意識的感情の帰属モデル（Lewis, 2000 より作成）

	成功	失敗
特殊的	誇り	罪悪感・後悔
全般的	思い上がり	恥

　人前で成功したときに，「自分の努力が実った」と内的，不安定，特殊性次元で帰属すれば誇り，「自分の能力が高かった」と内的，安定，全般性次元で帰属すれば思い上がりを経験する。誇りを経験すれば，高まった自己評価を維持しようと努力を継続したり，他者を援助しようとする動機が高まる。一方で，思い上がりを経験すれば，自分は能力があるから何でもできると考えて，さらなるチャンスを求めたり，リーダーシップをとろうとするが，他者が思っているよりも自己評価が高くなりすぎると他者から排除されることになる。

　人前で失敗したときに，「自分の行動がまずかった」と内的，不安定，特殊性次元で帰属すれば罪悪感や後悔，「自分の性格が悪いからだ」と内的，安定，全般性次元で帰属すれば恥を経験する。罪悪感は，低下した自己評価を元に戻すための補償行動（罪の告白，謝罪，損害の償い）を動機づけるが，恥は他者からの排斥を避ける行動（目線を避ける，失敗を隠す）や逃避行動を喚起する。

【文献】

Lewis, M. (2000). Self-conscious emotions: Embarrassment, pride, shame, and guilt. In M. Lewis & J. M. Haviland-Jones (Eds.), *Handbook of Emotions* (2nd ed., pp. 623-636). New York: Guilford Press.

3節　人間関係

3-1　対人行動

(1) 援　助

　援助行動とは，他者に益することを意図した自発的な行動である。しかし，いつでも援助行動が起こるとは限らず，実際に援助を行うか否かは一連の意思決定のプロセス（図7-5）を経た上で決定される。他者が援助を必要としている状況にあるという認知が起点となり，次に援助する責任の大きさについて吟味される。自分に援助の責任はないと判断すれば援助行動は起こらないが，自分

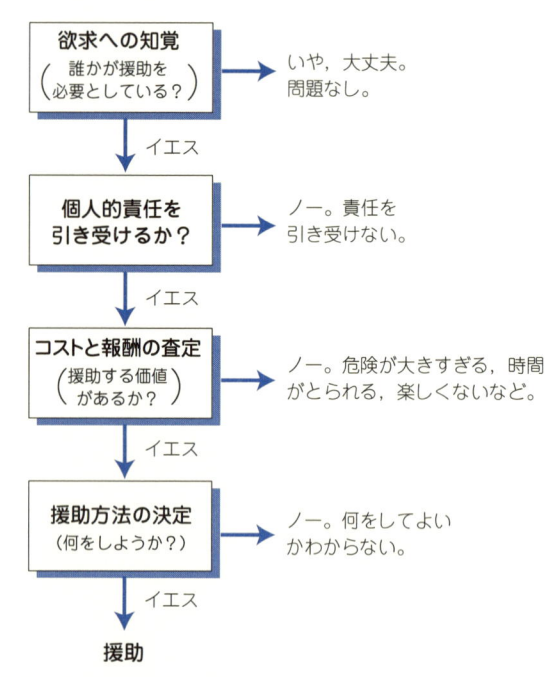

```
欲求への知覚                → いや，大丈夫。
(誰かが援助を                  問題なし。
 必要としている？)
    ↓イエス
個人的責任を                → ノー。責任を
引き受けるか？                 引き受けない。
    ↓イエス
コストと報酬の査定          → ノー。危険が大きすぎる，時間
(援助する価値                  がとられる，楽しくないなど。
 があるか？)
    ↓イエス
援助方法の決定              → ノー。何をしてよい
(何をしようか？)               かわからない。
    ↓イエス
   援助
```

図7-5　援助行動への意思決定過程（Taylor et al., 1994; 池上・遠藤, 1998, p.165 より）

の責任が明確であれば援助行動の生起につながりやすい。さらに，援助する価値，つまりコストと報酬について査定がなされる。コストが大きく，報酬が少ないと判断された場合は援助行動が生じにくいと考えられる。最後の段階では，どのように行うかといった援助の方法について決定し，援助行動が実行される。

このような援助行動が大きく取り上げられるきっかけとなったのは，キティ・ジェノヴィーズ事件である。マンションに囲まれた住宅地でキティ・ジェノヴィーズという女性がナイフで刺され，死亡した。彼女は襲われてから30分以上大声で助けを求めており，マンションの住人のうち少なくとも38人が事件を目撃していた。それにもかかわらず，救出に向かう者も，すぐに警察に通報する者もいなかった。

この事件についてダーリーとラタネ（1968）は，目撃者が多数いたことでかえって助けられなかったのではないかと考え，一連の研究を行った。そのひとつが責任分散の実験である。この実験では，参加者は個室に入れられ，別の個室にいる参加者とマイクを通じて会話を行った。その際，会話する人数が2人，3人，6人という3つの条件を設定したが，いずれの条件でも一人は会話の最中に発作を起こしたかのようにうめき声を上げる役目を担う実験協力者であった。実験では，この協力者の苦しむ様子を音声で聞いた参加者が，急病人が出たことを実験者に報告するために個室を出ていくまでの時間が計測された。実験の結果を示したのが図7-6である。自分以外に報告に行ける人がいる，またその数が多いと思っている条件ほど，報告して援助する率が減少し，行動を起こすまでの時間も長くかかっている。つまり，援助可能な傍観者の人数が多くなればなるほど責任が分散し，援助行動が生じにくくなることが明らかになっ

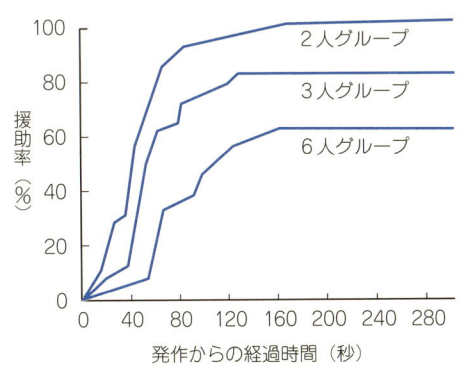

図7-6 援助反応の累積分布 （Darley & Latané, 1968；齊藤, 2000, p.73より）

たわけである。

(2) 攻　撃

ところで，人は援助行動ばかりではなく，時には攻撃行動をとることもある。バロンとリチャードソンの定義によれば，**攻撃**とは「どんなかたちであれ，危害を避けようとする他者に危害を加えようとしてなされる行動」である。バス（1971）は攻撃行動について，(1) 手段（身体的－言語的），(2) 能動性（積極的－消極的），(3) 対象（直接的－間接的）という3つの次元の組み合わせから，8つのタイプに分類している（表7-5）。

表7-5　8つの攻撃のタイプ　(Buss, 1971; 齊藤, 2000, p.108 より)

攻撃のタイプ	例
身体的－積極的－直接的	突く，蹴る，発砲する
身体的－積極的－間接的	落とし穴をしかける，暗殺者をやとう
身体的－受動的－直接的	相手の行動を物理的に妨げる（例：座り込み）
身体的－受動的－間接的	するべきことを拒否する
言語的－積極的－直接的	相手を侮辱したり，非難したりする
言語的－積極的－間接的	相手の悪い噂やゴシップを流す
言語的－受動的－直接的	話をしない
言語的－受動的－間接的	相手が不当な非難を受けていることが分かっていてもその人をかばってあげようとしない

　こうした攻撃行動がなぜ起こるかについては，生得説，フラストレーション攻撃説，学習説など，いくつかの考え方がある。
　まず**生得説**では，攻撃は生得的な本能であるととらえる。動物行動を研究したローレンツは，生物には生まれつき攻撃の要素が備わっていることを明らかにし，個体保存・種の保存にとって**攻撃本能**は不可欠だとした。また，精神分析の創始者であるフロイトは，人間には死の本能（タナトス）と生の本能（エロス）があると仮定し，タナトスが他者に向けられたときに攻撃となって現れると考えた。
　これに対して，ダラードらは攻撃行動は生得的ではなく，フラストレーション（欲求不満）状態に陥ることで攻撃行動が生じるという，**フラストレーション攻撃説**を示した。攻撃は常に何らかのフラストレーションの結果であるというのがこの仮説の内容である。また，バーコヴィッツはこの説を修正し，フラストレーションは攻撃の準備状態を高めるが，それが行動に表れるには，その

状況に攻撃を引き出す手がかりが必要であるとした。また，攻撃の準備状態が極めて高い場合は手がかりがなくても攻撃行動が出現する可能性も示している。

学習説では，他の行動と同じように，攻撃行動は経験を通して学習されたものと考える。バンデューラは，子どもたちに攻撃的なモデルを見せることで攻撃的な反応が増加することを示した。また，攻撃行動をとったモデルが報酬を得るところを観察した子どもたちは，その後より多くの攻撃行動を示すことを見出した。この学習のプロセスは**代理強化**による**観察学習**と呼ばれる。

3-2 恋愛関係と友人関係

恋愛関係と友人関係の類似性は高く，両者を区別することは容易ではない。恋愛と友情とを区別しようと行われた最初の実証的研究は，ルービンによるものである。彼によると，恋愛関係で経験される恋愛感情とは，(1) 相手と身体的，心理的にもつながっていたい気持ち，(2) 相手のために何かしてあげたい気持ち，(3) 相手を独占し2人きりの状態を望む気持ち，これらが重なりあった感情であるとされ，また，友人関係で顕著に経験される好意感情とは，(1) 相手のことを高く評価する気持ち，(2) 相手を信頼，尊敬する気持ち，さらに (3) 相手を自分とよく似た人であると思う気持ちが含まれている感情と定義されている（金政, 2012）。一方，デイヴィスは，好意感情は恋愛感情の一部であると考え，「友情」の要素に「情熱」と「世話」の2つの要素を加えたものが恋愛感情であるととらえた。

恋愛関係に関する研究はさまざまな観点からなされているが，ここでは恋愛の類型に着目し，恋愛の色彩理論と愛情の三角理論について紹介する。

リー（1988）は，文芸作品などから恋愛に関する記述を収集し，恋愛を6つのパターンに類型化した。また，これらの類型は互いに関連しているため，色相環になぞらえて円環状に配置し（図7-7），**恋愛の色彩理論**と名づけた。この理論によると，エロス（美への愛），ストルゲ（友愛的な愛），ルダス（遊びの愛）の3つが基本型であり，さらに，それらの混合型として，マニア（熱狂的な愛），アガペー（愛他的な愛），プラグマ（実利的な愛）の3つが存在する。6つの主要な恋愛の類型は，ラブスタイルと呼ばれ，それぞれ表7-6に示したような特徴をもつとされている。

スタンバーグ（1986）は，愛情が「親密性」「情熱」「コミットメント」の3つの要素から構成されている概念であるという**愛情の三角理論**を提唱した。彼は3要素について，それぞれを頂点とする三角形に配置し（図7-8），その理論

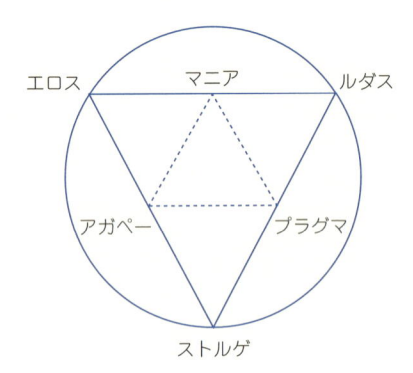

図7-7　6つのラブスタイル (Lee, 1988；大坊, 2012, p.77 より)

表7-6　6つのラブスタイルの特徴 (Lee, 1988；大坊, 2012, p.77 より)

ラブスタイル	特徴
エロス（美への愛）	恋愛を至上のものと考え，ロマンチックな行動を取る。相手の外見を重視しやすい。
ストルゲ（友愛的な愛）	穏やかで，友情的な恋愛のスタイル。愛は長い時間をかけて育むものであると考える。
ルダス（遊びの愛）	恋愛をゲームとして捉え，楽しむことを優先する。相手にあまり執着せず，複数の相手と同時に恋愛ができる。
マニア（熱狂的な愛）	独占欲が強く，相手に執着しやすい。激しい感情を経験しやすいため関係をなかなか安定させることができない。
アガペー（愛他的な愛）	相手のために自分を犠牲にすることもいとわない恋愛のスタイル。パートナーに親切で優しく，またその見返りを要求しない。
プラグマ（実利的な愛）	恋愛を地位の上昇などの手段と考える。恋愛相手を選ぶ際に社会的な地位や経済力などさまざまな基準を持つ。

の説明を行っている。三角形の大きさもしくは面積は愛情の強さを示し，三角形の形（正三角形や二等辺三角形といった三角の形）は愛情のかたちを表現している。たとえば図の真ん中の三角のように，親密性のみが高い場合は友愛的な愛として理解される。

　一方，友人関係に関しても，友情を構成する要因や友人関係の意義や機能など，多様な観点から研究が行われている。

　まず，友情を構成する要因としてラ・ガイパは，「自己開示」「信頼性」「援助行動」「受容」「肯定的関心」「向上性」「類似性」「共感的理解」の8つを挙げている。

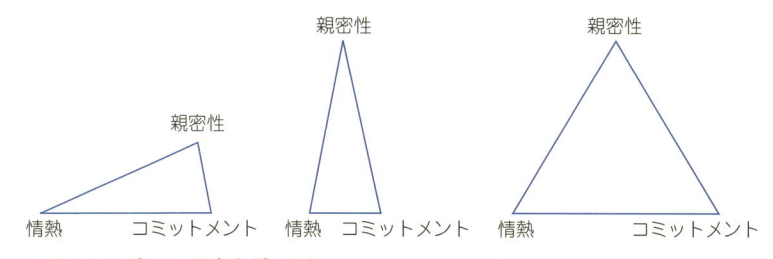

図7-8 愛の3要素と愛の形 (Sternberg, 1986; 大坊, 2012, p.78を参考に作成)

また，青年期の友人関係には，特に親からの心理的な自立を促し，アイデンティティの確立を図る働きのあることが知られている。加えて，友人関係は個人の社会化にも影響を及ぼす。松井（1990, 1996）は友人関係の機能として，(1) 安定化の機能，(2) 社会的スキルの学習機能，(3) モデル機能，の3つを挙げている。基本的には，年齢の上昇に伴い，広い友人関係から徐々に特定の友人との間で自己開示を行う深く狭い関係が形成され，また，自律性が高まり自分の主義主張を相手に表明することができるようになるといわれている。このように，友人との間に深い情緒的絆をもつことは精神発達に欠かすことのできないものである。

3-3　ストレスと対処

ストレスとはもともと工学や物理学で使われていた用語であり，物体に外からの力が加わったときに，その物体の中に生じる歪みを指している。この言葉を借用し，心や身体が張り詰めた状態を指すようになったのが今日一般的に使われるストレスと呼ばれているものである。

ストレスとは，心身の安全を脅かす要求や刺激，およびそれらの要求や刺激によって引き起こされる心身の状態を包括的に表す概念である。一般的には，心身に有害な環境からの要請や刺激を**ストレッサー**（例：試験），それによって引き起こされる反応や行動を**ストレス反応**（例：胃の痛みや緊張）と呼び，この両者を併せたものをストレスと総称する。

ストレス反応の引き金ともなるストレスフルな出来事について研究したのがホームズとレイヒ（1967）である（表6-10, p.151参照）。彼らは**社会再適応評価尺度**を作成し，出来事を体験した際にそれにうまくなじむための努力量を示した。一般には，望ましくないこと，予測や統制が難しいこと，はっきりしないあいまいなことが，より大きなストレス反応をもたらす傾向があるといわれる。

しかし，同じ出来事でもストレス反応の大小は人によって異なる。この個人差に注目したのがラザラスとフォルクマン（1984）である。ストレッサーが生じると，自分にとってその刺激がどの程度ストレスフルかという一次評価，および，その状況に対してどのように対処するかという二次評価，の2つの**認知的評価**が行われる。さらに，評価結果に基づいて**コーピング**（対処行動）が発動する。この認知的評価とコーピングによってストレス反応が決定されるというモデルを提出したのがラザラスらである（図7-9）。つまり，心理学的ストレスモデルによれば，環境をどのように受けとめるか，環境からの要請に対してどのように対処するかといった個人要因によって，ストレス反応の生じ方が異なることになる。

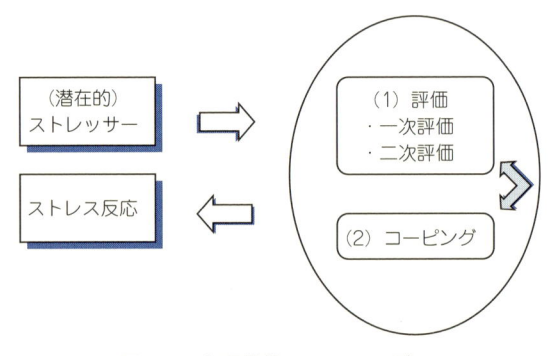

図7-9　心理学的ストレスモデル
（ラザラス＆フォルクマン／本明ほか（訳），1991を参考に作成）

心理的ストレス反応を低減させるためには，コーピンクが特に重要であるといわれている（小杉，1998）。コーピンクはラザラスによれば，「刻々と変化する認知的・行動的努力過程であり，個人の資源に付加を与える，または負荷を超えると評定された外的・内的な要請を処理するために実行されるもの」である。コーピングの種類に関する研究は，フォルクマンとラザラスによる「問題焦点型対処」「情動焦点型対処」の2分類に端を発している。

問題焦点型とは，問題解決に向けて情報を収集したり，計画を立てたりといった，生じている問題の解決を通して，心理的ストレス反応の軽減を目指そうとするコーピングである。一方，情動焦点型とは，直面する問題について考えることをやめたり，時が過ぎるに任せたりといった，喚起された不快な情動状態を鎮め，調節することを目指したコーピングである。一般的には，状況を変えられる場合には問題焦点型が，変えられない場合には情動焦点型がより効果

的であるとされる。

【参考書】
- 池上知子・遠藤由美（1998）『グラフィック社会心理学』サイエンス社
  図表が多用され，社会心理学の各領域についてわかりやすく解説されている。
- 小杉正太郎（編著）（2002）『ストレス心理学』川島書店
  心理学的ストレス研究について，わかりやすく網羅的に解説されている。

【文献】
Buss, A. H. (1971) Aggression pays. In I. J. L. Singer (Ed.), *The Control of Aggression and Violence*. Academic Press.

大坊郁夫（2012）『幸福を目指す対人社会心理学』ナカニシヤ出版

Holmes, T. H. & Rahe, R. H. (1967) The social readjustment rating scale. *Journal of Psychosomatic Research, 11*, 213-218.

池上知子・遠藤由美（1998）『グラフィック社会心理学』サイエンス社

金政祐司（2012）「対人魅力の概念」大坊郁夫（編）『幸福を目指す対人社会心理学──対人コミュニケーションと対人関係の科学』ナカニシヤ出版

小杉正太郎（1998）「コーピングの操作による行動理論的職場カウンセリングの試み」『産業ストレス研究』5, 91-98.

Darley, J. M. & Latané, B. (1968) Bystander intervention in emergencies: Diffusion of responsibility. *Journal of Personality and Social Psychology, 8*, 377-383.

ラザラス，R. S. & フォルクマン，S.（1984）／本明寛・春木豊・織田正美（訳）（1991）『ストレスの心理学』実務教育出版

Lee, J. A. (1988) Love styles. In R. J. Sternberg & M. L. Barnes (Eds.), *The Psychology of Love*. New Haven, CT: Yale University Press. pp.38-67.

松井 豊（1990）「友人関係の機能"青年期における友人関係"」斎藤耕二・菊池章夫（編）『社会化の心理学ハンドブック』川島書店, pp.283-296.

松井 豊（1996）「親離れから異性との親密な関係の成立まで」斎藤誠一（編）『青年期の人間関係』培風館, pp.19-54.

齊藤 勇（2000）『イラストレート人間関係の心理学』誠信書房

Sternberg, R. J. (1986) A triangular theory of love. *Psychological Review, 93*, 119-135.

Taylor, S. E., Peplau, L. A., & Sears, D. O. (1994) *Social Psychology*. 8th edition. Prentice Hall.

4節 集団

　われわれは社会生活を送る上で，家族や学校，職場，サークルといった何らかの集団に所属しており，一人ひとりが行う物事の判断や行動は，それら集団からの影響を受けている。したがって，社会場面における人の心理的特徴を理解するためには，個人単独では見られない「集団」特有の現象を知っておくことが重要であろう。ここではこうした集団における人の心理の特徴，集団が個人の心理にもたらす影響について取り上げる。

4-1　集団の心理

　集団とは，2人以上の人々によって形成される集合体であり，そこには一定の規範があり，メンバー間の相互作用や結びつきが存在し，メンバーの中で地位や役割が分かれているといった特徴が見られる。このような集団を形成することにより，人は個人単独では達成が困難な課題を効率的に行うことができるし，一人でいることの不安が軽減され，人と友好的な関係をもちたいという親和欲求を満たすことができる。

　集団には，たとえば友人や仲間のような，メンバー間の感情的な結びつきにより自然に形成される**非公式集団**（インフォーマル・グループ）もあるし，企業や官公庁のように目標達成や課題遂行のためにメンバーを集めて形成される**公式集団**（フォーマル・グループ）もある。自分にとって関わりのある集団は通常複数あるが，自分に対する影響の度合いは集団によって違いがある。それら集団のうち，特に自分が行う判断や行動に影響を与え，規準となる集団のことを**準拠集団**という。多くの場合，家族，クラス，サークルといった自分の所属集団が準拠集団となるが，自らの行動に影響を与える集団であれば現在所属しているものに限らず，かつて所属していた，これから所属したいといった集団も準拠集団となりうる。

　どのような集団であれ，そこには複数の人が存在しており，集団が機能的に維持されていくためには，メンバー同士がうまく関わりあうことができるように，メンバー間で共有された考えやルールが必要であろう。このような，集団

の中で多くのメンバーが共有する思考様式や行動規準のことを**集団規範**という。それには学校の校則や会社の社訓のように明文化されたものもあるし，特に意識されてはおらず，暗黙のうちに存在しているものもある。また，集団に複数の規範がある場合には，その集団にとってより重要な規範もあれば，影響の弱いものもある。いずれにせよ，集団規範は所属するメンバーそれぞれに対して同じように行動するよう促す集団圧力として作用し，その規範から外れた行動に対しては抑止力としての影響をもつ。そのため，個人一人のときに行う判断と，集団内で複数人の中で行う判断とが違うものとなることも少なくない。

集団規範の形成に関して，シェリフによる自動運動（暗闇の中で光の点を提示すると，実際には動いていないのに動いているように見える現象）の実験がある。この実験では実験参加者に自動運動の移動距離を回答してもらった。その際，参加者に個別に尋ねると大きな個人差があるものが，3人が一緒の集団状況で報告させると，回数を重ねるにつれて自然に一致した値になっていった。このように，集団の他者の判断が影響力をもち，個人の判断とは異なった共通の規準が形成されていく。

人がある特定の集団に所属しているということは，程度の差はあっても，その集団に魅力があり，そこに所属することで個人の欲求や動機を充たすことができるといった何らかの理由や意義が存在するであろう。このように，メンバーを自発的に集団にとどまらせるように働く力のことを**集団凝集性**という。集団凝集性を高める要因としては，(1) 集団自体や他のメンバー自身，あるいはその中でのコミュニケーションに魅力があり喜びを感じられる，(2) 集団の目標や課題が個々のメンバーのものと合致しており，その集団に所属することでそれらが適切に進められる，(3) 個人のさまざまな欲求・動機を集団に参加することで充足させることができる，(4) 集団活動を通じて好ましい結果を得られることが期待できる，(5) 他の集団と比べてその集団に所属することが賞とコストの点でメリットがあることなどが指摘されている。

集団凝集性が高まると，コミュニケーションや相互理解が進み，課題遂行を促し，心的安定が得られるなどのプラスの効果がある一方，個々のメンバーに集団規範に沿った行動をとらせる圧力として作用し，その結果，個々の活動に柔軟性を欠くといったマイナスの効果をもつこともある。

4-2 社会的影響

集団自体ないし集団内の他のメンバーの存在は，規範や凝集性などを通して，

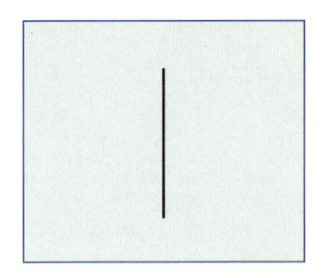

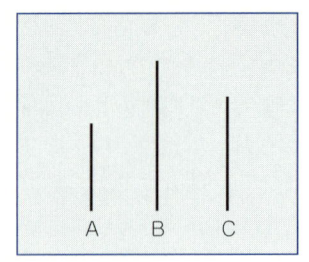

図7-10 アッシュの実験で用いられた刺激の例（Asch, 1955）

個人の行動，態度，感情に対してさまざまな影響を与える。たとえば，本来自分はこうしようと考えていたのに，集団内の他の人の異なる意見を聞いたことにより，それに合わせて自分自身の意見を変えることもある。このように，集団の標準や期待に添うようにメンバーの行動や信念が変化することを**同調**という。同調の古典的研究として，アッシュ（1955）による線の長さの判断実験がある。この実験で参加者に与えられた課題は，図7-10のような2つの刺激のうち，左図の線と同じ長さの線を右図の中から1つ選んで答えるという単純なものであった。実験は数人の集団で行われ，実験参加者一人以外は実は全員が実験者から故意に誤答するよう依頼されたサクラ（実験者の実験意図に協力する参加者）であったため，実験参加者以外の者は間違いとなる回答を行った。その結果，課題自体は一人で判断すればほぼ正答できるような非常に簡単なものであったにもかかわらず約1/3が誤答となり，自分の判断を変えず正答した参加者は1/4でしかなかった。なお，集団のサイズはサクラが4人まではサクラの人数が増えるにつれて同調が増えるが，それ以上になっても大きな変化は見られなかった。同調を促す要因としては，このほか，集団凝集性，課題の重要性・困難度・あいまいさの高さ，自己の確信・自信の低さ，失敗経験の有無などが指摘されている。

権威ある人物からの言葉は，個人の行動に対して，より強い影響をもつであろう。権威者からの命令や指示に従うことを**服従**というが，その命令に従って自分の意思に反する行動をとることも少なくない。ミルグラムは服従に関して次のような実験を行っている（図7-11）。それは記憶の実験と称して実施され，参加者は教師役となり，サクラである学習者に対して電気ショックの罰を与えるよう実験者から要請され（実際には電気ショックは与えられない），その要請にどこまで応じるのかが検証された。その結果，電気ショックの強度が上がるにつれて学習者の苦しみ悶えるうめき声（実際は演技）が聞こえ，教師役の参加

図7-11 ミルグラム実験の見取図（ミルグラム／山形（訳),2008に基づき作画）

者は拒否の姿勢を示すものの，実験者の命令に従って極度に強い電気ショックを与え続けた。このほか，ジンバルドーにより行われた，看守役と囚人役の参加者を用いた監獄実験でも権力への服従の様子が示され，そこでは看守役が自ら罰則を与えたり，監禁を行ったりするようになった。

　われわれは集団内で話し合いを行った場合に，よりリスクの高い方向にまとまることもあるし，逆に，より慎重な答えになることもある。このように，集団内の個人の当初の判断や行動が，話し合いなどのさまざまなやりとりを経ることで，集団全体として同一方向に偏る現象のことを**集団極性化**という。このうち，前者のように集団討議後により危険度の高い方向に偏ることを**リスキー・シフト**，後者のようにより慎重・安全な方向に偏ることを**コーシャス・シフト**という。集団での判断を経ることによって，もともと集団におけるメンバーの判断の平均値がリスキー（危険）側にあるものはよりリスキーなものになるし，コーシャス（慎重）側にあるものはよりコーシャスなものになると考えられている。

　誰かと一緒に仕事をしたり，図書館の自習室で勉強するなど，他者の目がある場所で行うと，一人で行うときよりもはかどることもあるし，計算問題を解いたり，暗記や困難な作業に取り組む際には逆に周りに人がいると気になってしまって集中できず，うまく進められないこともあるだろう。見物者や共同作業者といった他者の存在によって行動が促進される場合を**社会的促進**，課題の遂行が抑制される場合を**社会的抑制**という。他者の存在が生理的興奮をもたらすため，比較的単純な慣れた課題では適切な反応を促すことで社会的促進になるし，反対に，複雑な不慣れな課題の場合には不適切な誤った反応を促しやす

いことから社会的抑制につながるという。

たとえば，クラス全体での合唱練習や掃除のように，集団内で一緒に作業を行うようなとき，「自分一人がやらなくてもわからないだろう」といった思いからついサボってしまった経験はないだろうか。このように，集団で共同作業を行う際に，一人での場合に比べてその努力量が低下する現象は**社会的手抜き**と呼ばれる。集団の人数が増えるほど強くなるが，それには人数が多くなるほど各個人の努力量がわかりにくくなること，また，一生懸命やらなければならないという圧力が小さくなることの影響が考えられている。

周りに自分以外の人がいることを認知すると，援助が必要な場面において介入行動が抑制される現象は**傍観者効果**と呼ばれる。周りに自分しかいない状況で急病人に出くわした場合には，声をかけたり救急車を呼んだりするなどの援助行動をとるが，人通りの多い街中の場合では，ほかの誰かが行動することを期待して，つい見て見ぬふりをしてしまうようなこともあるかもしれない。傍観者効果は傍観者の数が多くなるほど，自分より有能と思われる他者が存在するほど起こりやすいとされる。この現象の理由として，そばに人がいると「自分が助けなくてはいけない」という責任感が弱まるという，責任の分散説などが指摘されている。

4-3 リーダーシップ

集団が効果的に機能するためには，メンバーの中の誰かが，目標に向けた指示や命令を出してメンバーを引っ張っていくことや，メンバー同士でのコミュニケーションによって関係の維持・調整を図るなど，集団に対して積極的に影響力をもたらしていく行動が必要であろう。このような働きかけを**リーダーシップ**といい，そのリーダーシップを執る者のことを**リーダー**という。集団において，どういったリーダーの行動やリーダーシップのありかたが，メンバーや集団の行動・態度に対して効果的であるかを扱うリーダーシップの理論については，たとえばリーダーの性格・知能などの資質との関係，あるいは専制的，民主的，放任的といった指導スタイルとの関係，集団がおかれた状況との関係などから検討されてきた。ここでは，こうしたリーダーシップ理論の中から，PM 理論と条件即応モデルについて取り上げる。

PM 理論は三隅が提唱したリーダーシップ理論であり，集団機能に着目している点に特徴がある。ここでは，リーダーシップの機能を，集団の課題達成のための目標を立てたり，メンバーに指示・命令を与えるといった「課題達成機

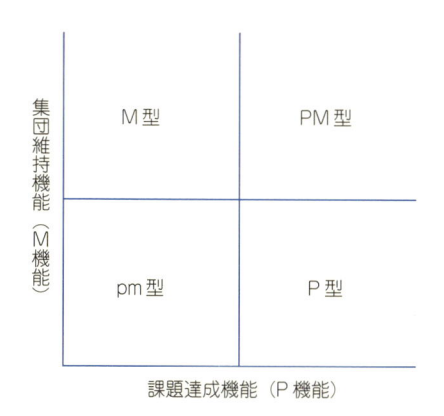

```
            │
   M型      │     PM型
            │
────────────┼────────────
            │
   pm型     │     P型
            │
```
縦軸: 集団維持機能（M機能）
横軸: 課題達成機能（P機能）

図7-12　PM理論の4つのタイプ（三隅，1984）

能（P機能：Performance 機能）」と，メンバーの考えを理解したり，集団内に友好的な雰囲気をもたらしたりする「集団維持機能（M機能：Maintenance 機能）」の2つの観点からとらえ，各機能の高低による組み合わせから4つのタイプに分け（図7-12），たとえば生産性や部下の満足度に与える影響について検討されてきた。その結果，生産性や部下の満足度はP機能，M機能が共に高いPM型で高く，両機能が共に低いpm型で最も低いことが示されている。

一方，リーダーが行うある1つの行動が，いつでも同じような効果をもたらすわけではないし，いついかなる場合でも有効であるとはいえない。こうした観点から，集団状況を考慮に入れたリーダーシップの理論としてフィードラーの条件即応モデルがある。ここでは，リーダーシップを対人関係の維持を志向する「関係動機型」と課題遂行を志向する「課題動機型」とに分け，リーダーを取り巻く集団状況として，まず，「リーダーとメンバーの関係（の良悪）」，目標や手続きの明確さである「課題の構造化（の有無）」「リーダーの位置勢力（の強弱）」の要因を考え，これらを組み合わせてできた8つの集団状況を，状況の統制のしやすさの観点から，統制しやすい有利な状況である「高統制」，中程度に有利な状況下の「中統制」，統制しにくい不利な状況である「低統制」の3つに分類して検討がなされた。その結果，3つの状況下のうち，リーダーとメンバーの関係が良く，課題の構造化とリーダーの位置勢力が高い「高統制」といずれも低い「低統制」の状況では課題動機型のリーダーの方が有効であるが，「中統制」の状況では関係動機型のリーダーの方がより有効であることが示された。

【参考書】
- 釘原直樹（2011）『グループ・ダイナミックス ── 集団と群集の心理学』有斐閣

    集団，より大規模である集合，群集といった社会場面で生じる行動や現象について，具体的な研究や実際の事件をもとに解説した入門書。
- ラタネ，B. & ダーリー，J. M.／竹村研一・杉崎和子（訳）（1997）『新装版 冷淡な傍観者 ── 思いやりの社会心理学』ブレーン出版

    ラタネとダーリーによって，さまざまな条件を設定して行われた傍観者効果についての一連の実験と，その研究知見が示されている。

【文献】

Asch, S. E.（1955）Options and social pressure. *Scientific Americans, 193*, 31-35.
ミルグラム，S.（1974）／山形浩生（訳）（2008）『服従の心理』河出書房新社
三隅二不二（1984）『リーダーシップの行動科学　改訂版』金子書房

8章 パーソナリティ・知能

　世の中には，社交的な人もいれば引っ込み思案な人，物事を速やかに処理する人もいれば慎重な人など，実にさまざまな人がいる。また，同性，同年齢の友人で同じ環境におかれても，「あの人は，何でいつもあのように振る舞えるのか」「私はこういう状況におかれると，ついこうしてしまう」など，日頃，他者と自分の行動を比べてその違いに驚き，それはなぜなのかと疑問を抱き，時には話題にしたりすることがある。しかし，結局のところそれに対して，「あの人は外向的だから」とか「自分は内向的だから」といった具合に表面的な答え方しかできないで終わってしまうことが多い。これは，いわゆる**性格**や**パーソナリティ**に関わる問題であるが，しかし，誰でも性格やパーソナリティが何であるかはわかっているようで，誰もそれを正確に答えることができない。

　そこで，本章では，性格よりは包括的であり，なおかつ心理学において極めて中心的な概念であるパーソナリティを取り上げ，1節では，パーソナリティについて主にパーソナリティ理論から，2節では，パーソナリティ理解を心理アセスメントの観点からそれぞれ解説する。また，パーソナリティのうち，知的側面は知能といわれていることから，3節では，知能の意義や知能検査の紹介を通して知能の概要を述べる。

1節　パーソナリティ

1-1　パーソナリティとは何か

　人は，さまざまな環境においていろいろな行動をするが，各人のものの見方，聞き方，感じ方，考え方，態度，しぐさにはそれぞれ特徴があり，物事を処理する能力にも差異がある。それが個々人においては大体一定しているが，これは，各人がそういう行動をするような一定の性質を備えているからである，と考えられる。このような性質を，心理学では**パーソナリティの特性**というが，パーソナリティは，そういう特性の結合体と考えることができるだろう。もっともそれは，特性の単なる寄せ集めではなく，その組織（体）であり，何らかの秩序に従って統合されているものである。「その人らしさ」や「その人らしい行動」を特徴づけているのは，このような組織体を前提とすることによって理解できる。

　アメリカの心理学者オルポート（1961）は，正しい定義とか正しくない定義とかいうようなものはないとした上で，「パーソナリティとは，個人のなかにあって，その人の特徴的な行動と考えとを決定するところの，精神身体的体系の動的組織である」と定義している。ここでいう「精神身体的体系の動的組織」とは，「心」と「身体」の両方の機能が相互に作用しあう複合体として統一を成していることを意味し，「決定する」とは，特定の行動や考えを生ずるように動機づけ，あるいは方向づけることをいう。換言すれば，パーソナリティとは，個人の中にあって，心と身体が相互に作用しあい，その人らしい行動や考えが生ずるように方向づける組織，ということであり，その人らしい行動のし方，考え方を生み出しているものである。パーソナリティが存在することによって，われわれはその人独自の行動を理解し説明し予測することが可能になる。

　ところで，パーソナリティと同様に興味深いのが**性格**という用語である。今日では，パーソナリティも性格も同義語として用いられることが多いが，語源的には両者は異なっている。性格（character）は，もともとは「刻み込む」「掘

り込む」というギリシャ語の意味が転じたものである。ヨーロッパの心理学では，人間性の中に生まれつきあるもの，深く刻み込まれて比較的変わりにくい個人的特徴を強調する傾向にあることから，「性格」という用語が好まれている。他方，パーソナリティ（personality）は，ラテン語のペルソナ（persona），すなわち劇で使用される仮面から出，やがて社会的役割や外見的な自分という意味も含め，人が人生で演じる役割や，その人のもつ内的な諸性質の意味をもつようになった。性格が環境ではなく，その人自身の個人的特徴を強調するのに対し，パーソナリティは，その人らしい環境への適応のし方といった全体的特徴を問題にするため，知能，態度，興味，価値観なども含む。

昔から人間の働きには知・情・意の3側面が区別され，これらの総合体系としてパーソナリティが考えられてきた。そのうち知的側面は知能，感情的側面は気質，意志的側面は性格といわれるが，感情・意志の2側面は区別しがたいことから，両側面を併せて性格ということもある。また知的側面を加えて性格ということもある。この用法では，性格はパーソナリティと同義になるが，しかしいずれにしても，パーソナリティは性格よりも包括的な概念になっており，環境主義を好むアメリカの心理学者たちは，パーソナリティという用語を用いる傾向にある。わが国でもパーソナリティの方がしだいに用いられるようになり，「人格」と訳されて使われてもいる。しかし，人格には「人格教育」「人格者」というように，道徳的意味合いが含まれているので，「パーソナリティ」とカタカナで表記されることが多い。

1-2 パーソナリティ理論

パーソナリティは目で見たり，手で触れたりすることができないが，パーソナリティの各理論家は，パーソナリティの研究方法を独自のかたちで発展させ，パーソナリティ理論を構築した。以下に，その代表的な理論を紹介し，解説する。

(1) 精神分析のパーソナリティ理論

精神分析を創始したフロイトは，ヒステリーの治療を通して人の行動はどのようなものでも偶然ではなく，ヒステリー患者の一見不可解な行動も，偶然と思われる日常の言い損ない，し損ない，物忘れなどもすべて隠された心理的意味があると考えたが，その背景としてパーソナリティ理論が重要な位置を占めている。

フロイトの最初のパーソナリティ理論では，心を**意識，前意識，無意識**の3

つの領域に分けて考えていた。「意識」は，"今日は快晴だ"とか"空腹だ"とというように，外界や身体へ関心を向けている状態で，感覚的に気づいていることを特徴とし（知覚・意識），その領域は氷山にたとえれば水面に出ているごくわずかな部分である。その下には「無意識」という広大な領域があると考えられ，そこには怒りや罪悪感など不快な感情を伴った観念や記憶，またそのままのかたちでは充足させるわけにはゆかない願望が意識に上らないように強く抑えつけられて存在している。さらに，無意識の中には「前意識」という領域があり，今気づいていないが意識化しようと努力することによって意識化できる心的内容が存在している。

その後，フロイトはこの理論を修正し，**エス（イド）**，**自我**，**超自我**から成る心的装置という新たなパーソナリティ理論を提唱した（図8-1）。

エスは「それ」という意味があるが，無意識でパーソナリティの暗く近寄ることのできない部分である。「それ」について，鈴木・佐々木（2006）が「それが強いて私を燃えさせる」と解説しているように，それ（エス）は強力な情熱で人を駆り立てる欲動（衝動）の根源であり，そこには性的欲動を中心とした「～したい」とか「～がほしい」といった本能エネルギーや攻撃衝動といったエネルギーなどが貯蔵されている。車の比喩でいえば，エスはエンジンに相当するが，エンジンそれ自体は，交通法規という現実などを無視し，ただ走る満足を追求するだけである。このように，現実を無視し，善悪も道徳も知らず，欲望を満たそうとすることを**快感原則**に従う，というが，エスは，快感原則に

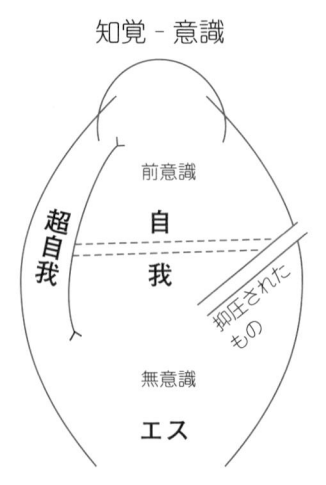

図8-1 フロイトの心的装置（フロイト，1933／道籏ほか（訳），2011）

従いつつ，欲動の充足のみを盲目的に追求することを特徴としている。

自我は，エスの一部が外界の直接的影響を通して変容したものでエスの延長上にあり，外界に隣接して知覚 – 意識と呼ばれている最表層部に関係している。つまり，自我は，エスと現実（外界）と超自我（後述）の接点としてそれらをコントロールする中心であり，車の運転の比喩でいえば運転手に相当する。自我は，現実に適応するために**現実原則**に従い，**防衛機制**を用いるが，現実原則に従うとは，現実に適応していくために欲動の充足を遅らせたり，時にはその充足を断念したり，時には迂回的な方法で充足することを意味する。すなわち，即欲求を充足するのではなく，現実吟味し，どうするのが大人として望ましいかを考えて行動することをいう。

また防衛機制とは，日常生活を送る中で自分の内界のエス，超自我と外界の現実から刺激を受け，それらの刺激によって不安が生じたとき，その不安を防衛し，適応するために働くものである。防衛のしかたは健常なものから病的なものまであるが，**抑圧**（苦痛な感情や欲動，記憶などを意識から閉め出すこと。具体的には，"忘れてしまう"といった表現をする）や**反動形成**（本心と正反対な言動をとること。たとえば，憎い人に対して愛情を示す），**退行**（現在の状態より以前の状態へ逆戻りすること。発達の視点から「子ども返り」と呼ばれる現象がその典型と考えられている）などは健常者も用いる場合がある（3章2節参照）。

超自我は，エスの中までもぐり込んでいて，その大部分は無意識的であり，幼少期の両親のしつけが内在（面）化されてできた領域である。つまり，幼少期に自分を監視していた両親に取って代わって自分を監視する「もう一人の自分」であり，車の運転にたとえると交通法規に相当する。その働きは，「～してはならない」という「良心の禁止」と「～しなくてはならない」という義務感，「～でありたい」という「理想の追求」であるが，この働きにより，自我は違反をすれば罪悪感を覚え，また「なりたい自分」「理想の自己の姿やありかた」に自分を照らし，この期待に応えられないと劣等感を感じる。

超自我の形成には，両親をはじめ自分にとって価値のある重要な他者への同一化が関係しており，その人「みたいになりたい」という意識的，無意識的な願望が働いてその人の外観や特性を模倣し，自分の中に取り入れることによって超自我は形成される。

以上，エス，自我，超自我について述べてきたが，まとめとして，前田（1985）は心のエネルギーを量的な観点から強い，弱いと見る経済論（全体のエネルギー総量は一定で，1つの領域が強くなると，他の領域は弱くなる）の立場から，図8-2のように，（A）エスが強すぎると「衝動的，感情的，幼児的な行動や性

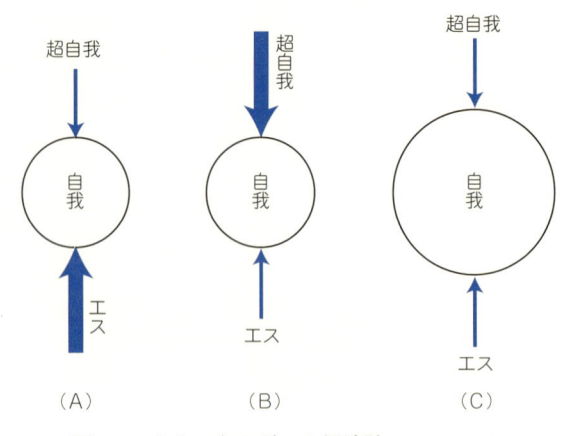

図8-2 心のエネルギーの経済論（前田, 1985）

格」，(B) 超自我が強すぎると「良心的，自己懲罰的，抑圧的，理想主義的，完全欲的な行動や性格」，(C) 自我が強いと「理性的，合理的，現実主義的な行動や性格」となるとして，パーソナリティの個人差を説明している。

(2) 類型論

パーソナリティの**類型論**とは，一定の観点から典型的なパーソナリティ像を設定し，それによって多様なパーソナリティを分類し，パーソナリティの理解を容易にしようとするものである（伊坂, 2013）。たとえば，科学的有効性が実証されていないが，血液型という観点から人を「A型」とか「B型」とかに分類し，その人の性格をわかろうとするものである。類型論で重要なことは，パーソナリティの分類が目的ではなく，分類を通してパーソナリティを理解することであるが，以下に，クレッチマーとユングの類型論を解説する。

ドイツの精神医学者クレッチマーは，多くの精神病患者に接した臨床経験から，体格を肥満型，細長型，闘士型に類型化し（図8-3），それぞれが特定の精神病と関係があることを，すなわち肥満型は躁うつ病，細長型は統合失調症，闘士型はてんかんと相関があることを示した。

さらに，精神病者の病前性格（発病前にもっていた性格）の研究から，健常者も，病的ではないが躁うつ病（循環気質），統合失調症，てんかんの患者の示す心理的特徴や行動特徴をもっていることを認めて，それらをそれぞれ躁うつ気質，分裂（統合失調症）気質，粘着気質と名づけ，肥満型と躁うつ気質，細長型と分裂（統合失調症）気質，闘士型と粘着気質は深い関係があるとした。躁

肥満型　　　　　　闘士型　　　　　　細長型

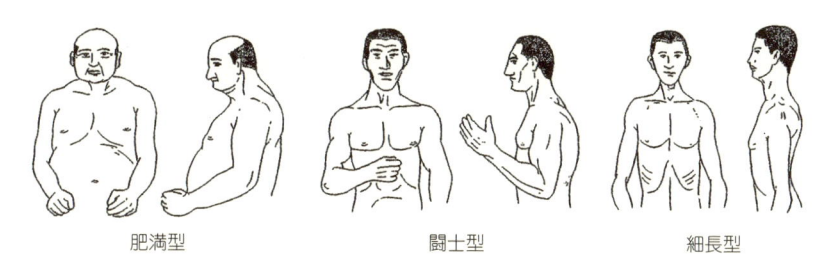

図 8-3　クレッチマーの体格類型（クレッチマー，1955／相場（訳），1960）

　うつ気質は気分の爽快なときと憂うつなときが交替するのをその特徴とし，社交的，明朗活発，気の弱さなどが挙げられる。また，分裂（統合失調症）気質は敏感さと鈍感さを併せ持つことを特徴とし，非社交的，自分の世界を大切にするといった傾向が見られ，粘着気質は固さと融通性のなさを特徴とし，几帳面，粘り強い，怒りっぽいといった傾向が認められる。病前性格という考え方については，伊坂（2013）が指摘しているように，健常なパーソナリティと精神病との間に質的な相違を認めないという点で批判があり，特にてんかんについては，てんかんの病前性格という考え方にWHOが強く警告を発している。

　次に，スイスの精神医学者・分析心理学者ユングの類型論だが，ユング（1967）は一般的な構え（態度）という観点から，人間には異なる2つの一般的な構えがあると考え，それらを外向型，内向型と呼んだ。**外向型**の人は，興味，関心，つまり心的エネルギーが外界の事物や人に向けられており，一般的に社交的で，新しい場面では適当に振る舞える。しかし，考えが皮相的になることも多く，外的障害につまずいてもろさを示すこともある。それに対し，**内向型**の人は，心的エネルギーが自分自身の内界に向き，交友範囲は狭く，新しい場面に入るときの行動はどこかぎこちない。しかし，自分にとって気の合った親しい環境の中で能力を発揮できる。現実には，完全に外向型の人とか，完全に内向型の人は存在せず，普通はこれら両方を共に持ち合わせていて，そのどちらかが影に隠れていることが多い。

　ユングは，以上の類型とは別に，各人は最も得意とする心理機能をもっていると考え，その機能を思考，感情，感覚，直観の4つに区別した。そして，個人が得意とする機能によって思考型，感情型，感覚型，直観型とし，これに外向・内向を組み合わせ，外向的思考型，内向的思考型のように8つの基本類型を設定した。一般的には，これらの基本類型の中間に属する人も多い。

(3) 特性論

　パーソナリティの**特性論**では，パーソナリティを構成するいくつかの特性を量的に測定し，これらの組み合わせによってパーソナリティを理解しようとするものである。ここでいう特性とは，個人が示す行動傾向のことで，支配性や攻撃性，社交性といったように，程度の差はあるにしても誰もがもっているものである。個人がそれぞれの特性をどの程度もっているかは，心理テストや行動観察によって測定されるが，その結果は一定の尺度上に表示され，パーソナリティのプロフィールがつくられる。特性をパーソナリティの基本と考える立場にオルポート，キャッテル，アイゼンクらがいるが，ここではアイゼンクの理論を取り上げる。

　モーズレイ病院の心理学部長を務めた経験のあるアイゼンクは，類型論に，実験心理学的手法による統計的データを重ね，因子特性論，実験的類型論と呼ばれる理論を展開した。つまり，アイゼンクは，基本的には特性論の立場であるが，パーソナリティ構造を4つのレベルの階層からなるものととらえ，「特性」の上位概念として「類型」を考えた（図8-4）。パーソナリティ構造として，第1レベルは「特定的反応」と呼ばれ，日常場面の個々の具体的行動だが，そのような行動がさまざまな場面で繰り返し観察されると，第2レベルの「習慣的反応」となる。そして，習慣的反応のまとまったものが第3レベルの「特性」であり，第4レベルは，それらいくつかの特性が相互に高い相関をもってまとまり，類型となる。

　アイゼンクは，類型のレベルとして，外向性－内向性，神経症的傾向という2次元に精神病的傾向を加え，3次元を考えるが，前者の2次元は生理学との対応，すなわち，脳幹網様体および大脳辺縁系の活動の個体差が関連しているとし，この2次元のまとまりを類型と呼んでいる。たとえば，神経症的傾向が高く内向的な場合，神経症を発症すると不安，抑うつなどが見られ，他方，神経症的傾向が高い外向的な人は，ヒステリーのような症状を形成するとし，非

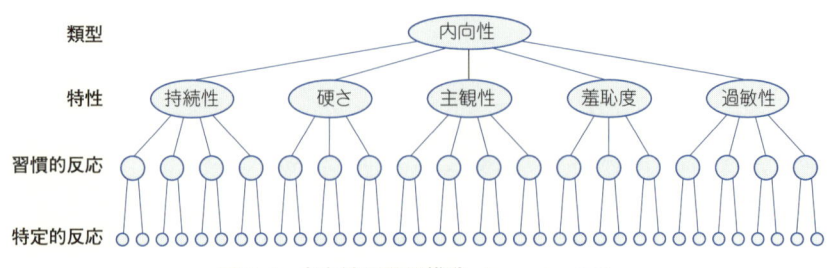

図8-4　内向性の階層構造 （Eysenck, 1960）

行，犯罪といった反社会的問題行動との関連も認めている。アイゼンクは，外向性－内向性，神経症的傾向を測定する道具として，MPI（Maudsley Personality Inventory モーズレイ性格検査）を開発したが，日本版は 1964 年に出版され，活用されている。

（4）類型論と特性論の長所と短所

　類型論と特性論には，それぞれ長所と短所があり，類型論は，個々のパーソナリティを全体的にとらえ，質的に理解しようとする長所がある一方，1つの型にはめ込み，ステレオタイプな見方に陥りやすいという危険がある。それに対し，特性論は，プロフィールによるパーソナリティの客観的把握，すなわち量的理解は可能だが，パーソナリティ全体を把握しきれないという問題がある。したがって，類型論，特性論によるパーソナリティ理解には，このような点があることを認識しておくことが肝心である。

【参考書】
- 河合隼雄（1994）『ユング心理学入門』（河合隼雄著作集第 1 巻）岩波書店
　日本におけるユング心理学の第一人者である著者が，タイプ論はもちろんだが，ユングの生涯も含め，ユング心理学を学ぶ入門書としてわかりやすく解説した書である。
- 土居健郎（1988）『精神分析』講談社学術文庫
　「甘えの理論」で有名な著者が，精神分析の理論と実践を体系的に概説した書である。

【文献】

Eysenck, H. J.（1960）*The Structure of Human Personality*. Methuen: Wiley.
フロイト，S.（1933）／道籏泰三・福田覚・渡邉俊之（訳）（2011）『続・精神分析入門講義（フロイト全集21）』岩波書店
伊坂裕子（2013）「類型論と特性論」二宮克美（他編）『パーソナリティ心理学ハンドブック』福村出版，pp.43-49.
ユング，C. G.（1967）／林道義（訳）（1987）『タイプ論』みすず書房
クレッチマー，E.（1955）／相場均（訳）（1960）『体格と性格』文光堂
前田重治（1985）『図説　臨床精神分析学』誠信書房
オルポート，G. W.（1961）／今田恵（監訳）（1968）『人格心理学（上・下）』誠信書房
鈴木乙史・佐々木正宏（2006）『人格心理学 ── パーソナリティと心の構造』河出書房新社

2節　パーソナリティ理解の方法

2-1　「パーソナリティ理解」とは

「パーソナリティを理解する」など，専門的知識がなければできないと思う人もいるかもしれない。しかしながら，ほとんどの人は，自然なかたちで周囲の人たちの人柄を理解しながら生活を送っている。たとえば何か困ったことに遭遇した場合，「こういうときに親身に相談に乗ってくれるのはAさんだ」と自然に思いついてAさんに連絡をとるであろう。また，テレビを見ていてサザエさん宅の台所で頂き物のケーキが消えてしまったシーンに出会えば「カツオがこっそり食べたかな」「サザエさんがうっかり愉快な失敗をしたかな」などの想像をしながら番組を楽しむであろう。なぜか？　それはおそらく，Aさん，カツオ，サザエさんらの日々の様子に触れるうちに，彼らの言動の端々に現れる数々のエピソードから，(1) 考え方の特徴（判断の基準は何であるか，どのような認知・認識を形成しやすいか，思考を組み立てる際にどのように論理立てる傾向があるか，など）や，(2) 感情の流れ（どのような刺激でどのような感情が動きやすいか，それはどのようなかたちで表に出るか，または出ないか，など），そして(3) 行動パターン（どういう行動が多いか，または少ないか，など）といったことをわれわれが自然に拾い集め，それらの情報をもとにしてその人となりを理解し，彼らが前述の状況でどう行動するかの予測を立てたからではないであろうか。

　ある人物のパーソナリティを理解するということは，その人の思考／感情／行動の各側面をつかさどる法則のようなものをつかまえることである。そしてそれは，「この人ならこの状況でこう対応（反応）するだろう」という予測が成り立つこととも同義である。われわれは，無意識に，そしてもしかすると不完全ではあるかもしれないが，そのようなかたちで身近な人たちの人柄を理解し，その理解をもとに相互のやりとりをしているのである。

2-2 心理学的視点からのパーソナリティ理解

それでは，心理学の専門的視点をもって「パーソナリティを理解する」とは，どういうことであろうか？「誰かのパーソナリティを専門的に理解する」ことが必要となる状況は，日常生活の延長線上に想定しにくいかもしれない。具体的には「心理相談を開始するので治療指針を見立ててほしい」「問題行動の原因と対処法を探りたい」「現在の環境にうまく適応するための留意点を知りたい」「現在とは異なった環境（入退院，就職・復職，治療の変更，特殊環境での任務，その他）に身をおいた際に，どのくらいその状況でうまくやって行かれるのか，また留意する点があるならばどのような点なのか知りたい」「しばらく治療を続けてきたので，治療開始時と比べてどのような変化があったか知りたい（治療効果測定）」といったニーズが本人（家族，治療・支援チームなど）から出される場合がこれにあたる。

この場合，**臨床心理士**をはじめとする心理の専門家が，面接や行動観察や各種心理検査などの手法で，その人の心の特徴を測ることになる。これら一連の専門的作業を，**心理アセスメント**と呼ぶ。日常に自然発生的になされるパーソナリティ理解でも，「データ採取（日々の様子やエピソードからその人らしい特徴を拾う）」⇒「推論（個々のデータを取りまとめてパーソナリティの全体像を思い浮かべる）」の作業を無意識に行うことが多いが，心理アセスメントでは，学問的裏付けをもって意識的にそれらの作業を行う。心理アセスメントの手続き・手法は，標準化され，客観的科学的である必要がある。

2-3 心理アセスメント

心理アセスメント（心理査定）とは，査定対象者の心の特徴を専門的手続きによって理解しようとするプロセスであり，「対象の心理学的特徴を多角的にとらえて援助戦略につなげること（津川，2009）」である。心理アセスメントは，(1) 手法（面接法，観察法，検査法），(2) アセスメント目的（主に知能・発達を測る，主に性格を測る，など），によって大まかに分類できる（表8-1）。しかし，**知能検査**の下位検査で精神疾患特有の認知・思考障害の兆候に光が当てられたり，**性格検査**での叙述（説明語句の選択や論理性，情報認知の特徴など）や文章（誤字脱字，文法など）からおよその知能の度合いも推測できるなど，その区分は厳密なものではない。対象者はすべての場面で，自身の特徴を発揮しながら

表8-1　心理アセスメントの種類

1. 面談によるアセスメント
① 現在の症状・問題行動や病歴などを聴く
② 生活史・家族歴を聴く
③ 家族など身近な人から情報を得る
④ 特徴的な（その人らしい）エピソードの確認

2. 行動観察によるアセスメント
① 特定場面の行動の観察
② 日常を知る人から行動特徴の情報を得る

3. 心理検査によるアセスメント
① 知能・発達検査
② 性格検査
　a）質問紙法
　b）投影法
　c）作業検査
③ その他（状態や症状を測るもの，神経心理学的検査など）

「その人らしく」存在（反応／回答）しているので，目立った特徴が複数のアセスメント場面のあちこちで現れるのは自然なことである。

また，「受検時の行動観察」「複数の検査（テスト・バッテリー）」「検査前後の面談」「付き添い者からの情報も得る」など複数の視点を組み合わせることも必要である。単一のアセスメントでは，限られた側面にしか光を当てられない可能性もある。その人全体を理解するためには，異なった切り口のアセスメントを無理なく組み合わせ，多角的にデータ収集をすることが理想的かつ現実的である。

心理アセスメントで第一に重要な点は，依頼目的に沿った正確な結果を出し，依頼者の"役に立つ"形で結果を提出することである。たとえば「治療指針のヒントを得たい」という依頼に対しては，アセスメント過程で得られたさまざまなデータ群（面談・観察記録，心理検査結果など）を照合して，いくつかの仮説，すなわち，(1) その人のもつパーソナリティ特徴と症状や問題行動との関連性，(2) その人が現在の苦しみを乗り越えようとする際の指針と利用可能な資質・特徴，(3) 陥りやすいと推測される困難とその対応策，(4) その他留意点，などを導く。正確にデータを採取し，データの示す意味や仮説を専門的に理解し，その内容を依頼者がよく理解できるように通訳する，ともいえる。現場では「心理学的パーソナリティ理解」が独立業務として存在するわけではなく，「適切なデータ採取」「有効なフィードバック」とセットになって，専門性が発揮される。アセスメントする側には，"得られた結果を相手（本人，家族，

治療・支援チームなど）にどのように伝えたら効果的な次の援助につながるか"を見極め，援助戦略につなげていく工夫が要求される。

もうひとつの重要な点は，実際のアセスメントにとりかかる前にきちんとアセスメント技能を身につける点である。特に**心理検査**では，施行からフィードバックまでに数多くの技能の習得が不可欠である（表8-2）。どの領域にもいえることであるが，「理解した」ということと「きちんと遂行できる」ことの間には多かれ少なかれ隔たりがあるものである。経験者からスーパーヴァイズを受ける，学習者同士で練習しあう，など技能習得の訓練が必要となる。

表8-2　心理アセスメントに必要と思われる実践的技能

① アセスメントという目的に適った介入（質問）技能
② アセスメントの視点で行動を観察し，重要な特徴を見逃さない観察技能
③ アセスメント場面を適切に設定し，遂行する技能
④ アセスメント・データを正しく記録・スコアする技能
⑤ 標準的手続きに沿って客観性のある解釈を導く技能
⑥ 各アセスメントからの結果仮説を総合してトータルなパーソナリティ像を構成する技能
⑦ アセスメント結果を役に立つ形でアウトプット（報告）する技能

さらに，各種のパーソナリティ理論の学習も有効である。主だったパーソナリティ理論には，内向 - 外向因子を抽出したアイゼンクの特性論，個別特性と共通特性の概念を提唱したオルポートの特性論，体質（体格・性格）研究からパーソナリティの類型化を試みたクレッチマーの理論，精神分析理論に基づいたフロイトのパーソナリティ論，人間を8つのタイプに分けたユングのタイプ論，などがある。いずれも，パーソナリティ構造の枠組みといったものをわれわれに呈示してくれる。各パーソナリティ特徴の羅列的・表層的な理解にとどまらず，その人のパーソナリティの根底に流れる固有のテーマ（パーソナリティの根幹）も含めた立体的理解のために，それらは必要な知識である。

2-4　性格検査

主に性格を測る心理検査は，(1) 質問紙法，(2) 投影法，(3) 作業検査，に分類できる（表8-3）。知的側面を測る検査は，次節に詳しい。

質問紙法とは，いくつかの質問項目に対し，あらかじめ回答の選択肢を設定してある心理検査である。検査者は，全項目の回答を集計して下位尺度の得点を出し，そこから性格特徴の仮説を導く。たとえば「人前ではおとなしい」といった文章に対して，自分の性格に「あてはまる」「どちらでもない」「あては

表8-3　性格検査の形式

	形式	特長	使用に際しての留意	代表的な検査
質問紙法	「はい」「いいえ」など、回答の選択肢が検査内に呈示されており、対象者は質問文を読んで自分に当てはまると思う回答を選択する形式。回答結果を集計して、得点によってパーソナリティ特徴を導き出す。	・対象者が単独で回答できるので、集団施行や別室施行（自宅持ち帰りなど）が可能である。 ・短時間で終了する簡便なものが多く、対象者・検査者双方への負担が少ない。 ・施行法も結果のまとめ方も複雑でないので、施行しやすい ・数量化した（グラフなど）シンプルな形で結果が出るので、結果を目で見てわかりやすい。	・対象者の判断に依存する（質問文をどう理解するか、対象者が自分自身をどう認知しているか、回答の中で自身のどの側面を強調するか、などを対象者が決めて良い）部分が大きく、客観性の点で留意が必要。	MMPI Y-G性格検査 POMS TEG など
投影法	あいまいで多義的な（どうにでも受け取れる）刺激を用いた課題に、対象者が自由に反応をする形式（例・あいまいな図柄を呈示し「これは何に見えますか」と問う）。いかようにも受け取れる刺激をどう同定するか、与えられた課題をどのようなスタイルで解決するか、などを詳細に検討し、パーソナリティを推し測るもの。	・反応や回答を対象者が故意に操作しにくく、「いつもの課題解決の様子」が明らかになりやすい ・反応様式や反応産出過程などを詳しく検討することで、本人に自覚されにくい無意識領域の細かい点にも光が当てられる。 ・回答の自由度が高いので、個人のもつ特徴が直接反映されやすい。	・多くの検査が検査者とマンツーマンで行なう必要がある ・施行および結果のまとめ方に、専門的知識と熟練した技能を要するので、簡便には施行しにくい。 ・検査者側の技能や知識が不足すると、適切でない結果（手続きの間違いから正確な測定ができない、学問的根拠の薄い主観的独断的な解釈を提出する、など）に結び付くことがある。	ロールシャッハ TAT SCT 描画テスト P-Fスタディ など
作業検査	一定の単純な作業課題（例・簡単な計算）が与えられ、対象者がその作業を遂行する形式。作業能力のみならず、その課題遂行の様式からパーソナリティを推し測るもの。集団施行が可能なものが多く、一度に大人数の施行も可能。	・施行方法がシンプルでわかりやすい ・対象者が結果を操作しにくく、客観的な作業結果が数値として出やすい。	・結果のまとめ方に熟練した技能が必要。 ・対象者によっては作業課題の負担が大きい。	内田クレペリン検査 など

まらない」の回答欄が用意されており（検査によって選択肢の数や形式は異なる）、対象者は自分が選択した回答に○印をつける、などである。質問項目中の不安に関わる項目の回答を集計すると「不安」尺度の得点が算出できるようになっている検査の場合、「不安」尺度得点が平均域内の数値であれば「不安の度合

いは平均的」という仮説が導かれるだろう。

　何を測定する尺度であるか，その尺度を構成するためにどのような質問項目が用意されているか，その尺度の得点からどのような仮説が導かれるか，については，信頼性・妥当性も含めて，検査ごとに細かく検討され設定されている。たとえば同じ「不安」という尺度であっても検査によってその定義が異なる場合や測定できる側面が異なることもあるので，検査の成り立ちや特徴をよく理解してアセスメント目的に即した検査を使用する必要がある。質問紙法は，比較的短時間で負担なく施行できるものが多い。ただし，対象者の「自己判断」での回答がもとになっており，その点をふまえて活用するのが良いであろう。

　投影法とは，「自由で正誤や優劣の判断ができない課題を実施し，その結果からパーソナリティを測定する検査法である（沼，2009）」。あいまいで多義的な（どうにでも受け取れる）刺激を用いて，対象者に課題を課す。たとえば，あいまいな図柄を呈示して「これは何に見えますか」と質問をするロールシャッハ検査では，対象者は「あいまいな図柄を何かに見立てる」という課題を与えられたことになる。課題解決の様子を逐一記録した検査データには，いかようにも受け取れる刺激を対象者がどのように同定するか，自由度の高い課題（解決法が星の数ほどある課題）にどのようなスタイルで取り組むか，といった"その人ならではの特徴"が豊富に含まれている。自由回答ゆえに，多彩で個性的な反応が生データとして採取されるので，データの記録・分類・集計は質問紙法よりも複雑となる。導かれた解釈仮説からパーソナリティ全体像を描くには熟練を要するが，得られる情報は豊富で示唆に富む。

　作業検査とは，一定の単純な作業課題が与えられ，対象者がそれを遂行する形式である。たとえば，簡単な計算が課され，合図に従ってその課題に順次取り組む内田－クレペリン検査では，その作業の様子から作業に取り組む態度や特徴を推察することができる。

　対象者や検査者の負担は各検査によって異なり，浮き彫りにされるパーソナリティの側面もそれぞれ異なる。テスト・バッテリーなど上手に組み合わせて，少ない負担で多くの情報が得られると良い。

2-5　心理アセスメント結果のまとめ方

　心理アセスメントという作業中，常に心に留めておきたい点は，「解釈は常に，その人をかけがえのない（unique）個人として理解する目的で進められる。別の言い方をすると，まったく同じ人は2人といないということがわかってい

れば，解釈者は，思考，感情，セルフイメージ，統制力などの所見を，その人の個性が際立つようにまとめあげることができる」（エクスナー，2003）ということである。パターン化されたパーソナリティ像に対象者をはめ込んで，簡単にその人を理解しようとすることへの戒めでもある。

アセスメントにおいてa，b，c…という生データが得られた場合，もしかするとアセスメント初学者は，それに対応するA，B，C…という解釈仮説をAから順に羅列併記してから「要するにこの人はどんな人？」と考え，混乱してしまうこともあるかもしれない。それぞれの仮説がどのように関連しあっているのかうまくまとめられずに苦労したり，矛盾する仮説が導かれた場合，どう理解したらよいか迷うこともあるかもしれない。パーソナリティの全体像をつかむことは意外と骨が折れることであろう。

アセスメントで得られるところのA，B，C…という膨大な仮説は，相互に絡み合ってその人のパーソナリティを形成している。オーケストラにたとえるならば，各パートの各楽器が一曲の中で奏でる音の1つひとつは無数であるが，その無数の音をバラバラなものでなく，何らかの連なりや重なりをもつ意味ある流れとして受け取ることができれば，ハーモニーの調和のありかたや曲全体のもつ特徴がわかってくるということである。各パートのメロディ（各心理要素の特徴）が組み合わさって，曲全体のハーモニー（パーソナリティ全体の調和）が形成されている様子をよく理解し，レポートできるとよい。また，一見矛盾する仮説が導かれた場合には，その矛盾の意味や矛盾を形成するメカニズムについて熟考することが，パーソナリティのより深層を理解する鍵となるであろう。そういった「全体をつかむ」作業に慣れるのには時間がかかるが，経験者の意見を仰ぎながら練習を積むなどの工夫が助けとなるであろう。

心理アセスメントの結果をまとめる際には，得られた結果を組み立てて再構成する作業が肝要となる。個々のパーソナリティ特徴が関連しあって織りなす全体のパーソナリティ像を，その人のありかたとして立体的にとらえることが「パーソナリティを理解する」ことなのである。

【参考書】
- 沼初枝（2009）『臨床心理アセスメントの基礎』ナカニシヤ出版
  心理アセスメントのイロハから代表的な心理検査まで，臨床的な視点で丁寧に解説され，わかりやすい。後半の参考文献一覧は，さらなる学習の指針となる。
- 小山充道（2008）『臨床心理アセスメント』金剛出版

約100種類の心理検査が取り上げられ，それぞれ2～3ページの解説と基本事項のまとめが載っている。概論説明や事例解説もあり，充実の書である。
- エクスナー，J. E.／中村紀子・野田昌道（訳）（2009）『ロールシャッハ・テスト ── 包括システムの基礎と解釈の原理』金剛出版
  ロールシャッハ・テスト学習の最初の1冊に。施行法・コーディング・科学的データに基づく解釈の立て方・解釈モデルケースなど，豊富な内容である。

【文献】

エクスナー, J. E.（2003）／中村紀子・野田昌道（訳）（2009）『ロールシャッハ・テスト』金剛出版

沼　初枝（2009）『臨床心理アセスメントの基礎』ナカニシヤ出版

津川律子（2009）『精神科臨床における心理アセスメント入門』金剛出版

コラム 9　見立てとテスト・バッテリー

見立て

　見立ては，江戸時代から病気の診断の意味に使われていたようである。もともとの意味は，何かある品物や人物なりの価値を見定めて選び出すことであり，"あの人は洋服の見立てがよい"というように，今日でも一般的に使われている。したがって，診断の意味で用いられる場合も，単に症状の評価ばかりでなく，患者のもつポジティブな価値を含めての症状判断を表す。

　ところで，医学にとって診断は極めて重要で，医療においては診断と治療は別々なはずはない。心理的援助においても同様である。ただし，「診断」は医療行為であるため，医師免許のない臨床心理士は，心理療法等を行う際，診断に代わるものとして見立てが必要になってくる。この場合の「見立て」とは，さまざまな問題を抱えているクライエント（来談者）はどんなパーソナリティの持ち主で，この人の苦しみをどのように理解し，どのように働きかけをしたらよいか，ということについて総合的に考察し，解決のための方針を立てたり全体的見通しをもつことである。ちょうど羅針盤のような働きをし，これによって見通しをもって心理的援助という航海を安全に続けることができるが，必要に応じて見立てを見直すことが重要である。

テスト・バッテリー

　見立ては，何に基づいて行うのか。それは，面接・行動観察・心理検査による心理アセスメントに基づいて行うが，初対面の個人のパーソナリティをその人の問題点やポジティブな面も含め，短時間に客観的に理解するためには心理検査が有効である。しかし，個々の検査法は万能ではなく，それぞれ特性がある。したがって，ある個人のパーソナリティをより多面的な角度から理解するためには，多くの情報を収集する必要があり，それには複数の心理検査をその効用と限界を認識した上で実施するのがより有効である。

　このように，必要と思われる複数の検査の組み合わせ方またはその実施の方法をテスト・バッテリーという。たとえば，性格検査であるロールシャハ・テストと知能検査のWAIS-IIIを組み合わせることによって，ある個人の問題を性格と知能との関連といった異なった心理的特性から総合的に理解することが可能になる。

3節　知能の意義と測定

3-1　知能の意義

　たとえば，偏差値の高い大学を卒業している人が友人にいたとしたら，皆さんはその人に対してどんなイメージをもつだろうか。おそらく「知識が豊富」「記憶力がいい」「暗算が速い」「頭の回転が速い」などをイメージするだろう。そして，その友人はどんなパーソナリティの人か？と尋ねられれば，われわれはそのような言葉を使って，その人を表現するだろう。この例のように，われわれはパーソナリティの一側面として，知能を用いて表現することがしばしばある。

　では，**知能**とは何なのか。実は100年以上にわたって心理学者たちの間で知能に関するさまざまな研究がなされてきたが，その定義は未だ明確になっておらず，たとえば「抽象的思考能力」「学習能力」「環境へ適応する能力」など，その定義はさまざまである。したがって，**知能検査**は各々の知能論に基づいて作成されており，どんな知能を測定したいか，またはその目的によって用いる知能検査は異なってくる。

　ではなぜ，その人のパーソナリティを知る上で知能検査を用いて知能を測定する必要があるのだろうか。それは，心理的な問題を抱えている人のパーソナリティについて考える際，知能の問題が関わる場合があるからである。たとえば，教室で着席できない，同級生とのトラブルが多いなど，日常生活のさまざまな場面で困難をきたす子どもがいたとする。その問題を解決するためには，困難をきたす要因を探さなければならない。その要因は，家庭内でのストレスが要因となっているかもしれないが，知能の偏りや遅れが要因となっているかもしれない。もし，前者が要因となっていれば家庭内でのトラブルやストレスを解決することが目的となる。しかし，後者が要因となっていれば，授業に集中しやすいように座席を一番前にする，短くわかりやすい言葉で指示を出すなどの工夫が必要となる。このように，問題の要因が異なれば問題解決の方法は異なり，その要因に知能が関わる場合もあることから，パーソナリティの一側

面である知能を測定することは重要であり，意義があるといえる。

3-2 知能の研究

　心理学における知能研究では，知能の構造についての研究が数多くなされてきた。イギリスの心理学者スピアマンは，子どもを対象に英語，フランス語，数学などのテストを行う中で，個々の学力には関係性があることを統計学的に示した。そして，知能は個々のテストに特有の影響を及ぼす**特殊因子**（s因子）と，テスト間で共通に必要とされる**一般因子**（g因子）から成るとする**二因子説**を唱えた。また，アメリカの心理学者サーストンは，知能の一般因子は知能のひとつの側面にすぎないとし，空間的因子，数的因子，言語理解因子，語の流暢性因子，記憶的因子，推理的因子，知覚的因子の7つの側面からとらえる**多因子説**を提唱した。この考えは，多くの知能検査に影響を与えた。さらに，キャッテルはサーストンの知能因子について研究し，知能には高次の共通因子である結晶性知能と流動性知能の2つが存在すると唱え，**結晶性知能**はこれまでの学習経験や日常生活の経験によって形成された能力で，知識や高度な言語理解と関連しており，経験や教育といった文化的要因を強く受けているとした。他方，**流動性知能**は新しい場面に適応するために働く問題解決能力，情報を処理する速度や能力で，経験や教育といった文化的要因とは独立した，遺伝的要因を強く受けているととらえた。

　これに対し，一般因子の存在を認めないギルフォード（1971）は，知能は多因子から成り立っているが，それらは1つのまとまった構造を成していると考え，知能を「操作」「内容」「所産」の3つの次元で示した。「操作」は情報をどのような操作で処理するかに関連し，「内容」は情報の種類であるとし，「所産」は情報処理の結果であると唱えた。そして，図8-5のように「操作」を5つ，「内容」を5つ，「所産」を6つに分け，5×5×6の150因子を仮定した。

　その後，知能因子を分析する手法とコンピュータの計算能力の発展が進んだことにより，アメリカの心理学者キャロル（1993）は，400以上もの研究結果を分析し，知能を一般知能g（第1層），一般的な因子（第2層），特殊な因子（第3層）の3つの階層に整理して，**CHC理論**（Cattell-Horn-Carrol理論）を提唱した（表8-4）。現在では，キャロルのCHC理論をもとに，知能検査が複数作成されている。

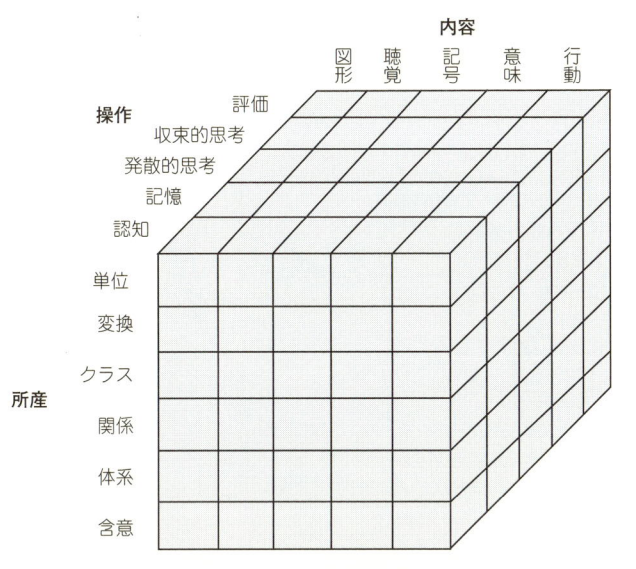

図 8-5 ギルフォードの知能構造 (Guilford, 1959)

表 8-4 キャロルの CHC 理論 (Carroll, 1993)

	一般的な因子 （第2層）	特殊な因子 （第3層）
一般知能 g（第1層）	流動性知能・推論	一般逐次的（演繹的）推論，帰納，量的推論など
	結晶性知能・知識	言語発達，語彙の知識，外国語能力など
	認知的処理速度	知覚速度，計算のうまさ，受検するテストの速度など
	視空間能力	視覚化，空間走査，長さの推定など
	短期記憶	メモリースパン，ワーキングメモリー
	長期貯蔵と検索	連想記憶，連想の流暢性など
	聴覚的処理	音声の符号化，話し声の弁別など
	決断・反応速度	単純反応時間，選択反応時間，意味処理速度など
	量的知識	数学の知識，数学の成績
	読み書き	筆記速度，読書速度（流暢性），執筆速度など
	（特定領域の）一般知識	第二外国語としての英語の知識，非言語行動の知識など
	触覚能力	触覚的感応度
	運動感覚能力	運動感覚的感応度
	嗅覚能力	嗅覚記憶，嗅覚的感応度
	心的運動能力	静的筋力，手足の協応，指の器用さ，手の器用さなど
	心理運動速度	手足の運動速度，筆記速度（流暢性），呂律の速さ

3-3　知能検査

　知能検査には，集団式と個別式がある。「集団式知能検査」は，多くの人に一斉に実施できる検査であり，○や×をつけさせる形式が多い。短時間で実施することができるが，回答された結果からしか判断できず，回答にいたるまでの過程など，結果以外の部分を見ることができない。主に学校などで実施される検査である。一方，「個別式知能検査」は，検査者（検査を実施する人）と検査対象者（検査を受ける人）が1対1で実施する検査である。回答の結果やその回答にいたるまでの過程や行動を詳細に観察することができるが，検査の実施には長時間かかるものが多く，また検査者が検査に熟達していることが必須となる。次に，主な個別式知能検査について述べる。

(1) ビネー式知能検査

　フランスの心理学者であるビネーは医師であるシモンの協力を得て，1905年に世界で最初の知能テストを開発した。その後，ビネー式知能検査は各国に広まり，アメリカのターマンらによって改訂され，スタンフォードビネー知能検査が作成された。この検査では，初めて**知能指数**という概念が取り入れられ，その後の知能検査の発展に大きな影響を及ぼした。そして，日本でもスタンフォードビネー知能検査をもとにし，1930年に鈴木治太郎により鈴木ビネー知能検査が，1947年には田中寛一によって田中ビネー知能検査が作成された。現在，日本では田中ビネー知能検査が多く用いられるため，本書では田中ビネー知能検査について説明する。

　田中ビネー知能検査の対象は2歳から成人までと幅広い。それぞれの年齢の大部分の人が正解する問題を易しい順番に並べて実施し，すべて正解できた年齢からまったく正解できなかった年齢までの正答数を合計し，精神年齢を算出する。そして，実際の年齢である生活年齢との比率から知能指数を算出する。

$$知能指数 = \frac{精神年齢}{生活年齢} \times 100$$

　したがって，田中ビネー知能検査は全体的な知能を測定しているといえる。現在では改訂が行われ，田中ビネー知能検査Ⅴまで出版されている。次は，その問題例である。

> **田中ビネー知能検査Ⅴの問題例**（3歳児）
>
> 〈物の定義〉
> 日常生活の中でよく見る物（帽子など）について，「○○とは何ですか？」と尋ねる
> 〈円を描く〉
> 検査者が円を描く見本を見せ，その後に検査対象者は同じように円を描く

(2) ウェクスラー式知能検査

　アメリカの心理学者であるウェクスラーは，1939年にウェクスラー・ベルビュー知能検査を作成し，1955年に成人用の知能検査としてWAIS（Wechsler Adult Intelligence Scale）を作成した。ウェクスラー式知能検査では，全体的な知能だけでなく，各々の下位検査の得点のばらつきも比較・検討することができる。したがって，どういう能力が得意でどういう能力が不得意かという個人内差を把握することができるため，診断する際に用いられやすい。

　ウェクスラー式知能検査では，平均100と標準偏差15となる**偏差知能指数**が採用されており，検査を受けた人が同年齢集団の中でどの位置にいるのかがわかるようになっている。

$$偏差知能指数 = \frac{（個人の得点）-（平均点）}{標準偏差} \times 15 + 100$$

　検査結果はプロフィール表を用いて表記できるようになっている（図8-6）。またウェクスラー式知能検査は，対象年齢によって成人用のWAIS（16歳〜89歳），児童用のWISC（5歳〜16歳11ヵ月），幼児用のWPPSI（3歳10ヵ月〜7歳1ヵ月）に分かれており，検査内容も若干異なっている。WAISとWPPSIは「言語性検査」（知識・類似・算数など）と「動作性検査」（絵画完成・積木模様など）から構成されている。そして，言語性IQ，動作性IQ，全検査IQを算出することができる。WAISに関しては，「言語理解」「作動記憶」「知覚統合」「処理速度」という，各群指数についてもIQを測定することが可能となっている。

　一方，WISCは「言語理解指標」「知覚推理指標」「ワーキングメモリー指標」「処理速度指標」という4つの指標により構成されている。そして，現在では言語性IQ，動作性IQという概念はなくなり，各々の指標のIQと全検査IQを測定することが可能となっている。日本においても標準化・改訂がなされ，現

② WAIS-III プロフィール

	言語性 VIQ	動作性 PIQ	全検査 FIQ	言語理解 VC	知覚統合 PO	作動記憶 WM	処理速度 PS
評価点合計	53	55	108	30	32	33	24
IQ／群指数	93	106	98	100	103	105	110
パーセンタイル	32	66	45	50	58	63	75
信頼区間 95 ％	88〜99	99〜113	94〜103	94〜106	95〜111	97〜112	101〜117

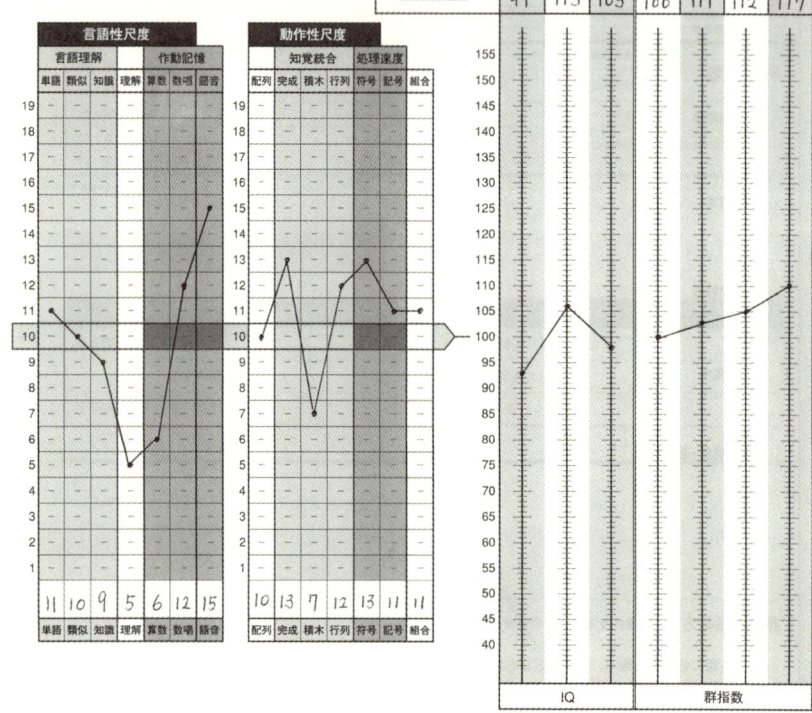

言語性尺度　　　　動作性尺度

言語理解			作動記憶			知覚統合			処理速度		
単語	類似	知識	理解	算数	数唱	語音	配列	完成	積木	行列	符号	記号	組合
11	10	9	5	6	12	15	10	13	7	12	13	11	11

図 8-6　WAIS-III のプロフィール表

在までに WPPSI，WISC-IV，WAIS-III が出版されている。次は，WAIS-III の下位検査例である。

> **WAIS-Ⅲの下位検査例**
>
> 〈類似（言語性検査）〉
> 検査者は共通点または共通する概念をもつ2つの言葉（例：「みかんとバナナ」）を口頭で提示し，検査対象者はその2つの物や概念がどのように似ているかを答える。
> 〈絵画完成（動作性検査）〉
> 検査者が絵を見せて，その絵の中で欠けている重要な部分を検査対象者が指さしか言葉で答える。

(3) K-ABC 心理・教育アセスメントバッテリー

1983年に心理学者であるカウフマンによって，K-ABC（Kaufman Assessment Battery for Children）が作成された。K-ABCでは，知能を問題解決する能力ととらえ，情報を新しく獲得するための「認知尺度」と，これまでに獲得した知識を問う「習得尺度」により構成されている。「認知尺度」は，さらに「計画尺度」「継次尺度」「同時尺度」「学習尺度」に分けて測定することができ，各々は2～4個の下位検査から構成されている。また，「習得尺度」は，「語彙尺度」「算数尺度」「読み尺度」「書き尺度」に分けて測定することができ，各々は2～3個の下位検査から構成されている。

検査結果は，下位検査・各尺度レベルで年齢水準の中でどのような位置にあるかを，評価点，標準得点，パーセンタイル順位などで表すことができる。K-ABCは「認知尺度」と「習得尺度」を別々に測定できるため，学習障害や精神遅滞などの子どもたちに対して，新しい学習をする場合にどういう教材が適しているか，どういう教え方が適しているかなどに役立てることが可能となる。対象年齢は2歳6ヵ月～18歳11ヵ月までである。日本でも標準化・改訂がなされ，KABC Ⅱまで出版されている。次はKABC Ⅱの下位検査例である。

> **KABC Ⅱの下位検査例**
>
> 〈数唱（認知尺度）〉
> 検査者は一連の数字（例：5－8－3）をいい，検査対象者は同じ順序でその数字を復唱する。
> 〈理解語彙（習得尺度）〉
> 検査者は単語を読み上げ，検査対象査者はその単語が示す絵を指でさして答える。

【参考書】
- 松原達哉・楡木満生　(2003)『臨床心理学シリーズ3　臨床心理アセスメント演習』培風館

    知能検査・パーソナリティ検査などいろいろな心理検査について記載されており，心理検査の効用や限界，実施時の注意点なども書かれている。

- 辰野千壽　(1995)『新しい知能観に立った知能検査基本ハンドブック』図書文化

    知能理論の変遷，知能検査がどのように発展してきたかなどが書かれている。

【文献】

Carroll, J. B.（1993）*Human Cognitive Abilities: A survey of factor-analytic studies*. New York: Cambridge University Press.

Guilford, J. P.（1959）*Personality*. New York: McGraw-Hill.

Guilford, J. P. & Hoepfner, R.（1971）*The Analysis of Intelligence*. New York:McGraw-Hill.

9章 臨床・実践

　現代は「心の時代」といわれている。その「心」を対象とする学問である心理学が，この現代社会にどのように応用・実践されているのであろうか？
　心理学に基づいた仕事で思いつくのは，いわゆる**カウンセラー**であろう。最近は，志のある老若男女が心理カウンセラーを志望して，大学の心理学科や大学院の心理学専攻の門をたたくことが多くなってきた。またカルチャーセンターの心理学関係の講座は常に人気講座になっていると聞く。あるいは事件・事故などが起こると，その被害者の「心のケア」についてマスコミが報道するようになってきている。このようなことから見ても，現代は多くの人が心理学への高い関心をもってきているといえるのではないだろうか。
　この章では，このような心理学に高い関心をもつ現代社会において，実際の「現場で活かされている心理学の理論と実践＝心理臨床実践」をご紹介する。つまり心理臨床実践について，どのような人々がどんな現場でどのように応用・実践を行っているのか，それはどのような心理学理論が背景にあるのか，などという点について解説していくことにする。
　「1節　心理臨床実践とは」では，心理臨床の理論と実際（人と現場）について大まかに解説する。そして「2節　個人への介入技法」では，どのような心理学的知識・技能を背景に個人のさまざまな問題解決を図るのかという点について説明する。さらに「3節　家族・集団への介入技法」では，個人にとどまらず，家族や集団に対して行っている心理学的アプローチについて説明していくことにする。

1節　心理臨床実践とは

1-1　心理臨床実践のための心理学とは

　現代社会において，実際の「臨床現場で活かされている心理学の理論と実践＝心理臨床実践」とはどんなものなのだろうか？
　心理学の社会への応用・実践としてまず挙げられるのが，「心の問題」への取り組みであろう。「心の問題」といってもさまざまなものがある。たとえば，うつ病などに代表されるような多種多様な心の病・精神疾患，あるいは個人や家族・人間関係などの心理的問題，さらに不登校や非行などの不適応行動，などが挙げられるであろう。それらの問題に対しての援助・改善や問題解決・予防などに取り組むときに，これまで培われてきたさまざまな心理学の知識や技術が有効になってくる。また，いわゆる「心の問題」がない人に対しても，精神的健康（メンタルヘルス）の回復・保持・増進・予防教育などにおいて，やはり心理学の知見が役立つようになってきている。
　このようにさまざまな人々への心理援助などを主な目的とする心理学の一分野を**臨床心理学**と呼んでいる。臨床心理学は，他の心理学分野に比べてまだ歴史は浅いが，近年の発展は目覚ましいものがある。たとえば，臨床心理学を基盤としている「日本心理臨床学会」という学会は，設立30年目（1982年設立）で，会員数が2万人を超えている（会員数 約24000名：2013年現在）という事実がある。この心理臨床学会は現在の心理学関連の学会で国内最大規模になっており，このひとつをとっても，臨床心理学の発展の著しさを物語っているであろう。
　臨床心理学の始まりについては諸説あるが，その基礎をつくったといわれるジークムント・フロイトはオーストリアの精神科医であり，精神分析学の創始者として有名である。主にヒステリーなど心の病に対しての治療努力のプロセスで，理論構築されていったのが精神分析であるが，一定の期間継続的に「患者が思いついたことを治療者が聞く」といった，現在のカウンセリングの基本形を最初に確立したともいわれている。フロイトは，昼間は自らのクリニック

での治療実践において試行錯誤を重ね，夜はさまざまな論文を執筆しながら独自の臨床心理の理論を作り上げていった（図9-1）。そのような臨床に取り組む姿勢・心理臨床実践のスタイルも，その後の臨床心理学の発展の基礎，あるいは心理臨床家のモデルとなったといわれている。このようにフロイトによって基礎づけられた臨床心理学は，精神疾患を扱う精神医学から始まり，心の病をどう考え，どのように治療するのか，そのための治療技術や予防策を考える，といった臨床研究として進化・発展していったのである。

ちなみに臨床心理学を研究する者を「臨床心理学者」と呼び，臨床心理学的

図9-1　フロイトの心理臨床実践のスタイル

知識に基づいて実践する者を「心理臨床家」と呼んでいる。この心理臨床家が社会で行っている実践のことを総称として「心理臨床実践」あるいは「心理臨床活動」と呼んでいるのである。

では次に，この心理臨床家とはどのような人のことを指しているのか。特にその資格について述べてみたい。

1-2　心理臨床家とはどのような人か — その資格について

心理臨床実践といっても，どんな人にも「心」があり，それ故にどんな人でもその心に関わることができるように，誰でもやろうと思えば，すぐに心理臨床実践が可能であるといっても過言ではない。これまでもさまざまな人々が「心理カウンセラー」などと名乗り，悩みを抱える人の話を聴くというかたちで，ある意味では手軽に心理臨床実践がなされてきた。実際にこれまで，心理の仕事を行う人に対して，心理士・心理カウンセラー（相談員）・心理セラピス

9章　臨床・実践　215

ト・心理療法士など，さまざまな呼ばれ方がされてきており，現時点においても心理学関係の国家資格は存在せず，民間や学会認定の心理学関連資格が多数存在しているというのが現状である。しかしながら，この現代社会における心理臨床実践が，ユーザーにとって有効にかつ効果的になされるために，そしてそれを行う心理臨床家が，その実践活動に責任あるいは倫理性をもつためには，より高度な専門性が必要になってくることは明らかであろう。

現在の日本で臨床心理学を学問的基盤とする専門家資格のひとつに**臨床心理士**がある。臨床心理士は，医師や看護師のような国家資格ではないが，現在ある多くの心理の資格の中で知名度・取得難易度ともに最も高いものとされている。現在，多くの現場で臨床心理士が活躍しており，たとえば，文部科学省により全国の小中学校に派遣されているスクールカウンセラーなどは，その資格要件として基本的には「臨床心理士の有資格者」とされている。

臨床心理士の資格を取るには，大学の学部で，心理学または教育学などを学び，臨床心理士資格認定協会から認定を受けている指定大学院に入学し，そこを修了後，臨床心理士資格認定試験を受験し，合格するという道程である。このように臨床心理士は大学院修士以上の課程をふまないと資格が取れないという厳しい要件である。

臨床心理士以外でも**学校心理士**や**産業カウンセラー**など心理関連の資格はさまざまであるが，前述したようにいずれも学会や民間団体が認定する民間の資格である。現在，臨床心理士と同等の国家資格を創設しようとする動きがあるようだが，早期に心理臨床実践の国家資格が創設されることを期待したいものである。

では次に，臨床心理士などの心理臨床家が，実際どのような現場で，どのような活動をしているのかについて述べてみよう。

1-3　心理臨床家はどんな現場で何をしているのか

実際のところ，心理臨床家はいったいどんな現場で，どのような活動をしているのであろうか。

そのような心理臨床の現場領域は多岐にわたっている。大きく分類すると，教育の分野，医療・保健の分野，福祉の分野，司法・矯正の分野，労働・産業の分野の5つが挙げられる。では，これらのそれぞれの分野について，その代表的な職場とそこでの主な仕事内容について説明していこう。

(1) 教育の分野

 この教育の分野での代表的な心理臨床家は，先ほども挙げた**スクールカウンセラー**である。まだ全国の学校へ全校配置には至っていないが，多くの小中高校でスクールカウンセラーが配置されるようになってきており，現在は幼稚園や予備校などにも拡大している。スクールカウンセラーの仕事は，児童・生徒・学生本人との心理カウンセリングはもちろんのこと，その保護者や教職員への助言・援助などを行うコンサルテーションなども行っている。また教員の会議への出席やPTAでの講演等をすることもある。つまり，スクールカウンセラーは子どもだけを見るのではなく，子どもを取り巻く保護者や教師も対象とした学校全体を見据えて心理臨床実践を行っている。最近では，市区町村単位の教育委員会あるいは教育センターなどに所属して，そこから複数の学校に派遣されるタイプのスクールカウンセラーも多くなってきている。

 教育の分野で活躍する心理臨床家は，他には大学では学生相談室，市町村単位では教育相談所や適応指導教室，民間のサポート校やフリースクールにも配置されるようになってきている。

(2) 医療・保健の分野

 この分野では，病院で働く心理臨床家が代表的であろう。総合病院や個人クリニックの精神科や心療内科あるいは小児科での外来・入院患者へのカウンセリングや心理療法，あるいは心理検査を行うという仕事が主なものになる。実際，医療現場での心理臨床家は「援助」を担当する専門職として，精神科医・心療内科医などの医師や看護師，医療ソーシャルワーカーなどと協働することが多くなってきている（図9-2）。それはさまざまな精神疾患・不適応の患者の治療を行うだけでなく，その患者の家族に対しても，心理的ケアや患者理解のための心理教育などを担当することもある。

 現代は医療業務の細分化・高度専門化によって，より全人的な医療が求められているということもあり，内科・外科を始めとした精神科系以外の診療科においても，心理的ケアが重視されてきている。そのため，ガン医療，HIV医療，周産期医療，臓器移植医療，高齢者医療などの先端医療においても，心理的ケアを担うコンサルテーション・リエゾン・サービスなどに心理臨床家が関わるようになってきている。

(3) 福祉の分野

 福祉の分野での代表的な心理臨床の現場としては，児童相談所がある。児童

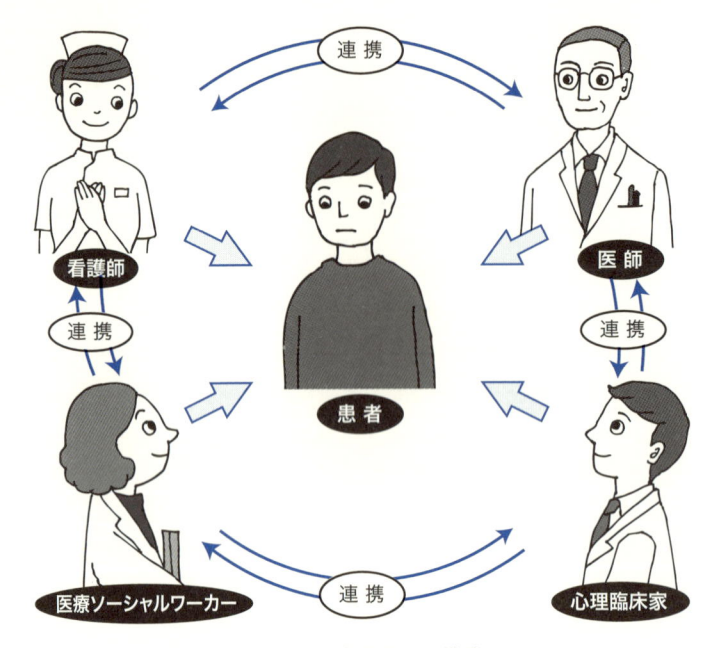

図 9-2　医療現場での協働

相談所とは，虐待や養育困難，発達障害，非行，不登校など多岐にわたる子どもや家族の相談にあたる児童福祉機関である。全国すべての都道府県に設置されている児童相談所でも心理臨床家は活躍している。そこで働く心理臨床の職名としては，心理判定員・児童心理司などがあるが，子どもおよびその家族などへの心理テストに基づく心理判定，カウンセリング，心理教育，コンサルテーションなどを担当している。2004年に「児童虐待防止法」が改正施行されて以来，虐待が疑われる際の児童相談所への通告が国民に義務づけられた。そのため，児童相談所で扱うケース数が増加し，さまざまな心理的ケアに対応できる心理職を採用する地方自治体が増えてきている。

　この福祉領域の職場は他に，療育センター，児童養護施設，老人福祉施設，女性相談センター，心身障害者福祉センター，などがあり，これらの職場でも心理臨床家が採用されるようになってきている。

(4) 司法・矯正の分野

　この分野では，家庭裁判所を中心として，家事事件・少年事件における調査や保護観察に携わる家裁調査官や保護観察官などが，心理臨床に関わる仕事と

して挙げられるであろう。たとえば，事件を起こした少年の心理社会的な背景の調査を行うのが調査官の仕事であるが，そのための心理テストや調査面接，家族状況の見立てなど，高度な心理臨床の知識や技術が必要である。複雑な事件の心理社会的背景の解明に，臨床心理学の知識・技術が役立っているといえよう。

司法矯正領域の現場は，他には少年鑑別所，少年院，児童自立支援施設，刑務所，警察などがあり，これらの現場でも，やはり心理臨床の知見と技術が求められ，それぞれの現場で心理臨床家が活躍している。

(5) 労働・産業の分野

この分野での心理臨床家は「企業内カウンセラー」が挙げられるであろう。産業カウンセラーなどの資格を取得している心理臨床家が，企業内にいるカウンセラーとして，社員のカウンセリングや管理職・人事労務担当とのコンサルテーションなどを行って「社員の心身の健康」を回復・維持・促進することを目ざしている。うつなどによる休職者が増加傾向にある現代において，その職場復帰をスムーズに行えるよう当事者とカウンセリングを行っていく専門家が職場内にいることは大きい。また産業医や保健師，産業保健スタッフとともに「職場の環境づくり」の一環として職場全体のメンタルヘルスを促進することも，産業分野で活動する心理臨床家にとって重要な業務のひとつである。最近では，会社の外部に従業員支援プログラム（EAP）提供機関と契約して，社員のメンタルヘルス事業に取り組んでいる企業も多いが，その機関にもカウンセリング等を担当する心理臨床家が所属している。

この分野では，他に公共職業安定所（ハローワーク）などの就職相談の場でも心理臨床業務を行う担当者が増えてきている。

以上，便宜上5つの分野に分けて心理臨床家の現場と仕事内容について説明してきた。他にも開業（私設心理相談分野），大学・研究所（研究分野）など，心理臨床の仕事の領域は非常に多岐にわたって広がり続けている。また，自殺予防や子育て支援など，医療・福祉・教育・産業・行政などの分野に横断的にまたがった領域でも，心理臨床の役割が必要とされてきている。

1-4　心理臨床実践のこれから

現代は「心の時代」でもあるが，「ストレス多き時代」ともいわれている。科学技術の進歩，情報化社会，生活の都市化，高齢化社会などいろいろな社会

図9-3　臨床現場と臨床理論の循環

　状況が変化していく中，人々のストレスが高くならざるを得ない現代社会は，今後もますますそのストレスといかにつき合っていくかが，現代人の大きな課題になってくるであろう。そのような中，臨床心理学や心理臨床実践は，多くの人々にとってストレスに対応するための知恵を今後も提供していくことになるだろう。

　まだまだ歴史の浅い臨床心理学あるいは心理臨床実践であるが，少しずつその経験によるさまざまな知恵が積み重ねつつある。それは臨床現場での実践活動で得られた知見を，研究活動などによって再び臨床心理学の理論の中に取り入れ，またその理論を現場で適用しながら，再び新たな知見を得る。このような「臨床現場と臨床理論の循環」が起きる（図9-3）ことによって，これまで臨床心理学は発展してきたし，今後もこの循環を繰り返しながら，さらに発展していくことであろう。

　本節の最後に新しい心理療法の中心哲学といわれているものをお示しする。

　　もしうまくいっているのなら，それを変えようとするな。

もし一度やって，うまくいったのなら，またそれをせよ。
　もしうまくいっていないのであれば，同じことをするな，何か違うことをせよ。

　心理臨床実践から得られた知見は，このようなシンプルな言葉に集約され，現代のわれわれの生き方に新しい提案をし続けてくれるであろう。

【参考書】
- 下山晴彦（監修）（2012）『面白いほどよくわかる！臨床心理学』西東社
  日本の臨床心理学の基本をわかりやすくイラストや図・表を使いながらまとめた本。臨床心理学に興味・関心があって勉強してみようとする方に役立つ一冊である。

【文献】
佐野直哉（編）（2009）『現代のエスプリ No.498　臨床心理士の仕事』至文堂

コラム 10　問題行動

　「問題行動」というテーマを聞いて一体何を想像するだろう。人に迷惑をかける行動だろうか。それともパニックのように自分の意思ではどうにもならないような衝動的行動のことだろうか。きっとそれらも問題行動と言うのかもしれない。しかし，ここで言う「問題行動」とは，不登校・引きこもり・非行などの「社会的な不適応行動」やリストカット・自殺未遂・虐待・いじめなどの「自傷他害行為」，拒食過食やアルコール・薬物・ギャンブル・買物などへの依存症を含んだ「嗜癖問題」，そして異常なほどの手洗い行動や，戸締りなど確認にこだわる「強迫行動」などを指し，すべて心理療法（カウンセリング）や心のケアを必要とする問題である。しかし，どれをとっても本人だけでなく，周りのいろいろな人たちにも多大な苦悩・不安・損害・リスクなどを引き起こす。そのために，本当に必要なのは理解と支えであるはずなのに，本人の心の苦しみよりも家族やパートナーや周りの人間の苦労ばかりが大きく見えてしまい，批判的な目で見られやすい。まず，ここで覚えておいて欲しいのは，「人に白い目で見られる問題ほど回復は遅くなる」ということである。

　例を挙げてみよう。

　① 学校でいじめを受けて学校に行けなくなった子どもがいる。しかし，親も教師も友だちもいじめを受けて傷ついていることよりも，登校することに目を向けてしまう。

　② 虐待の例では，どうしても子どもを守りたいがゆえに，暴力をふるう親を責めてしまう。

　③ リストカットでは，とにかく自傷行為を止めたくなる。

　④ 拒食過食の人には，普通に食べるよう一生懸命に説得する。

　どれも言いたい気持ちは分かる。しかし，ある程度のことは本人もわかっており，自分の問題行動に傷つき，そしてそれを止められずに苦しんでいる場合が多い。不登校の子どもは，ゲームをしながら「学校に行かなきゃ」と頭の中で繰り返し，自傷行為や拒食過食はその行為後にホッと安心するらしい。虐待する親は「誰か止めて」と心の中で叫んでいる。

　ストレスには出口が必要である。その出口は「行動（化）」「身体（化）」「症状（化）」「言語（化）」である。つまり，問題行動もストレスの出口ということである。ただ単に，問題行動をなくすということは，ストレスの出口を１つなくすことに等しい。

　改めて考えたい。問題とは，誰にとっての「問題」なのか。そして，行動には心理的背景があり，「問題行動はそう簡単になくなれば良いというものではない」ということを。

2節　個人への介入技法

「個人への介入技法」という言葉を見ると「何だろう？」と思う人も多いであろう。そこで，ここではもう少しわかりやすく「一人のカウンセリングを受ける人（クライエント）と一人のカウンセラーとの関わり」を総称して「カウンセリング」という言葉を使おうと思う。

2-1　カウンセリングとは

カウンセリングという言葉から何をイメージするだろうか。昔，あるクライエントに尋ねたところ「魔法」と答えていた。その人は，魔法のように今の苦しさを取り除いてくれたらどんなにいいだろうと思ったのかもしれない。しかし，残念ながらカウンセリングは魔法のように一瞬のうちにすべてを解決する方法ではない。では，カウンセリングとはいったい誰が誰に何をするのであろうか。

まず，「誰が…」の誰はクライエントである。「誰に…」はカウンセラーに，というよりもカウンセラーと，といった方がよいであろう。「何をする…」は（カウンセラーと）やりとりしていくことを通じて，今現在，あるいは過去から抱えてきたこととどう向き合っていくか，自分なりに見極めていけるようになること，を目ざすということになるだろうか。

つまり，主役はクライエント自身である。クライエントが自らカウンセリングに来るということを尊重する。たとえ誰かに連れてこられたとしても，自分で歩いてそこに来たということを重んじる。主役は，最初から最後までクライエントである。そしてカウンセリングは，クライエントが自分で考えて自分の人生を生きていけるようになることを目的とする。

2-2　カウンセリングでの関係

そのためには，まず，クライエントがカウンセラーに対し「この人なら信用して自分のことを話してもいいかな」と，少しずつでもいいから思えるように

なることが必要になる。カウンセラーはクライエントがこれまでどうやって人と関わってきたのかを考えながら、クライエントの感じる信頼関係を築いていけるように働きかける。ここで重要なのは「クライエントの感じる信頼関係」である。つまり、カウンセラーの考える信頼関係とクライエントの考える信頼関係は違うことが前提となっている。人を信じる、あるいは信じない、信じられないということにはそれまでの人生の積み重ねが深く関わっているから、一人ひとり違う。カウンセラーはクライエントの考える「人間」に対する思いを確かめながら、話をゆっくりゆっくり進めていく。

つまり、クライエントとカウンセラーの出会いは、この世でただひとつであり、ただひとつの関係をつくっていくことになる。しかし、それは2人のこれまでの人生の積み重ねの出会いでもあり、そして、これからの人生を積み重ねていく礎(いしずえ)になっていく可能性ももっている、大切な出会いでもある（図9-4）。

図9-4　クライエントとカウンセラーの出逢い

2-3　カウンセリングの方法

このように、カウンセラーはクライエントとの出会いを大切に考えている。ただし、これは筆者の考えであるから、当然、さまざまな考えがあることも言い添えておく。カウンセラーがクライエントをどのように迎え入れようとしているかは、これも「一人ひとり違う」のである。

そして、カウンセリングの方法もさまざまである。しかし、個々のカウンセラーが好き勝手に自分のやりたいようにカウンセリングをしているわけではない。通常、カウンセラーはさまざまな理論の中から自分なりに参考とする考え

方を取り入れてカウンセリングを行っている。そこで，ここでは代表的な理論の上に成り立つカウンセリングの方法として，精神分析療法，行動療法，来談者中心療法について見ていくことにする。

(1) 精神分析療法

ジークムント・フロイトによって創始された**精神分析理論**に基づいた方法である。フロイトは人間の心には意識できない**無意識**という領域が深く存在しており，彼はその無意識を氷山が海に沈んでいる部分になぞらえた。**意識**は海上に浮かんでいるほんの少しの領域にすぎないとしたのだ。また，その意識と無意識の間には**前意識**といい，直接には気づかないが注意を向ければ気づくことができる領域があるとした。

もうひとつフロイトの理論を説明する上で重要な概念に**エス（イド）**，**自我**，**超自我**という考え方がある。彼はこのように言っている。赤ちゃんはもともと本能（エス）の塊として生まれてくる。お腹がすいては泣き，おむつを汚しては泣き，本能のままに生きている。しかし，しだいに母親や父親の存在がわかってくるにつれ，おしっこやうんちはトイレに行ってしなさいと言われたり，食べたいものを手づかみで取ろうとすると怒られたりするようになる。すると，赤ちゃんのときのように，やりたい放題のままではいけないのだということがわかってくるのである。このようにして，親からのしつけで自分の中に形成されていく部分を，フロイトは「超自我」と呼んだ。本当は本能のままに生きたいのだが，そうすると自分は愛されないと感じ，しだいに本能（エス）を心の奥，すなわち無意識に押し込むようになる。また，成長するにつれて，そのエスと超自我の間のバランスをとる能力としての「自我」が育ってくると考えた（図8-1，190ページ参照）。

このような経過から，フロイトは，幼児期の体験が人間の成長に非常に重要と考えた。その重要な時期に受け入れることができない衝動や欲求を無意識に押し込める（抑圧する）と，成人になって神経症になると理論づけた。したがって，神経症になった人は，無意識に押し込めた幼い頃の体験を意識に呼び戻すことでよくなっていくと考えたわけだ。

フロイトは具体的に呼び戻す方法として**自由連想法**という方法を用いた。クライエントは寝椅子に横たわり，心に浮かんだことを包み隠さず自由に連想していく。そこで抑圧した衝動を分析家（カウンセラー）が解釈し，意識に上らせ開放することで回復に向かっていくと考えた。

フロイトの理論や方法は，当時タブー視されていた性的衝動が主要な心的エ

ネルギーであるとしたことや，また実証的でない（実際に証明できない）ことから，当時から現在にいたるまでさまざまに批判を浴びてきた。しかし，未だ人の心を理解する上でわれわれに大きな影響を及ぼしている。そこには，自分の心が自分の思うようにならない人間の不可思議を説明する上で，われわれを納得させるに足る深い人間観が存在しているからではないかと考えられる。

(2) 行動療法

行動療法という言葉はスキナーによって最初に用いられた。彼は目に見えない心を研究や治療の対象とすることを批判し，行動という客観的で観察できる方法を用いることを主張した。フロイトとは対角にある考え方といえよう。

行動療法が基盤とする理論は**学習理論**である。たとえば，不登校という問題が生じた場合，それは適切でない行動，すなわち学校へ行かないという行動が学習されたからと考える。したがって，行動療法では，適切な行動，つまり学校に行くという行動を再学習することを目的として関わることになる。

スキナーは，行動を説明するのに人間の内部について触れることはしなかった。思考や感情の存在は認めるが，それを行動の原因として重視しなかった。わかりやすくいうと，行動の後についてくるごほうびや罰で行動が形成されると考えたわけである。

たとえば，かんしゃくを起こす子どもに困っている母親が相談に来たとする。母親は，子どもがかんしゃくを起こすたびになだめたり怒ったりしてもまったく治まらないことに困り果てている。カウンセラーは母親に，母親の行動そのものがさらに子どものかんしゃくを起こさせる原因になっていると伝える。母親が怒ったりなだめたりするその行動そのものが母親が子どもに注目していることを示すことになるので，子どもへのごほうびになってしまっているのである。そこで，次からは子どもがかんしゃくを起こしても，それを無視し（ごほうびをあげない），逆におとなしく遊んでいるときに抱きしめる（ごほうびをあげる）ことを勧める。すると子どもは，かんしゃくを起こしてもごほうびがもらえないことを「学習」し，おとなしく遊ぶことでごほうびをもらうことを「学習」するのである。こうして，子どものかんしゃくという不適切な行動が，おとなしく遊ぶという適切な行動に変わっていく（図9-5）。

この基本的な考え方を応用した行動療法は，シェイピング法，系統的脱感作法，曝露療法など数多くある。また，近年では，認知という外界や自己に対するとらえ方を変容させる**認知療法**と結びついて，**認知行動療法**が多用されるようになってきている。

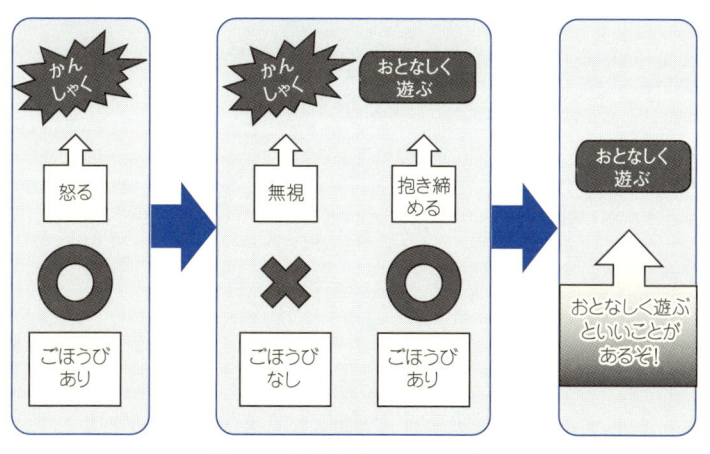

図9-5 行動変容のメカニズム

　認知療法と行動療法に共通している考え方として，精神分析のように幼児期の影響に焦点化しないということがあるだろう。その影響を必ずしも否定するというわけではないが，カウンセリングの場で過去にさかのぼって現在とのつながりを考えていく方法はとらない場合が多い。あくまで話し合うのは，目に見えて評価できる現在の「認知」，「行動」ということになる。根本的な考え方として，「あなたに問題があるのではなく，認知や行動を変えれば解決します」というメッセージがあると考えられる。

(3) 来談者中心療法

　来談者中心療法はその名のとおり，来談者（クライエント）を何よりも尊重する療法であり，ロジャーズによって創始された。ロジャーズは理論や分析に重きをおく精神分析療法や，効率的に治療の結果を求める行動療法を批判し，人間の本来の成長欲求を重視した関わりが重要であることを主張した。
　彼は幼い頃，暗い地下室でも陽の光に向けて芽を伸ばすジャガイモを見つけたことを思い出し，どんな状況下におかれても力強く生きようとするジャガイモのような生命力が人間にも備わっていると考えた（ロジャーズ，1980）。しかし，重要な他者である親や兄弟，友達などの要求や影響を受けながら成長していく中で，自分が考える自己である「自己概念」と現実の自己である「現実自己」との間に，だんだんと不一致が生じるようになる。この不一致が大きくなると問題が生まれてくると考えた（図9-6）。
　そこで，カウンセリング関係では，クライエントの本来の力を機能させてい

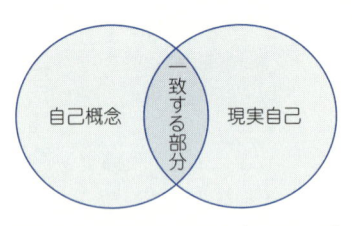

図9-6　クライエントの自己不一致

くために，カウンセラーの態度として以下の3つの条件が重要であると主張した。

① カウンセラー自身が感じていることをそのままで受け入れていること（純粋性）
② クライエントの感情や行動にかかわりなく，その人を価値のある人と感じていること（無条件の肯定的関心）
③ クライエントの感じていることをできるだけ同じように感じながら，なおかつ自分を見失っていないこと（共感的理解）

　しかし，実際にこの条件を十分に満たすことが難しいことはロジャース自身も理解しており，また，すべてのクライエントがカウンセラーの態度いかんで改善してはいないことも認めている（ナイ，1995）。
　その上でなおかつ，ロジャーズは人間の根源的なよりよく生きたいと願う志向性を信じた。この人間観は楽観的との批判を浴びながらも，今日まで，クライエントとカウンセラー両者にとって大きな意味をもつと考えられ支持され続けている。

　以上，代表的なカウンセリングの方法を概観した。取り上げた内容はカウンセリングのほんの一部である。どの学問もそうであるように，カウンセリングや基本となる理論も奥が深い。関心のある人は今後さらに知識を深めることで人間に対する理解も深まっていくだろう。また，実際にカウンセリングを利用することも意味のある経験になると考える。カウンセラーも悩みながら生きている同じ人間である。ただ，皆さんよりほんの少しだけ，一緒に悩む方法を知っているだけである。

【参考書】
- 小林哲郎・高石恭子・杉原保史（2000）『大学生がカウンセリングを求めるとき ── こころのキャンパスガイド』ミネルヴァ書房
  学生相談の現状と実際にどんな相談があるのか書かれてある。後半の相談内容を読むだけでも学生生活を送る上での参考になる。
- 平木典子（1997）『カウンセリングとは何か』朝日新聞社
  少々難しい部分もあるが，カウンセリングを受ける前から何が起きているのか，そのプロセスが丁寧に書かれている。

【文献】

ナイ, R. D.（1992）／河合伊六（訳）（1995）『臨床心理学の源流 ── フロイト・スキナー・ロジャーズ』二瓶社

ロジャーズ, C. R.（1980）／畠瀬直子（監訳）（1984）『人間尊重の心理学』創元社

齋藤　勇（1996）『イラストレート心理学入門』誠信書房

3節　家族・集団への介入技法

　心の問題を抱えている個人への介入技法として，前節では「カウンセリング」が取り上げられた。カウンセリングは心理援助的な面接であり，その基本となるのは，カウンセラーとクライエントとの「1対1の関係」である。心理臨床実践では，初期の頃はこのように1人のクライエントに対して，1人のカウンセラーがどのように関わるのかという1対1の「個人面接」「個人カウンセリング」「個人心理療法」を基本として，その理論や介入技法が開発され，発展してきた。

　しかしながら，1節でも述べてきたように，近年心理臨床の適応範囲が，医療分野だけでなく，教育や福祉などさまざまな分野に広がってきたことにより，1対1の個人だけではなく，家族・集団に対しても関わっていく必要が出てきた。その結果として，**家族療法**や**集団心理療法**などのような，個人対象とは違った家族あるいは集団へアプローチする心理学理論や技法が生まれ，実際にさまざまな家族や集団に応用・実践されるようになってきている。

　本節では，そのような個人とは違う家族・集団への臨床心理学的アプローチの理論と実践の一部をご紹介することにしたい。ここでは代表的な家族・集団への介入技法として，「家族療法」と「グループ・アプローチ」について取り上げてみる。

3-1　家族療法

(1) 家族の現代的問題

　現代社会において，虐待など子育ての問題，DVなど夫婦関係の問題，うつや不登校などの心の健康の問題など，家族の中でさまざまな問題が起こってきている。IT化などに代表されるように社会全体も急速に変化し，人々の価値観が多様化するにつれ，家族のあり方もこれまでとは違って，大きく変化しつつあるとも言われている。そのような中で，さまざまな悩みを抱える家族が増加してきたため，個人を対象にするだけではなく家族も対象にした援助が必要になってきた。

(2)「家族の心理」ではなく「家族のコミュニケーション」を扱う

　家族というものは，複数の人がただ寄せ集まっているわけではない。そこには「家族関係」というものが存在しており，むしろ家族とは，その構成メンバーが有機的に関係し合っている，あるいは家族メンバー間にいろいろな相互作用がある1つのまとまりであると考えられる。これらのことから，カウンセラーが家族援助を行うためには，個人の心理を扱うのとは違った視点として，家族間の相互作用や家族関係にアプローチする必要がある。

　たとえば，子どもが不登校になっている場合，子どもは外に出られず，両親のみが相談機関に来られるということは，よくみられるケースである。その際，相談する親はカウンセラーに対して，これまでの子どもの状況について語り，どのように接したら「子どもの（不登校という）問題」が改善するのかについて，アドバイスを求めてくることは多い。このような場合，相談の場に来ていない子どもの「（不登校を起こしている）心理」というものを直接取り上げることはできない。しかし，親がその子の心理状態をどう見ているか，親がその子どもに実際どう関わっているかといった，それまでの家族内での親子のコミュニケーションのあり方を聞き出すことはできるだろう。そして，カウンセラーは，そのコミュニケーションをどのように変化させれば，不登校という状況の改善につながるのかを考えていく。実際に家族援助を行う場合，このように個人の問題や症状，あるいは親子・夫婦・家族関係の問題も，「家族の心理」の変化ではなく，「家族のコミュニケーション」の変化を促すことによって，問題や症状の解決・解消をはかろうとする。このような考え方で家族援助を行うのが，いわゆる「家族療法」である。

(3)「家族システム」について

　家族療法では，家族のコミュニケーションを主に扱うため，家族というものをメンバーそれぞれが互いに影響しあうひとつの「システム」として考えている。「システム」という用語は，たとえば「パソコンのシステム」「ネットワーク・システム」「会社のシステム」「入会システム」など，現代では日常語として，あたりまえのように飛び交っているが，ここで言う「システム」とは，本来は「システム論」という考え方を背景としたものの見方であり，その定義は，「部分と部分が相互作用している全体」，あるいは「その相互作用のあり方（連鎖・パターン・ルール）」のことである。複数の人間が存在すれば，その集団に対して適応できるものの見方であり，家族もまた複数の人の集合体なのでひと

つの「システム」になると考えられ，それは**家族システム**と呼ばれている。

家族システムのメンバーは，互いに影響しあいながら，いつの間にか繰り返されている家族内のパターンやルールを形成している。たとえば，家族の食卓の座席の座る位置は，いつの間にか家族の間で決まっていて，誰か一人がいつもと別のところに座ると，家族全体が違和感を感じてしまうという経験があるだろう（図9-7）。このように家族は無意識的なレベルで，何らかのルールやパターンを持っているものである。「家族システム」は，「安定的・自動的に繰り返される家族のコミュニケーションの連鎖，あるいはパターンやルール」（東，2010）なのである。家族療法は，この家族システムという考え方を採用してから，大きく進化・発展した。

図9-7 食卓の座る位置も家族システムのひとつの例

（4）家族療法の理論と技法

家族療法の理論や技法はさまざまあるが，ここでは主要な3つを解説する。

（a）円環的思考法

ふつう私たちは，「事象aは事象bの原因である（事象bは事象aの結果である）」というように，矢印が一方向の考え方（a → b）をする習性がある。このことを「直線的思考法」という。それに対して「円環的思考法」とは「事象aは事象bの原因でもあり，結果でもある」というように，双方向的な見方（a ↔ b）をするものである（図9-8）。

たとえば，心身医学などで言われている心身交互作用という考え方がある。それは，心と身体はそれぞれ独立しているわけでなく，両者が相互に影響し合いながら全体として機能しており，一方だけをみて人間という存在を理解できないというものである。この心身交互作用のような考え方は，円環的思考法と言えるだろう。

図9-8　直接的思考法と円環的思考法

(b) ジョイニング

　家族療法を行うカウンセラーが，家族システムにとけ込むための重要な技法のひとつに，ジョイニングがある。「まずは相手の土俵に乗る」といった表現があるが，これはジョイニングの精神をうまく言い表している。具体的には，家族が持っている「雰囲気」「家風」や「テンポ」などにカウンセラーがあわせながら，さらに家族のルール・パターンにもあわせながら沿っていく。たとえば，家族面接場面において，「家族全員が父親をたてているので，カウンセラーも父親をたてる」「説明を始めるのが母親なので，カウンセラーが質問をする時は最初に母親にふる」など，家族の役割やコミュニケーションのパターンに，カウンセラーが適合するような動きをとることは，ジョイニングになる。

(c) リフレーミング

　リフレーミングとは，問題行動などに対する見方や理解の仕方に関する既存のフレーム（枠組み）を変化させることである。ものの見方・意味づけの仕方を変えること，そのことによって，生活全般に良い変化をもたらすシンプルな方法である。たとえば，家族間のコミュニケーションにおいて，「父親と子どもが口論していると，母親が口を挟む。すると父親がトーンダウンし，今度は子どもと母親の口論が始まる」というパターンがみられたとする。この場合，これを「母親が父親と子どものコミュニケーション形成を邪魔している」とみることができるが，「母親が父親と子どもの関係を守っている」とみることもできる。前者は「母親は邪魔をする人」というネガティブ・リフレーミングであり，後者は「母親は守る人」というポジティブ・リフレーミングであるが，

家族療法ではポジティブ・リフレーミングが多用されている。このように新しいポジティブなフレームをカウンセラーが提示することがリフレーミングの技法であり、それがクライエントや家族に受け入れられれば、その新しいフレームに基づいた「解決のための作業」が行われていくことになる。

(5) 家族療法の基本的な考え方

家族療法は、基本的に夫婦や親子、あるいは家族全員と面会して行う。通常私たちは、家族の中で何か問題が生じると、「誰が悪いのか」と原因追及や悪者探しをしがちであるが、家族療法では、誰と誰がどのように関わっているために「悪循環＝問題が維持されているシステム」が生じているかに注目し、そのような「問題維持システム」が変化する（＝悪循環を断ち切る）ことで、問題が解決・解消されると考える。また、家族は学校や職場など、より大きな社会集団からも影響を受けているので、それらとの関係も無視できない。家族療法を行うカウンセラーは、家族の誰かを悪者にするのではなく、対話を通して家族がお互いをより深く理解し合い、親密な関係を築いていくのを援助していく。

3-2 グループ・アプローチ

(1) グループ・アプローチの歴史とその意義

グループ・アプローチは、起源的には宗教的な活動、たとえば呪術的作業の中などで用いられることから始まったと言われている。いわゆる現代の臨床心理学的なアプローチ、つまり治療方法として用いられるようになったのは20世紀になってからで、アメリカの内科医プラットが結核患者のグループミーティングを行ったところから始まる。「患者の回復には情緒的な問題の解決が非常に重要である」と、これまでの治療にはない視点を示し、その後も多くの医師が続き、糖尿病患者や心臓病など慢性の身体疾患の患者や、精神疾患者に回復や治療・社会復帰に有効として多く用いられるようになっていった。当初は話し合いもあったが、本を読んだり、共に勉強したりという集団学習活動的なものが多く、あくまでもグループの形式を採用した治療法としての色が濃かった。

後に、複数の人間が集まったグループという状態は、個人とは異なった独自の変容メカニズムがあり、グループメンバー間の情緒交流と相互作用を通して、人の情緒的変化や人格変容に大きな影響を持つという考え方、つまり**グループダイナミックス**（集団力動）を扱う進め方が主流になっていった。さらに、J.

L. モレノの心理劇（サイコドラマ）や精神分析的集団心理療法，エンカウンター・グループ（コラム11, p.238 参照）などといったグループ・アプローチ独自の発展もあった。

　このようにグループ・アプローチが20世紀以降広がりを見せた理由として，個人カウンセリングが持つ限界を補うために用いられるという点も考えられる。個人カウンセリングでは，1人のカウンセリングに30分から1時間をかけて行うとすると，おのずと対応できるクライエントの数にも限界がある。それに対してグループは，同じ時間の中で多くのクライエントへのアプローチが可能になる。このように少しでも多くのクライエントへの心理的援助を行えるという点が，グループ・アプローチが広まっていった大きな理由であろう。それはクライエントにとっても，援助を受ける方法や機会が広がったことにもなる。

(2) グループ・アプローチの種類

　グループ・アプローチは，その目的の違いによって，大きく「治療的グループ」と「成長的グループ」に分けられる。その中でさらに固定メンバーで行う「閉鎖的グループ」と，メンバーとしての参加を比較的自由に設定している「開放的グループ」があり，あるいは同じ悩みを持つ人の集まりのような「同質グループ」と，年齢や所属にもしばられない自己啓発を目的としたような「異質グループ」などもある。また，その内容の形態として「ミーティング中心グループ」や「活動中心グループ」「ロールプレイ中心グループ」などとも分類される。

　ここで，代表的な「治療的グループ」について紹介する。「心理教育」とは，主に統合失調症など精神病水準の患者やその家族に，症状の理解や適切な対処技能の習得などの知識を教育・指導する方法である。「サイコドラマ」は，参加者が演じる即興劇を中心に展開される集団心理療法で，病院や矯正施設，学校現場などでも取り上げられている。他にも行動療法の理論を背景に持って社会技能の改善をはかり社会復帰をすすめる「生活技能訓練 (SST)」，精神障害者の社会復帰・社会参加のための病院と家庭との中間施設であり，居場所や再発予防などの意義があると言われている「精神科デイケア」などがある。

　「成長的グループ」として代表的なものは，自己啓発や自分への気づき・成長・コミュニケーショントレーニングとしての意味を持つ「エンカウンター・グループ」，人間の相互影響関係を学ぶ「Tグループ」，企業や教育現場で活用されている自己表現・対人関係の持ち方を訓練する「アサーショントレーニング」などがある。他にも，学校現場で担任教諭が行う「学級運営」，後ほど取

り上げる「自助グループ」なども「成長的グループ」に含まれてくる。

グループ・アプローチは、このように多種多様なものが開発されてきており、精神医療・保健領域や福祉領域、教育領域、産業領域など、さまざまな現場で広く対人援助臨床に取り入れられている。

次に、これらのグループ・アプローチの中で、「自助グループ」についてとりあげ、もう少し詳しく説明しよう。

(3) 自助グループについて

自助グループとは、同じ問題を抱えている人の集まりであり、その目的や対象によってさまざまな種類がある。たとえば、アルコール依存症の回復グループ（断酒会、AA）、薬物依存症からの回復グループ、（DARC：ダルク）、糖尿病のグループ、ガン体験者のグループなど、たくさん存在している（図9-9）。

図9-9　同じ問題を抱えている人たちが集まり語り合うのが自助グループ

たとえば、アルコールや薬物の依存症者は、自分ひとりや家族の力で乗り越えることはとても困難であると言われている。そこで、自助グループに参加することによって、同じ問題を抱えた仲間と話しながら、孤独感や依存症の苦しみを分かち合い、自分だけではないとい安心感を得ることができる。そして、メンバーの体験談や考えを聞きながら、それを鏡として自分自身をより理解していく。そのようなメンバー同士で支え合うという一体感の体験から、問題に向き合っていくパワーを得て、依存症の克服という希望を見出すことができる

のである。また自助グループでは，依存症を克服した回復者がスタッフとして参加することもあり，回復者からのアドバイスを受けられるのも大きな特色である。

(4) グループ・アプローチの課題

これまで，グループ・アプローチの歴史や種類，そしてその内容について紹介してきた。グループ・アプローチの技法は，心理臨床において非常に有用な方法であることは，さまざまな現場で適応されていることからも確かであろう。一方でグループを束ねる進行役のリーダーあるいはファシリテーターは，グループ状況への感受性を豊かにしつつ安全にグループが促進されるよう中立な姿勢を変えないなどといった，高度な技術と姿勢をもつことが重要であり，その熟練が問われている。現在，わが国のグループ・アプローチの分野の大きな課題は，より多くのリーダーやファシリテーターの養成が求められていることである。

【参考書】
- 牧原浩（監修）（2006）『家族療法のヒント』金剛出版
  第一線で活躍する家族療法家によって書かれた本。内容は実際的でこれから勉強しようと思う人にはおススメである。

【文献】
東豊（2010）『家族療法の秘訣』日本評論社
村尾泰弘（編著）（2011）『人間関係の心理と支援 ── グループ・アプローチのすすめ』新曜社
星野命・詫摩武俊（共編）（1989）『臨床心理学』新曜社
コーチン, S. J.（1976）／村瀬孝雄（監訳）（1980）『現代臨床心理学 ── クリニックとコミュニティにおける介入の原理』弘文堂

コラム 11　エンカウンター・グループ

　現代人は都市化とともに人間関係が希薄になり孤独になりがちだと言われる。エンカウンター・グループは、失われつつある人と人との関係や人間らしさを取り戻そうとする人間性回復運動として、人間性心理学者たちによって開発されてきた。

　エンカウンターには、構成的なものと、非構成的なものがある。非構成的エンカウンターは、来談者中心カウンセリングの創始者カール・ロジャーズ（Carl Ransom Rogers, 1902年〜1987年）が開発したベーシック・エンカウンターである。このグループでは、あらかじめ決められたプログラムはなくて、10人前後のお互いに見知らぬ参加者とファシリテーター（世話人と呼ばれたりするコミュニケーションの促進的役割をするカウンセラー）で編成され、長時間（1日から3泊4日）にわたり、グループで感じたことを思うままに本音で話し合っていく。

　最初は、世話人の進行もなくプログラムのない状況下に戸惑い、沈黙が支配する。自己紹介などの場つなぎ的話題提供がなされることがあるが続かない。やがてリーダー的役割をしない世話人やメンバーに対する否定的感情が表明されたりして、「今ここで」その場にいる人への率直な感情表明や交流が始まり相互理解・相互受容へと進展していく。

　一方、構成的エンカウンターは、あらかじめエクササイズが用意されている。① リーダーの指示により、② 参加者が自分の見方・考え方・感情表現の仕方・ふるまい方に気づき、修正・拡大するためのエクササイズを体験し、③ 気づいたことをふりかえってわかちあい（シェアリング）、お互いを理解し成長するための機会とする。

　エクササイズの一例として、ブラインド・ウオーク（盲歩き）を紹介する。二人組になりジャンケンなどをして、負けた方が目をつぶり、勝った方が案内する。指定時間後に役割を交代して、最後に体験して感じたこと・気づいたことを振り返る。相手を信頼して身をゆだねる体験や、眼の不自由な人を気づかいながら案内する体験は、お互いの信頼関係を築くと共に、気づかなかった体験的発見をもたらすのである。

　エンカウンター・グループは、グループの相互教育力を活用した体験学習的心理教育であり、集団を対象とするカウンセリングである。

索引

■アルファベット

CHC 理論　Cattell-Horn-Carrol theory　206
DARC（ダルク）　drug addiction rehabilitation center　236
DV　domestic violence　230
K-ABC　Kaufman Assessment Battery for Children　211
MPI（モーズレイ性格検査）　Maudsley Personality Inventory　195
PF スタディ　Picture-Frustration Study　49
PM 理論　PM theory　184
PTSD（心的外傷後ストレス障害）　post-traumatic stress disorder　63, 64
T グループ　training group　235
WAIS　Wechsler Adult Intelligence Scale　209
WISC　Wechsler Intelligence Scale for Children　209
WPPSI　Wecheler Preschool and Primary Scale of Intelligence　209

■あ行

愛情の三角理論　175
アイゼンク　Eysenck, H. J.　194
愛着（アタッチメント）　attachment　119, 123, 129
アイデンティティ（自己同一性）　identity　139, 141
── 拡散　identity diffusion　142
── の確立　identity achievement　141, 145
アサーショントレーニング　assertion training　235
アスペルガー障害　Asperger('s) disorder　132
アッシュ　Asch, S. E.　182
アパシー　apathy　53
アリストテレス　Aristoteles　6, 12
── の錯覚　Aristotle's illusion　90
アルゴリズム　algorithm　109
暗黙の人格理論　implicit personality theory　157

意識　conscious　8, 55, 189, 225
意思決定　decision making　107
いじめ　bullying　222
一次的欲求　primary needs　47
一般因子（g 因子）　general factor　206
遺伝要因　hereditary factor　115
意味記憶　semantic memory　103
色の対比　color contrast　85
印象形成　impression formation　156, 157

ウィニコット　Winnicott, D. W.　129
ウェクスラー　Wechsler, D.　209
── 式知能検査　Wechsler Intelligence Scale　209
ウェーバー　Weber, E. H.　13
ウェルトハイマー　Wertheimer, M.　16, 86
ウェルニッケ失語（感覚性失語）　Wernicke's aphasia（sensory aphasia）　113
ウェルニッケ野　Wernicke's area　23, 113
内田‐クレペリン検査　201
うつ　depression　230
ヴント　Wundt, W.　7, 11, 14-17
運動学習　motor learning　78
── の知覚　motion perception　87
運動視差　motion parallax　89

慧可　4
エクマン　Ekman, P.　41

239

エス（イド） Es, id 8, 16, 52, 190, 191, 225
エピソード記憶 episodic memory 102
エビングハウス Ebbinghaus, H. 4, 9, 15, 104
エリクソン Erikson, E. H. 129, 130, 131, 141, 142, 146
エロス（生の本能） Eros 16, 174
演繹的推論 deductive inference 107
エンカウンター・グループ encounter group 235, 238
援助行動 helping behavior 172
遠心性神経 efferent nerve 31
延髄 medulla oblongata 22, 27

オペラント学習 operant learning 18
オペラント行動 operant behavior 58
オペラント条件づけ operant conditioning 68, 75
オルポート Allport, G. W. 188, 194

■か行

外向性 extraversion 194
概念 concept learning 107, 108
下位脳幹 lower brain stem 22, 27
海馬 hippocampus 26
解発刺激 releasing stimulus 57
回避行動 avoidance behavior 69
カウフマン Kaufman, A. S. 211
カウンセラー counselor 213, 223
カウンセリング counseling 48, 222, 223, 230
顔の認知 face cognition 93
学習 learning 17, 55, 56, 107
—— 障害 learning disabilities, learning disorders（LD） 132
—— 理論 learning theory 226
仮現運動 apparent movement 16, 87
家族システム familiy system 231, 232
家族療法 family therapy 230, 231
カタルシス療法 cathartic therapy 16
学校心理士 school psychologist 216

葛藤（コンフリクト） conflict 48
空の巣症候群 empty-nest syndrome 147
ガル Gall, F. J. 7
加齢 aging 152
ガレノス Galenus 6
感覚 sensation 13, 82
—— 運動段階 sensorimotor stage 126
—— 記憶 sensory memory 101
—— 受容器 sensory receptor 82
—— モダリティ（様相） sensation modality 82
眼球運動 eye movement 87
環境要因 environmental factor 115
観察学習 observational learning 77, 175
観察法 observation 197
干渉説（記憶の） interference theory 104
桿体 rod 84
カント Kant, I. 12
間脳 diencephalon 22, 26
顔面フィードバック仮説 facial feedback hypothesis 43

記憶 memory 15, 100, 107
幾何学的錯視 geometrical optical illusion 90
帰属モデル attribution model 171
期待効果 expectation effect 157
拮抗条件づけ counterconditioning 63
機能局在 functional localization 7
機能主義 functionalism 15
帰納的推論 inductive inference 107
基本的な帰属のエラー fundamental attribution error 158
記銘 memorization 100
虐待 abuse 218, 222, 230
キャッテル Cattell, R. B. 194
キャノン Cannon, W. B. 34, 42, 43
—— ・バード説 Cannon-Bard theory 43, 44
キャロル Carroll, J. B. 206
ギャング・エイジ gang age 131
求心性神経 afferent nerve 31

旧皮質（古皮質） paleocortex 7
橋 pons 22, 27
強化 reinforcement 68, 69
── スケジュール reinforcement schedule 70
共感的理解 empathetic understanding 228
強迫神経症 obsessional neurosis 142
恐怖症 phobia 64
共鳴説（音の） resonance theory 13
ギルフォード Guilford, J. P. 206

グスタフソン Gustavson, C. R. 65
具体的操作段階 concrete operational stage 126, 131
クライエント client 223
グループ・アプローチ group approach 230, 234, 235, 237
グループダイナミックス（集団力動） group dynamics 234
クレッチマー Kretschmer, E. 192, 199
クーン Kuhn, M. H. 164
群化の法則 principal of grouping, law of pregnanz 86

経験科学 empirical science 14
経験説 empiricism 11
形式的操作段階 formal operational stage 126, 131
形而上学 metaphysics 12
系統的脱感作（法） systematic desensitization 64, 226
系列位置効果 serial position effect 100
ゲシュタルト学派 Gestalt school 86
ゲシュタルト心理学 Gestalt psychology 14, 15, 16, 17
ゲシュタルト理論 Gestalt theory 156
結果についての知識 knowledge of results 78
結晶性知能 crystalized Intelligence 206
欠乏 privation 48
ケーラー Köhler, W. 16

原因帰属 causal attribution 158
言語 language 111, 123
── 野 speech area 113
顕在記憶 explicit memory 103
検査法 psychological testing 197
現実原則 reality principle 191
原始反射 primitive reflex 119, 120
減衰説（記憶の） decay theory 104
健忘症 amnesia 103

行為者 − 観察者バイアス actor-observer bias 159
後悔 regret 171
効果の法則 law of effect 67
交感神経 sympathetic nerve 34
攻撃 aggression 49, 174
── 本能 aggressive instinct 174
公式集団（フォーマル・グループ） formal group 180
交渉（取引） bargaining 162
恒常性 constancy 83
構成主義 structuralism 14
行動 behavior 56
行動形成（シェイピング） shaping 68, 69
行動主義 behaviorism 15, 17
後頭葉 occipital lobe 23
行動療法 behavioral therapy 226
光背効果 hallo effect 157
広範性発達障害 pervasive developmental disorders 132
心の哲学 Philosophy of mind 6
コーシャス・シフト cautious shift 183
個人化 personalization 157
個人差 individual difference 117
固着 fixation 49
骨相学 Phrenology 7
古典的条件づけ classical conditioning 61
コーピング（対処行動） coping 178
コール Cole, M. 115
コンサルテーション・リエゾン・サービス consultation-liaison service 217

■さ行

罪悪感　guilt　129, 130, 171
再生　recall　100
細長型　leptsomic type　192
彩度　saturation　85
再認　recognition　100
サイバネティクス　cybernetics　18
作業検査　performance test　201
サーストン　Thurstone, L. L.　206
錯覚　illusion　90
サッチャー錯視　Thatcher illusion　93
サピア－ウォーフ仮説（言語相対仮説）
　Sapir-Whorf hypothesis（linguistic relativity hypothesis）　111
作用心理学　act psychology　14
産業カウンセラー　industrial counselor　216, 219
残効　aftereffect　82
三項随伴性　three-term-contingency　58
三段論法　syllogism　107

シェイピング法　shaping　226
ジェームズ　James, W.　15, 42, 163, 165
—— ・ランゲ説　James-Lange theory　42, 43
シェリフ　Sherif, M.　181
自我　ego　8, 16, 190, 191, 225
視覚探索課題　visual search task　95
視覚的注意　visual attention　95
色覚　color vision　12
色相　hue　85
—— 環　hue circle, color circle　85
刺激閾　stimulus threshold　82
自己　self　163
—— 意識的感情　self-conscious emotions　171
—— 概念　self-concept　164, 227
—— 鏡映像認知　mirror self-recognition　163
—— 実現　self-actualization　47
—— 高揚動機　self-enhancement motivation　167
—— 受容感覚　proprioceptive sensation　82
—— 呈示　self-presentation　168
—— 評価　self-evaluation　165, 166
自己評価維持モデル　self-evaluation maintenance model　167
思考　thinking　107
試行錯誤行動　trial and error behavior　67
自殺　suicide　222
視床　thalamus　26
視床下部　hypothalamus　26, 34, 43
自助グループ　self-help group　236
システム論　systems theory　231
自尊感情　self-esteem　165
—— 尺度　Self Esteem Scale　165
実験神経症　experimental neurosis　64
実験心理学　experimental psychology　13
失語症　aphasia　24, 25, 77, 113
質問紙法　questionnaire, inventory　199
視点依存アプローチ　viewpoint dependent approach　93
自伝的記憶　autobiographical memory　103
視点非依存アプローチ　viewpoint independent approach　93
自動運動　autokinetic movement　181
児童期　childhood　123, 130
自発的回復　spontaneous recovery　63
自発的微笑　spontaneous smile　119
自閉症　autism　132
社会再適応評価尺度　Social Readjustment Rating Scale　177
社会性　sociality　130, 131
社会的ジレンマ　social dilemma　162
社会的推論　social inference　158
社会的促進　social facilitation　183
社会的手抜き　social loafing　184
社会的比較理論　social comparison theory　166
社会的微笑　social smile　119
社会的抑制　social inhibition　183
シャクター　Schachter, S.　45
弱化　punishment　68

シャンク　Schank, R. C.　110
囚人のジレンマゲーム　prisoner's dilemma game　162
集団　group　155, 180
　── 規範　group norm　181
　── 凝集性　group cohesiveness　181
　── 極性化　group polarization　183
集団心理療法　group psychotherapy　230
集中練習　massed practice　78
習得的行動　acquired behavior　56, 58
自由連想法　free association technique　16, 225
主観的輪郭　subjective contour　86
主題材料効果（主題化効果）　thematic-materials effect　107
主張的自己呈示　assertive self-presentation　168
受動的注意　passive attention　95
シュルツ　Schultz, J. H.　54
準拠集団　reference group　180
順応　adaptation　82
ジョイニング　joining　233
生涯発達　life-span development　115, 146
消去　extinction　63, 70
条件刺激　conditioned stimulus　61
条件即応モデル　contingency model　185
条件反射　conditioned reflex　34, 61
条件反応　conditioned response　61
情動　emotion　39, 40
　── 焦点型対処　emotion-focused coping　178
　── の2要因理論　two factor theory of emotion　45
小脳　cerebellum　22, 27
情報統合理論　information integration theory　156
初語　first word　123
女性らしさ　femininity　135
初頭効果　primacy effect　100
ジョーンズ　Jones, E. E.　168
自律訓練法　autogenic training　54
自律神経（系）　autonomic nerve（autonomic nervous system）　26, 31, 33-35
シンガー　Singer, J. E.　45
新近性効果　recency effect　100
神経細胞（ニューロン）　neuron　24
神経症　neurosis　194, 225
　── 的傾向　neuroticism　194
人工知能　artificial intelligence　18
新行動主義　neobehaviorism　17
心身一元論　identity theory　11
心身交互作用　mind-body interaction　233
心身二元論　mind-body dualism　6, 7, 11
新生児期　neonatal period　119
深層心理学　depth psychology　8
心的装置（フロイト）　mental apparatus, psychic apparatus　16, 190
新皮質　neocortex　8
信憑性（情報の送り手の）　believability　161
親密性　intimacy　146
信頼性（情報の送り手の）　reliability　161
心理アセスメント　psychological assessment　197, 201
心理カウンセラー　psychological counselor　215
心理学　psychology　2, 8
心理教育　psycho-education　235
心理劇（サイコドラマ）　psychodrama　235
心理検査　psychological test　199
心理的離乳　psychological weaning　139
心理療法　psychotherapy　222
心理臨床家　clinical psychologist,（psychological）clinician　215

錐体　cone　84
推論　inference　107, 158
スキナー　Skinner, B. F.　18, 68, 75, 226
　── 箱　Skinner box　68, 69
スキーマ　schema　110
スクリプト　script　110
スクールカウンセラー　school counselor　217

鈴木ビネー知能検査　208
スタンフォードビネー知能検査　Stanford-Binet Intelligence Scale　208
スティーブンス　Stevens, S. S.　13
　──の法則　Stevens' power law　14
ステッペル　Stepper, S.　44
ステレオタイプ　stereotype　145, 157
図と地　figure and ground　86
ストラック　Strack, F.　44
ストレス　stress　119, 177, 222
　──反応　stress response　177
ストレッサー　stressor　177
スピアマン　Spearman, C. E.　206
刷り込み　imprinting　58
スリーパー効果　sleeper effect　161

性格　character　187, 188
　──検査　personality test　197, 199, 200
生活技能訓練（SST）　social skills training　235
精神医学　psychiatry　16
成人期　adulthood　142
精神遅滞　mental retardation　132
精神的健康（メンタルヘルス）　mental health　214
精神物理学　psychophysics　8, 11, 13
精神分析（療法）　psychonalysis　51, 52, 189, 225, 227, 235
精神分析学　psychoanalysis　16, 225
生成文法　generative grammar　111
性的衝動　sexual drive　225
生得説　nativism　11, 126, 174
生得的行動　innate behavior　56
青年期　adolescence　52, 134
正の弱化　positive punishment　70
性役割ステレオタイプ　gender-role stereotype　136, 145
性役割同一性　gender-role identity　136
精霊崇拝（アニミズム）　animism　4
脊髄　spinal cord　22, 31
　──神経　spinal nerve　31
世代性　generativity　146

摂食障害　eating disorder　142
説得　persuasion　161
絶望　despair　149
セルフ・サービング・バイアス　self-serving bias　159
セルフ・スキーマ　self-schema　164
セルフ・ハンディキャッピング　self-handicapping　169
禅　Zen　10
前意識　preconscious　8, 189, 225
宣言的記憶　declarative memory　102
宣言的知識　declarative knowledge　110
潜在学習　latent learning　18, 78
潜在記憶　implicit memory　15, 103
前操作的段階　preoperational stage　126, 128
全体処理　holistic processing　93
前頭葉　frontal lobe　8, 23
専門性（情報の送り手の）　expertise　161
躁うつ気質（循環気質）　cyclothymia　192
躁うつ病　manic-depressive psychosis　192
想起　retrieval　100
早期完了型（アイデンティティ追求の）　identity foreclosure　142
操作主義　operationism　17
喪失　deprivation　48
走性　taxis　56
創造的思考　creative thinking　107
相貌失認　prosopagnosia　94
側頭葉　temporal lobe　23, 26
ソルバソン　Solvason, H. B.　65
ソーンダイク　Thorndike, E. L.　67, 68

■た行────────
第一反抗期　the first period of rebelliousness　129
対応推論モデル　correspondent inference model　159
胎芽期　embryonic period　116, 117
退行　regression　49, 191

胎児期　116, 117
対人恐怖症　anthropophobia　142
体性神経　somatic nerve　31, 33, 34
態度　attitude　159
第二次性徴　secondary sexual characteristics　52, 134
第二反抗期　the second period of rebelliousness　139
大脳半球　cerebral hemisphere　22
　── の機能的左右差（ラテラリティ）　laterality　25
大脳皮質　cerebral cortex　7, 23
大脳辺縁系　cerebral limbic system　8, 22, 26, 194
代表性ヒューリスティックス　representative heuristics　158
代理強化　vicarious reinforcement　175
多因子説（知能の）　multiple-factor theory of intelligence　206
ダーウィン　Darwin, C. R.　15, 40
脱中心化　decentering　131
田中ビネー知能検査　208
タナトス（死の本能）　Thanatos　16, 174
ターマン　Terman, L. M.　208
達磨　4
短期記憶　short-term memory　101
断酒会（AA）　alcoholics anonimous　236
男性らしさ　masculinity　135

知覚　perception　13, 81
　── 的体制化　perceptual organization　85, 90
　── 的補完　perceptual completion　84
　── の恒常性　perceptual constancy　16
逐次接近法　successive approximation　69
知能　intelligence　205
　── の構造　structure of intelligence　206
知能検査　intelligence test　197, 205, 208
知能指数　intelligence quotient　208
注意　attention　95
　── のスポットライト　attentional spotlight　96
　── の瞬き　attentional blink　96
注意欠陥／多動性障害　attention-deficit hyperactivity disorder（AD/HD）　132
中心窩　centralis fovea　84
中心特性　central trait　156
中枢神経系　central nervous system　21, 22, 31, 35
中性刺激　neutral stimulus　61
中年期　middle-age　146, 149
中脳　midbrain　22, 27
長期記憶　long-term memory　101, 102
超自我　super-ego　8, 16, 190, 191, 225
直観　intuition　193
チョムスキー　Chomsky, A. N.　111

デイケア　day care　235
定年退職　retirement　150
デカルト　Descartes, R.　7, 11
適刺激　adequate stimulus　82
テスト・バッテリー　test battery　198, 201, 204
テッサー　Tesser, A.　167
手続き的記憶　procedural memory　102, 103
転移　transfer　78
てんかん　epilepsy　192
展望的記憶　prospective memory　104

トイレット・トレーニング　toilet training　129
同一化　identification　191
動因　drive　47
投影法　projective technique　201
動機づけ　motivation　39, 47
統合失調症　schizophrenia　192
洞察　insight　17
闘士型　athletic type　192
同調　conformity　182
頭頂葉　parietal lobe　23
道徳性　morality　130
逃避　withdrawal　49

——行動　escape behavior　69
特殊因子（s因子）　specific factor　206
特性論（パーソナリティ）　trait theory　194, 195
特徴統合理論　feature integration theory　96
トップダウン処理　top-down process　92
トマス・アクィナス　Thomas Aquinas　6
トムキンス　Tomkins, S.　43
トリースマン　Treisman, A. M.　95, 96
トールマン　Tolman, E. C.　17

■な行
内観（自己観察）　introspection　14
内向性　introversion　194
内臓感覚　visceral sensation　32, 82

二因子説（知能の）　two-factor theory of intelligence　206
西周　3
二次的欲求　secondary needs　47
乳児期　infancy　119
ニューガーテン　Neugarten, B.　148
人間性心理学　humanistic psychology　47
認知行動療法　cognitive behavioral therapy　226
認知心理学　cognitive psychology　15, 18, 81
認知的均衡理論　cognitive balance theory　159
認知的評価　cognitive appraisal　178
認知的不協和理論　cognitive dissonance theory　160
認知療法　cognitive therapy　226

ネガティビティ・バイアス　negativity bias　156
粘着気質　viscosty temperament　192

脳　brain　22, 31
脳幹　brain stem　22
脳幹網様体　brain stem reticular formation　27, 194
脳神経　cranial nerve　31
能動的注意　active attention　95
脳波（脳電図）　electroencephalogram　24

■は行
配偶者との死別　bereavement of the spouse　150
ハイダー　Heider, F.　159
曝露療法　exposure therapy　226
パーソナリティ　personality　14, 156, 157, 187-189, 202
　——の特性　personality trait　188
　——理論　personality theory　189, 199
発達課題　developmental task　129, 153
発達心理学　developmental psychology　15, 16, 115
発達段階　developmental stage　52, 115, 129
バード　Bard, P.　43
バートレット　Bartlett, F. C.　110
ハノイ塔問題　Tower of Hanoi task　109
パフォーマンスについての知識　knowledge of performance　78
パブロフ　Pavlov, I. P.　34, 61, 64
　——型条件づけ　Pavlovian-type conditioning　61
ハル　Hull, C. L.　18
反映過程　reflection process　167
般化　generalization　64, 71
　——勾配　generalization gradient　71
反射　reflex　34, 56
判断　judgement　107
バンデューラ　Bandura, A.　175
反転図形　reversible figure　85
反動形成　reaction formation　191
反応時間　reaction time　14

ピアジェ　Piaget, J.　126-128, 131, 136
比較過程　comparison process　167
比較心理学　comparative psychology　15
引きこもり　withdrawal　142, 147, 222

非行　delinquency　222
非公式集団（インフォーマル・グループ）
　informal group　180
ヒステリー　hysteria　194
ピットマン　Pittman, T. S.　168
ビネー　Binet, A.　208
　──式知能検査　Binet Scale　208
批判的思考　critical thinking　107
ヒポクラテス　Hippocrates　6
肥満型　pyknic type　192
ビューラー　Bühler, C.　129
ヒューリスティックス　heuristics　109, 158, 161
評価条件づけ　evaluative conditioning　65
表象　representation　92
表情　facial expression　40, 94
ピンナ錯視　Pinna illusion　90

ファシリテーター　facilitator　237
フィードバック　feedback　78
フィードラー　Fiedler, F. E.　185
フェスティンガー　Festinger, L.　160, 166
フェヒナー　Fechner, G. T.　8, 13
　──の法則　Fechner law　13
副交感神経　parasympathetic nerve　34
服従　obedience　182
輻輳　convergence　88
仏教　Buddhism　4, 8, 52
仏教心理学　20
復帰抑制　inhibition of return　95
ブッダ　Buddha　52
フット・イン・ザ・ドア・テクニック
　foot in the door technique　161
不登校　non-attendance at school　222, 226, 230, 231
負の強化　negative reinforcement　69
負の弱化　negative punishment　70
負のプライミング　negative priming　98
ブーバ・キキ効果　Bouba/kiki effect　112
部分強化　partial reinforcement　70
ブーメラン効果　boomerang effect　161
プライミング　priming　103

フラストレーション（欲求不満）　frustration　48, 174
　──攻撃説　frustration-aggression hypothesis　174
　──耐性　frustration tolerance　51
フラッシュバルブ記憶　flashbulb memory　104
プラット　Pratt, J. H.　234
プラトン　Platon　4, 6, 12
ブルーナー　Bruner, J. S.　108
プレグナンツの法則　law of pregnanz　17
ブレンターノ　Brentano, F. C. H. H.　14
フロイト　Freud, S.　8, 16, 51, 52, 130, 189, 190, 199, 214, 225, 226
ブローカ　Broca, P. P.　7
　──失語（運動性失語）　Broca's aphasia (motor aphasia)　113
　──野　Broca's area　23, 113
ブロードマン領野（ブロードマン脳地図）
　Brodmann area　23
分化条件づけ　differential conditioning　64
分散練習　distributed practice　78
分離－個体化の過程　separation-individuation process　129
分離不安　separation anxiety　129
分裂（統合失調症）気質　schizotymia　192

平衡感覚　sense of balance, equilibrium sense　82
ペルソナ　persona　189
ヘルムホルツ　Helmholtz, H. L. F. von　13
変化盲　change blindness　96
変形生成文法　transformational generative grammar　111
偏差知能指数　deviation intelligence quotient　209
扁桃核　amygdala　26
ペンフィールド　Penfield, W.　7, 23
　──の脳地図　Penfield area　7, 23
弁別　discrimination　64
　──閾　difference threshold, discrimina-

tive threshold　13, 82
──訓練　discrimination training　71
防衛機制　defense mechanism　16, 51, 191
防衛的自己呈示　defensive self-presentation　168
傍観者効果　bystander effect　184
忘却　forgetting　15, 104
── 曲線　forgetting curve　104, 105
報酬　reward　17
ボウルビー　Bowlby, J.　119
保持　retention　100
母子相互作用　mother-infant interaction　119
補色　complementary color　85
ポズナー　Posner, M. I.　95
ホッブズ　Hobbes, T.　12
ボトムアップ処理　bottom-up process　92
ホメオスタシス　homeostasis　34
ポリグラフ検査　polygraph test　36
本能　instinct　225
── 行動　instinctive behavior　56

■ま行
マインドフルネス　mindfulness　20
マグニチュード推定法　magnitude estimation　13
マクポートランド　McPartland, T. S.　164
マズロー　Maslow, A. H.　47, 48
マーチン　Martin, L.　44
末梢神経系　peripheral nervous system　21, 22, 31, 35
マーラー　Mahler, M. S.　129
味覚嫌悪学習　taste-aversion learning　65
三隅二不二　184
見立て　clinical judgment　204
3つ山課題　three-mountains task　127, 131
見本合わせ課題　matching-to-sample task　76
ミューラー　Müller, J. P.　12-13

ミルグラム　Milgram, S.　182
無意識　unconscious　8, 16, 189, 225
無感動　apathy　49
無条件刺激　unconditioned stimulus　61
無条件の肯定的関心　unconditional positive regard　228
無条件反応　unconditioned response　61
迷信行動　superstitious behavior　75
明度　lightness　85
面接法　interview　197
盲点　blind spot　84
網膜　retina　84
モーガンの公準　Morgan's Canon　15
モダリティ　modality　13
モラトリアム期間　moratorium　142
モレノ　Moreno, J. L.　235
問題解決　problem-solving　107, 109
問題行動　problem behavior　222
問題焦点型対処　problem-focused coping　178
問題箱　puzzle box　67

■や行
ヤング＝ヘルムホルツの3色説　Young-Helmholtz theory　13
唯識　*Yuishiki*（consciousness only）　8
誘因　incentive　47
ユング　Jung, C. G.　192, 193, 199
幼児期　early childhood　123
要素主義　elementalism　14, 16
幼体図式　baby schema　57
抑圧　repression　191, 225
欲求　needs　47
── 階層説　hierarchy of needs　47
4枚カード問題　four-card task　107, 108

■ら行

来談者中心療法　client-centered therapy
　　227
ライフイベント　life events　150
ラバーハンド錯覚　rubber hand illusion
　　90
ランゲ　Lange, C.　42

リスキー・シフト　risky shift　183
理性主義　rationalism　12
リーダー　leader　184, 237
リーダーシップ　leadership　184
立体視　stereoscopic vision　87
リハーサル　rehearsal　101, 104
リビドー　libido　16, 52
リフレーミング　reframing　233
流動性知能　fluid intelligence　206
利用可能性ヒューリスティックス　availability heuristics　158
両眼視差　binocular disparity　87
臨界期　critical period　58
臨床心理学　clinical psychology　16, 214
　――者　clinical psychologist　215
臨床心理士　clinical psychologist　197, 216

類型　type　194
　――論　type theory　192, 195
ルドゥ　LeDoux, J. E.　45

レヴィン　Lewin, K.　49
レスポンデント行動　respondent behavior
　　58, 61
レスポンデント条件づけ　respondent conditioning　61
レビンソン　Levinson, D. J.　146
レム睡眠　REM sleep　24
恋愛の色彩理論　175
連合心理学　association psychology　11, 12
練習の法則　law of practice　78
連続強化　continuous reinforcement　70

老年期　old stage　148
ロジャーズ　Rogers, C. R.　227, 228, 238
ローゼンツァイク　Rosenzweig, S.　49
ローゼンバーグ　Rosenberg, M.　165
ロック　Locke, J.　12
ロールシャッハ検査　Rorschach Test　201
ローレンツ　Lorenz, K. Z.　58

■わ行
ワーキングメモリ　working memory　102
ワトソン　Watson, J. B.　17, 62, 64

執筆者一覧　執筆順　＊は編者

＊茅原　正　駒澤大学名誉教授【1章担当編者：1章1節，コラム1】
　小室央允　駒澤大学文学部心理学科【1章2節】
　加藤博己　駒澤大学文学部心理学科【コラム2】
＊谷口泰富　駒澤大学名誉教授【2章担当編者：2章1節，コラム3】
　軽部幸浩　駒澤大学文学部心理学科【2章2節（共著）】
　石岡綾香　駒澤大学文学部心理学科【2章2節（共著）】
　小野洋平　駒澤大学文学部心理学科【3章1節】
＊鈴木常元　駒澤大学文学部心理学科【3章担当編者：3章2節，コラム4】
＊小野浩一　駒澤大学文学部心理学科【4章担当編者：コラム5】
　久保尚也　駒澤大学文学部心理学科【4章1節，2節】
　山岸直基　流通経済大学社会学部社会学科【4章3節，4節】
＊永田陽子　駒澤大学文学部心理学科【5章担当編者：5章1節，コラム6】
　佐藤理晴　駒澤大学文学部心理学科【5章2節，3節】
　堀　直人　駒澤大学文学部心理学科【5章4節】
　堀内正彦　駒澤大学文学部心理学科【5章5節，6節】
＊間島英俊　駒澤大学文学部心理学科【6章担当編者：6章1節（共著），コラム7】
　中村道子　専門学校新国際福祉カレッジ介護福祉学科【6章1節（共著）】
　高橋良博　駒澤大学文学部心理学科【6章2節】
　竹端佑介　大阪国際大学人間科学部人間健康科学科【6章3節】
　北川公路　東北文化学園大学医療福祉学部リハビリテーション学科【6章4節】
＊有光興記　関西学院大学文学部総合心理科学科【7章担当編者：7章1節，コラム8】
　桑原正修　駒澤大学文学部心理学科【7章2節】
　田村英恵　立正大学心理学部臨床心理学科【7章3節】
　杉山雅美　桜美林大学大学院心理学研究科【7章4節】
＊茨木博子　駒澤大学文学部心理学科【8章担当編者：8章1節，コラム9】
　佐藤尚代　駒澤大学文学部心理学科・日本赤十字看護大学学生相談室【8章2節】
　丸居飛鳥　駒澤大学文学部心理学科【8章3節】
＊八巻　秀　駒澤大学文学部心理学科【9章担当編者：9章1節，3節（共著）】
　中澤世都子　駒澤大学文学部心理学科【9章2節】
　稲富正治　川崎幸クリニック・駒澤大学文学部心理学科【9章3節（共著）コラム10】
　鈴木順一　駒澤大学文学部心理学科【コラム11】

心理学

初版第 1 刷発行　2014年 4 月10日
初版第 7 刷発行　2024年 4 月10日

編者　鈴木常元・谷口泰富・有光興記・茨木博子・
　　　小野浩一・茅原正・永田陽子・間島英俊・八巻秀
発行者　塩浦 暲
発行所　株式会社 新曜社
　　　〒101-0051 東京都千代田区神田神保町3-9
　　　電話(03)3264-4973(代)・Fax(03)3239-2958
　　　E-mail: info@shin-yo-sha.co.jp
　　　URL https://www.shin-yo-sha.co.jp/
印刷所　銀河
製本所　積信堂

© Tsunemoto Suzuki et al., 2014　Printed in Japan
ISBN978-4-7885-1381-5　C1011

新曜社の関連書

社会と向き合う心理学	サトウタツヤ・若林宏輔・木戸彩恵 編	A5判352頁 本体2800円
オオカミ少女はいなかった 心理学の神話をめぐる冒険	鈴木光太郎	四六判272頁 本体2600円
「集団主義」という錯覚 日本人論の思い違いとその由来	高野陽太郎	四六判376頁 本体2700円
幸せを科学する 心理学からわかったこと	大石繁宏	四六判240頁 本体2400円
まなざしの誕生 新装版 赤ちゃん学革命	下條信輔	四六判380頁 本体2200円
ごまかし勉強 上・下 上：学力低下を助長するシステム 下：ほんものの学力を求めて	藤澤伸介	上:四六判192頁／下:四六判200頁 本体1800円 本体1800円
性格を科学する心理学のはなし 血液型性格判断に別れを告げよう	小塩真司	四六判196頁 本体2200円
共感覚 もっとも奇妙な知覚世界	J. ハリソン 松尾香弥子 訳	四六判348頁 本体3500円
人間この信じやすきもの 迷信・誤信はどうして生まれるか	T. ギロビッチ 守一雄・守秀子 訳	四六判368頁 本体2900円
行動を起こし，持続する力 モチベーションの心理学	外山美樹	四六判240頁 本体2300円
コピペと言われないレポートの書き方教室 3つのステップ	山口裕之	四六判122頁 本体1200円

＊表示価格は消費税を含みません。